Eduard Stramwitz

**Über Strophen- und Vers-Enjambement im Altfranzösischen**

Eduard Stramwitz

**Über Strophen- und Vers-Enjambement im Altfranzösischen**

ISBN/EAN: 9783743428980

Hergestellt in Europa, USA, Kanada, Australien, Japan

Cover: Foto ©ninafisch / pixelio.de

Manufactured and distributed by brebook publishing software (www.brebook.com)

Eduard Stramwitz

**Über Strophen- und Vers-Enjambement im Altfranzösischen**

Seinen hochverehrten Lehrern

den Herren

# Professor Dr. Konrath

und

# Professor Dr. Koschwitz

# Inhalt.

# VII

# Abkürzungen.

Aiol — Aiol u Mirabel, ed. Foerster, Heilbronn 1876—82.
Aye — Aye d'Avignon, ed. Guessard u. Meyer, Paris 1861.
Alexius - Alexiuslied, ed Stengel, Ausgb. u. Abhdlg. I. 1, Marburg 1881.
Aliscans — Aliscans, ed. Guessard u. A. de Montaiglon, Paris 1870.
Alix. — Alixandre, ed. Michelant, Bibliothek des litt. Vereins zu Stuttgart 1846.
Amis — Amis u. Amiles, ed. Hofmann, 2. Aufl. Erlangen 1882.
Barbaz. — Barbazan „Fabliaux et Contes", 2 Bde. Paris 1808.
Bartsch - Bartsch „Altfranz. Romanzen und Pastourellen", Leipzig 1870.
Berte - Berto aux grans pies von Adenes li Rois, ed. Scheler, Bruxelles 1874.
Beuves — Beuves de Commarchis von Adenes li Rois, ed. Scheler, Bruxelles 1874.
Bl. d. Neele — Blondel de Neele „Oeuvres", ed. Tarbé, Reims 1862.
Brun -- Brun de la Montaigne, ed. Meyer, Paris 1875.
Brakelm. — Brakelmann „Die altfranzösische Liederhandschrift No. 389 der Stadtbibliothek zu Bern" in Herrig, Archiv für d. Studium der neueren Sprachen, Bd. 41, 42, 43.
Brut — Brut von Wace, ed. Leroux de Lincy, Rouen 1836.
Charl. d'Orl. — Charles d'Orléans „Poésies", ed. Champollion-Figeac, Paris 1842.
Ch. au lyon — Chevalier au lyon von Crestien v. Troies, ed. Holland, Hannover und Paris 1880, 2. Aufl.
Crist. d. Pizan — Cristine de Pizan „Le livre du chemin de long estude", ed. Püschel, Berlin und Paris 1881.
Cleom. --- Cleomades von Adenes li Rois, ed. André van Hasselt, Bruxelles 1865--66.
D. l. Char. — Roman de la Charete, ed. Jonckbloet, 'S Gravenhage 1849.
Elie — Elie de St. Giles, ed. Foerster (cfr. Aiol).
Enf. Og. — Enfances Ogier von Adenes li Rois, ed. Scheler, Bruxelles 1874.
Floov. — Floovant, ed. Guessard u. Michelant, Paris 1859.
Froiss. — Froissart „Poésies", ed. Scheler, 3 Bde. Bruxelles 1870, 71, 72.
Gaydon — Gaydon, ed. Guessard u. S. Luce, Paris 1862.
G. d. Bourg. — Gui de Bourgogne, ed. Guessard u. Michelant, Paris 1859.
G. d. Nant. — Gui de Nanteuil, ed. Meyer, Paris 1861.
Hohel. - Hohelied, ed. Stengel, Ausgb. u. Abhdlg. I. 1, Marburg 1881.

Hofmann Past. — Altfranz. Pastourelle aus der Berner Handschrift No. 389 in „Sitzungsber. der Königl. bayr. Akademie der Wissenschaften zu München", Jahrgang 1865, Bd. II. p. 301 ff.

Hofm. Ged. - Altfranz. Gedichte aus dem Berner Codex 389. l. c. Jahrg. 1867 Bd. II. p. 486.

J. d. Bl. — Jourdains de Blaivies, ed. Hofmann (cfr. Amis u. Amiles).

Leodeg. — Leodegarlied, ed. Koschwitz „Les plus anciens monuments d. l. langue française", Heilbronn, 2. Aufl. 1880.

L. d. Lincy — Leroux de Lincy „Recueil de Chants historiques français", Première Série XII—XVe siècle, Deuxième Série XVIe siècle, Paris 1841, 42.

Mätzner — „Altfranz. Lieder", Berlin 1853.

Otin. — Otinel, ed. Guessard u. Michelant, Paris 1859.

Pass. — La Passion du Christ, ed. Koschwitz l. c.

Percev. — Perceval le Gallois, ed. Potvin, Mons 1867.

Renaus — Renaus de Montauban, ed. Michelant, Bibl. d. litt. Vereins zu Stuttgart.

Rol. — Roland, ed. Müller, I. Theil, Göttingen 1878.

R. d. l. Rose — Roman de la Rose, ed. Marteau, Orléans 1878—81.

Rou — ed. Andresen, 2 Bde. Heilbronn 1877, 79.

Ruteb. - Rutebeuf „Oeuvres complètes", ed. Jubinal, 3 Bde. Paris 1874.

Schirmer — „Altfranz. Lieder", Herrig's Archiv Bd. 37, 38.

Steph. — Stephanus, ed. Stengel, l. c. Marburg 1881.

St. Thom. — St. Thomas le martir, ed. Bekker in „Abhandlungen der Königl. Akademie der Wissenschaften zu Berlin", Jahrg. 1838.

Theatr. fr. — Monmerqué u. Michel „Théâtre français au moyen-âge", Paris 1879.

Tr. B. — „Trouvères Belges", ed. Scheler, 2 Bde, Bruxelles 1876, 79.

Venus — Venus la deese d'amour, ed. Foerster, Bonn 1878.

Villon — „Oeuvres complètes", nouv. éd. p. P. L. Jacob, Bibliophile, Paris 1854.

Wackern. — Wackernagel „Altfranz. Lieder und Leiche", Basel 1846.

Benutzt sind ferner die bekannten Verslehren von: Quicherat, Banville, Gramont, Becq de Fouquières, Weigand, Foth, Lubarsch, Tobler.

# I. Tiraden- und Strophenenjambement.

## A. Trennung von Sätzen.

In den älteren volksthümlichen Dichtungen, wo noch das von Diez „Altromanische Sprachdenkmale etc." Bonn 1846 p. 85 erwähnte Gesetz, dass der Dichter mit der Tirade einen Abschnitt der Erzählung oder wenigstens eine Periode schliessen musste, strenge befolgt wurde, scheinen keine Tiraden- oder Strophenenjambements vorzukommen, wohl aber schon in den älteren Kunstepen[1]). Im Falle der Trennung füllt namentlich in älterer Zeit der abgesonderte Theil selbst eine ganze Strophe.

Es werden durch Tiraden- resp. Strophenschluss getrennt:

Zwei Hauptsätze deren einer im Verhältniss des Objects zu dem anderen steht.

(In einer Tirade wird directe Rede angekündigt, in der anderen folgt sie.)

Venus 256 (4 zlg. Tirade).

Cele respont en plorant simplement
De son ami qu'ele ama bonement
„Sire dist ele, ie l'amai voirement
Soventes fois me disent mi parent:

Fole mescine, laise ester ton amer,
Ne te prendra a moillier ne a per
En cest pais uint por armes porter,
Quant li plaira si s'en uoldra aler.

Cfr. für die 6 zeilige Strophe mit 8 silbig. Verse Chants hist. II. 279. 8 zeilig 6 silbig. Vers Hofm. Past. 12 Str. 1; cfr. Rom. u. Past. II 9. 12 zeilig 6 silb. Vers Froiss. Poés. II. 196 v. 71 ff. 16 zeilig 6 silb. Vers Frois. I. 170 v. 281 ff.

---

[1]) Bei der Behandlung der Strophenenjambements sind alle Fälle enger Verbindung, die begegneten, wegen der Seltenheit ausnahmslos erwähnt.

1

Charles d'Orl. p. 6. 10 zlg. 10 slbg. Vers.

> Tous à genoulx nous mismes humblement
> Et Jeuncsse parla premierement
>
> Disant: „Tres hault et noble puissant prince
> A qui subject est chascune province etc.

Zu beachten ist, dass *parla* durch *disant* wieder aufgenommen ist. Die Rede erstreckt sich auch bis an den Schluss der Strophe.

## Trennung coord. parallel laufender Hauptsätze, die einen Bestandtheil gemeinsam haben.

### Gleiches Subject.

Venus 27 - 28.

> Li rousegnols daerins s'en parti
> Hauca sa uois et canta a haut cri:
> „Hom, qui bien aime doit avoir cuer ioli
> Et souuent tristre et irie et mari
>
> Si doit trambler mainte fois sans froidor
> Et doit suer mainte fois sans chalor
> Et sospirer et cangier sa color
> Et de pensees languir et nuit et jor.

### Gleiches Verbum.

Villon Gr. Test. 124.

> Cy en escris au collateur
> Lettres semblables et pareilles
> Or, prient pour leur bienfaicteur
> Ou qu' on leur tire les oreilles,
> Que tant suis enclin à ces deux;
> Mais, foi que doy, festes et veilles,
> Oncques ne vey les mirés d'eulx!
>
> Item et à Michault Culdon
> Et a sire Charlot Faranne
> Cent solz: s'ils demandent prinson?
> Ne leur chaille; ils viendront de manne,
> Et unes bottes de basanne, etc.

Durch die Partikel *item*, welche im älteren Französisch namentlich in der Gerichtssprache häufig gebraucht wurde, wird der Uebergang etwas gemildert, cfr. Villon Gr. Test. 104 wo die Verbindung ebenfalls durch *item* hergestellt wird.

## Gleiches Hülfsverb.

Venus 212.

Et par desus le uentre fu tot entre meslas

Et la croupe auo it bele, trestote paonnas,

Les gambes deuant faunes et ces destriers baucans, etc.

Villon Gr. Test., Str. 57.

Abusé m'a et faict entendre,

Toujours d'un que ce fust ung autre

De ferine que ce fust cendre,

D'ung mortier, ung chapeau de feautre,

De viel machefer, que fust peaultre;

D'ambesas, que ce fussent ternes . . . .

Toujours trompeur aultruy engeaultre

Et vend vessies pour lanternes

Du ciel ung poille d'arain

Des nues, une peau de veau

Du matin, qu'estoit le serain etc.

**Dem regierenden Satze folgt durch Strophen-schluss getrennt:**

### a. Ein reiner Conjunctionalsatz.

St. Thom. 77, v. 30. 5 zlge Tiraden.

Car i'ai eu ses epistles tnt eu lisant troué

Que tuit cil qui uolent uiure en deu piement

Il lor couient qu'il sueffrent mesaises e turment;

cfr. Chants hist. II. 571 1—2 4 zlg. 10 silb. V. — cfr. für die 6zlge. Str. Chants hist. II. p. 495; 10 zeilige 10 silb. V.: Froiss III, 77 Str. 2 bis 3 mit vorangeordneter Umstandsbestimmung, 12 zlg. Str. 7 + 3 silb. V. Charl d'Orl. p. 150, Str. 1—2.

(Der Punkt in der Ausgabe am Strophenschluss ist zu tilgen, 16 zlg. Str. (7 × 10 + 1 × 4) × 2 V. Froiss II. 210 v. 30. (Scheler hat unter-lassen die Strophe durch den Druck als Einheit darzustellen). Durch den Schluss eines 4 zeiligen Strophenelements wird ein reiner Conjunctionalsatz Chants hist. II. p. 95 Str. 3—4 abgetrennt. In den Chants hist. II. 203 Str. 3—4 wird ebenfalls ein reiner Conjunctionalsatz abgeschieden. Die Stropheneintheilung indess dürfte falsch sein, da Str. 1, 2, 4 je 6, Strophe 3 dagegen 8 Verse hat.

### b. Ein adverbialer Conjunctionalsatz.

Charl. d'Orl. p. 89. 8 zlg. Complainte.

Si m'a chargié que vous requiere

Comme pieça vous a requis

Que veuilliez oir sa proiere

C'est qu'il soit hors de prison mis,

Et Dangier et les siens bannis
Que jamais ne vouldront son bien
Ou au moins qu'aye saufz conduis
Qu'ilz ne lui mesfacent de rien,

Afin qu'il puist oir novelle
De celle dont il est servant
Et souvent veoir la beauté belle;
Car d'autre rien n'est desirant
Que la servir tout son vivant,
Comme la plus belle qui soit,
A qui Dieu doinst des biens autant
Que son loyal cueur en voudroit.

cfr. St. Thom. 129, v. 28 ff., 135 v. 1 ff., 149 v. 5. Chants hist. II.
375. 6 zlg. Str. Charl. d'Orl. p. 58. 8 zlg. Str., Ruteb. II. p. 34 v. 66 ff.
4 zlg. Str. 12 silb. V.; Froiss. II. 201 v. 16 ff. 12 zlg. Str. 8 silb. V., 16 zlg.
Str. (3 × 8 + 1 × 4) × 4. cfr. Froiss. I 135 v. 1666 ff., 140 v.
1809 ff., 148 v. 2081 ff. (7 × 10 + 1 × 4) × 2 Frois. II. 211 v. 64 ff.,
211 v. 79, 213 v. 142.

## c. Ein Relativsatz.

Villon Gr. Test. Str. 7.

Der betreffende Relativsatz erstreckt sich bis in die
folgende Strophe.

Loué soit il et Nostre Dame
Et Loys, le bon roy de France!

Auquel doint Dieu l'heur de Jacob
De Salomon l'honneur et gloire,
Quant de promesse il en a trop;
De force aussi, par m'ame, voire!
En ce monde-cy transitoire,
Tant qu'il a de long et de lé
Affin que de luy soit memoire
Vive autant que Mathusalé!

Et douze beaulx enfans, tous masles,
Voir de son tres cher sang royal
Aussi preux que fut le grand Charles
Conceuz en ventre nuptial,
Bons comme fut sainte Martial.
Ainsi en preigne au bon Douphin
Je ne luy sonhaicte autre mal
Et puis paradis a la fin.

cfr. Chants hist. II. 373 Str. 25—26. Das Gedicht ist

allerdings in Schlagreimen abgefasst, doch sprechen die starken Sinnespausen nach je 4 Versen für die 4 zeilige Stropheneintheilung; für die 6 zlge. Str. cfr. Chants hist. II. 304; 10 zlge. Frois. III. 79 Str. 1—2; 12 zlg. 8 silbg. V. Frois. III. p. 1 Str. 1—2; 16 zlg. Str. $(3 \times 8 + 1 \times 4) \times 4$ Froiss. I. 143 v. 1921 ff.

### d. Präpositionaler Infinitivsatz.

Chants hist. II. 466. 4 zlg. Str.

> Des qu'il a esté de retour
> Le peuple françois et l'eglise
> N'a en cesse d'avoir toujours
> La main dedans la bourse mise,
>
> Pour fournir argent a ce roy
> A ce tyran très — execrable
> Qui a tout mis en desarroy
> Rendant son peuple miserable.

Für die 4 zlg. Str. cfr. Chants hist. II. 468; 6 zlg. Str. Chants hist. 447 Str. 2—3; der Infinitivsatz füllt hier wie in dem ersten Beispiele die Strophe ganz, ebenso füllt er eine ganze Strophe Villon, Gr. Test. 160, 8 zlg. cfr. Froiss. III p. 230 Str. 2—3 (die erste Strophe 8-, die drei folgenden je 10-zeilig), 16 zlg. Froiss. II. 212 v. 112 ff. In einem Rondel bei Charl. d'Orl. p. 169 Str. 2—3 nach der gewöhnlichen Zerlegung.

### e. Gerundium resp. Participialbestimmung.

Chants hist. II. p. 465. 4 zlg. Str.

> Les Rochelois estoient vaincus
> Et a luy ja se vouloient rendre
> Mais il ayma mieux leurs escus
> Que les surmonter et les prendre;
>
> Monstrant bien par là qu'il estoit
> Le support de noz adversaires
> Et que faveur il leur prestoit
> Pour aigrir tousjours les affaires.

cfr. Chants hist. I. p. 241 (fälschlich in Vierzeilen zerlegt) eb. II. p. 373, Str. 21—22; Charl. d'Orl p. 113, 4 zlg. Str., eb. 345. Rondel 2—3.

Coordinirte parallel laufende Nebensätze, welche keinen Bestandtheil gemeinsam haben, werden durch Strophenschluss getrennt.

### a. Parallele Conjunctionalsätze.

St. Thom. 65 v. 4.

> iluec uoleit il faire as euesques iurer
> que nul d'els pur apel ne passereit mais mer
>
> e que à pape Alisandre de rien n'obeireient
> ne par ses mandemenz nule rien ne fereient
> ne que nuls de ses bries desor ne receureient
> n'a Thomas ne as suens de rien ne aidereient.

cfr. St. Thom. 99, v. 15 ff.

### b. Parallele adverbiale Conjunctionalsätze.

Chants hist. II 515. 4zlg. Str.

> L'honneur francois m'a fait prendre les armes
> Pour mon vray roy, mon honneur et ma foy
> S'il s'en trouve un plus vigilant que moy
> Pour cest effect à courir aux alarmes,
>
> Si je n'y vay avec une asseurance,
> Si je n'y vay d'un courage parfaict
> Si je n'y vay de bon cuer en effet
> N'ayez jamais de soldat souvenance.

Verwiesen sei auf den noch unsymmetrischen Strophenbau des Gedichts, dazu cfr. Gramont p. 184, Lubarsch p. 299. Alle Strophen beginnen und enden mit weiblichem Reim. — Zur kräftigen Hervorhebung ist die Anapher verwendet.

### c. Parallele Relativsätze.

Chants hist. II. 225 Str. 2—3. 6zlg.

> Qui mon cœur et mon œil
> Vois en biere et cercueil
>
> Qui en mon doux printemps
> Et fleur de ma jeunesse
> Toutes les peines sens
> D'une extreme tristesse,
> Et en rien n'ay plaisir
> Qu'en regret et desir.

### d. Parallele präpositionale Infinitivsätze.

#### (Bezeichnete.)

St. Thom. 122 v. 13.

firent les porz cergier et guaitier et guarder
que se li arceuesques i uolsist ariuer
qu'il li fussent encontre, prez de lui desturber,

de destrusser ses hummes, de ces coffres cergier,
de prendre tuz les briefs qu'il pout pourchacier
à Rome: ia un sul ne l'en uoldrunt laissier.

cfr. Froiss. III. 165 v. 27 ff.

#### (Unbezeichnete.)

St. Thom. 121. v. 15.

uolt aler en Auuerne pur ma gent desconfire

et mes humes destruire e ma terre essillier.

cfr. Charl. d'Orl. p. 372. Rondel Str. 2—3. Incorrect ist die Stropheneintheilung Chants hist. II. 83, Strophe 5—6 wären sonst zu berücksichtigen.

**Vordersatz und Nachsatz sind einige Male durch Strophenschluss getrennt.**

Chants hist. II. 524 Str. 1 - 2. 4zlg.

Puisqu'il te plaist, Seigneur, d'une heureuse poursuite
Espandre, liberal, sur moy ton serviteur
Un monde de bienfaits, et qu'ores en ma faveur
Tu as mis justement mes ennemis en fuite,

Je ne veux me cacher sous un ingrat silence
Ou trop fier m'eslever en ma foible vertu
Je veux dire que toy, ce jour as combatu
Et rompu des meschans la superbe arrogance.

cfr. Chants hist. II. 531. 4zlg. 7silbig. V. mit Schlagreim.

Das Gedicht Chants hist. II. 452 ist mit einer Art Einleitung versehen, welche gewissermassen das Thema enthält; sie hat 4 Zeilen wie die übrigen Strophen, ist jedoch vom Herausgeber nicht als besondere Strophe gezählt. Es ist auffällig, dass nur zwischen dieser Einleitung und der ersten Strophe engere Verbindung vorkommt, da das Gedicht doch ziemlich lang ist, 30 Strophen. Jedenfalls liegt hier bestimmte Absicht vor. Die betreff. Stelle lautet:

Pantoise, afin qu'à l'advenir
Chacun se puisse souvenir
Que tu as fait grant resistance
Au dernier Valois de la France,

Je veux publier en ces vers
Par tous les coins de l'univers
Que tu as deffendu sans crainte
Le parti de la cause sainte.

cfr. für die 8 zlge Strophe: Chants hist. II. p. 416, eb. 474 Str. 3—4, Villon Gr. Test. Str. 82; zur 12 zlg. Str. Frois. II. 194 v. 1 ff., zur 16 zlg. Frois. I. 172 v. 2894 ff.

Erwähnt sei noch am Schluss dieses Abschnitts, dass sinngemässe engere Verbindung sich des öfteren zwischen zwei Strophen findet.

Anmerkung: Hier möge es gestattet sein, ein interessantes Beispiel von Strophensatzenjambement aus Victor Hugo anzuführen. Auch Lubarsch p. 459 spricht von diosem und ähnlichen Fällen bei demselben Dichter. „Bei Victor Hugo, der bekanntlich die Aufzählungen aller Art sehr liebt, finden sich Vordersätze häufig, welche mehrere vierzeilige Strophen der Art umspannen, dass jede Strophe mit derselben Conjunction beginnt, so z. B. beginnen in den Voix intérieurs XI fünf aufeinander folgende vierzeilige Strophen mit *puisque,* ehe der Nachsatz eingeleitet wird; die Wiederholung dieser Conjunction zur Bildung langer Perioden scheint der genannte Dichter überhaupt zu lieben, denn in den Chants du crépuscule XXIX beginnt sie einmal sieben vierzeilige Strophen hinter einander, ehe der Nachsatz folgt." Dies der Anfang des zuletzt erwähnten Gedichts:

1. Puisque nos heures sont remplies
De trouble et de calamités,
Puisque les choses que tu lies
Se détachent de tous côtés;

2. Puisque nos pères et nos mères,
Sont allés où nous irons tous
Puisque des enfants têtes chères
Se sont endormis avant nous;

3. Puisque la terre où tu t'enclines
Et que tu mouilles de tes pleurs
A déjà toutes nos racines
Et quelques-unes de nos fleurs;

4. Puisqu'à la voix de ceux qu'on aime
Ceux qu'on aima mêlent leur voix;
Puisque nos illusions même
Sont pleines d'ombres d'autrefois;

5. Puisqu'à l'heure où l'on boit l'extase
On sent la douleur déborder;
Puisque la vie est comme une vase
Qu'on ne peut emplir ni vider;

6. Puisqu'à mesure qu'on avance
Dans plus d'ombre on se sent flotter;
Puisque la menteuse espérance
N'a plus de conte à nous conter;

7. Puisque le cadran, quand il sonne
Ne nous promet rien pour demain,
Puisqu'on ne connaît plus personne
De ceux qui vont dans le chemin,

8. Mets ton esprit hors de ce monde!
Mets ton rêve ailleurs qu'ici-bas!
Ta perle n'est pas dans notre onde!
Ton sentier n'est point sous nos pas.

Die zweite Strophe enthält z. B. den Grund
Froiss. I. 171 v. 2861.

Certes, amis, au lorier figure
A tous bons grés;
Car le lorier est uns arbres loés
Vers en tous tems, prisiés et honoures etc.

cfr. Venus 68, Froiss. I. 169 v. 2765 ff. I. 312 v. 3088 ff. II. 2060 v. 401 ff.

oder sie giebt eine Erläuterung zu der vorhergehenden:
Frois. I. 172 v. 2876.

Se serois tu tous jours en moi entés
Et en mon cœr escris et figurés.

Veci comment:

En ton maintien, en ton governement
En ton parler, en ton contenement
En ton regard, garni d'atemprement
Prenoie nuit et jour esbatement. etc.

Durch den vorschriftsmässigen Bau gewisser Dichtungsgattungen wie der Canzo redonda nach der provenzalischen Bezeichnung in den Leys d'amors ist engere Verbindung oft nicht zu umgehen.

Chants hist. II. p. 297 Str. 6:

Der Schlussvers jeder Strophe kehrt wieder zu Anfang der nächst folgenden.

6. Qui estoit le plus dolent
Apres venoient les pages
Et bon, bon, bon, bon,
Di, dan, di, dan, bon
Et les valets de pied

7. Et les valets de pied
Avecques de grand crepes,
Refrain
Et des souliers cirés.

8. Et des souliers cirés
Et de beaux bas d'estame
Refrain
Et des coulottes de piau.

9. Et des coulottes de piau
La ceremonie faite,
Refrain
Chacun s'alla coucher.

10. Chacun s'alla coucher
Les uns avec leurs femmes
Refrain
Et les autres tout seuls.

cfr. Chants hist. II. p. 107.

Die beiden Anfangszeilen jeder folgenden Strophe sind gleichlautend mit Zeile 3 u. 4 der vorhergehenden Strophe.

Hier mag noch angeführt werden, dass Figuren der Wiederholung zuweilen durch Strophenschluss zerlegt erscheinen.

## Epizeuxis.

Villon Gr. Test. Str. 36.

> Myeuls vault vivre soubz gros bureaux
> Pauvre, qu'avoir esté seigneur
> Et porrir soubz riches tombeaux,
>
> Qu'avoir esté seigneur! . . . . Que dys? etc

## Anadiplosis.

Brakelm. 66 Str. 2 ff.

> la ioie mect faillie
> ke mait faite toz dis
> amors per tricherie
> ke tout auoit conquis
> lais ie mestoie mis
> don tout en sa baillie
> or cest de moy partie
> iamais ne serai pris
>
> Pris ie por coi seroie etc.

## B. Trennung von Satztheilen.

### a. in gewöhnlicher Stellung.

### Das Subject im Anfang des Satzes steht vor Strophenschluss.

St. Thom. 118 v. 30.

> saciez que l'arceuesques Thomas de Cantorbire
> S'est a mei acordez tut a ma nolenté.

Die Königliche Botschaft durchbricht hier die Fessel des Metrums.

Villon p. 78 in dem Gedichte *Les Regrets de la Belle Heaumière* füllen coordinirte Subjecte eine ganze Achtzeile, die andern Satztheile füllen den ersten Vers der folgenden Strophe. Die Subjecte werden im Anfang der Strophe durch das Pronomen *ce* zusammengefasst.

> Le front ridé, les cheveulx gris
> Les sourcilz cheuz, les yeulx estainctz,
> Qui faisoient regars et ris
> Dont maintz marchans furent attaincts;
> Nes courbé, de haulté loingtains,
> Oreilles pendans et moussues;
> Le vis pally, mort et destaincts
> Menton foncé, lèvres peaussues;

C'est d'humaine beauté l'yssues!
cfr. Froiss. I. 174 v. 2941. 16 zlg. Str. $(7 \times 10 + 1 \times 4)$ $\times 2$ Verse.
Chants hist. II. p. 392 6 zlg. Str., das Subject wird in der nächsten Strophe durch das entsprechende Pronomen wiederholt. Ruteb. I. 163 v. 53. 4 Zeile 12 silbg. V.; Chants hist. II. 280 Str. 5—6. 4 zlg. Str. 8 silbg. V.; eb. Str. 10—11. Das entf. pron. Object ist hier dem Subject vorangeordnet. Im Virelay Froiss. I. 245 v. 942 ff., Froiss. II. 393 v. 33 ff. Durch den Schluss eines dreizeiligen Strophenelements [1]) wird das Subject abgesondert Ruteb. I. 246 v. 68 ff., eb. II. 143 v. 39 ff. Zur Trennung des Subjects von den übrigen Satzgliedern durch Schluss der ersten Strophe im Rondel Charl. d'Orl. p. 343 no. 180, p. 369 no. 228 nach der gewöhnlichen Stropheneintheilung cfr. die späteren Bemerkungen.

Das Subject am Satzende steht im Anfang der folgenden Strophe.

Dadurch, dass dem Subject die bevorzugteste Stelle in der Strophe eingeräumt wird, wirkt diese Art der Enjambements sehr kräftig. Nur in einem Gedichte bei Froissart finden sich zwei einschlägige Fälle.

Froiss. II. 213. v. 127. 16 zlge. Str.
  Mes tousjours est en car de moi chierie,
    J'en sui certains,
  La belle flour, que margherite clains,

In syntactischer Beziehung sind noch die Satztheile durch eine Parenthese getrennt.

l. c. p. 214 v. 159.
  S'en ce parti vivoie, nul millour
    Ne doit querir
  Homs, ce m'est vis, qui tant aime et desir
  La flour que fai. Car n'ai aultre desir etc.

Letztere dürfte eine der vielen Stellen bei Froissart überhaupt und besonders in diesem Gedichte sein, wo man wegen der Vernachlässigung der Sinnespause in der Cäsur und am Strophenschluss nach der Weise der Anhänger des

---

[1]) cfr. zu dem Ausdruck Lubarsch p. 300 und p. 20 ff. der Arbeit.

klassischen Versbaus dem Dichter nicht Vorwürfe machen, sondern seine Kunst bewundern sollte. Gerade hier ist der Höhepunkt der Begeisterung erreicht, dieses Moment will der Dichter besonders vergegenwärtigen, der normale Versbau wäre zu eintönig, durch Abweichung wird der Sinn des Hörers zu gesteigerter Aufmerksamkeit angeregt, und dem Dichter gelingt seine Absicht.

#### Das nähere Object steht am Anfang der folgenden Strophe.

Chants hist. II. 374 Str. 32. 4zeilig. Schlagreim.

Adieu guerre, va hors de France
Et nous serons hors de souffrance,
Adieu ceux qui s'en sont fuis
Loing des coups et ont eu du pis

Plus d'honneur trois fois vingt et quatre, etc.

Durch Schluss eines Strophenelements geschieden:

Rutsb. I. 247 v. 107

En lieu de voir dient frivoles
Et mencongnes vaines et soles
Por decevoir

La gent et por apercevoir
S'a piece voudront recevoir
Celui qui vient.

Gewöhnlich indess finden sich, falls das Subject vor Strophenschluss steht, Prädicat und Object in der folgenden Strophe in einem Verse beisammen, wie ja überhaupt diese beiden Satzglieder in der Regel in demselben Verse auftreten. Die Combination von Subject und Object oder Subject und Prädicat findet sich verhältnissmässig viel seltener. Ich verweise daher auf den Fall, wo das Subject von den übrigen Satzgliedern durch Strophenschluss getrennt ist.

#### Ein Dativverhältniss findet sich in der nächsten Strophe.

Ein possessives Dativverhältniss findet sich in einem Lay, wo überhaupt die allersonderbarsten Durchkreuzungen der metrischen und syntactischen Gliederung vorkommen bei

Froiss. II. 286 v. 50.

> Philippe on l'appelle
> Fille fu jadis
>
> Au bon conte Haynnuier,
> Le preu le fier etc.

## Absonderung durch Schluss eines Strophenelements:

Ruteb. I 241 v. 144.

> Assez font paier de musages
> Et d'avaloingnes
> A ces povres bestes lontaignes.

## Ein Genitivverhältniss in der folgenden Strophe.

Froiss. III. 153 v. 1. 10zlg. Str.

> Quant Amours en ce cas s'efforce
> De tout alumer et esprendre
> Ce feu, et Raison de sa force,
> Sans violence et sans mesprendre
> Fait en tous temps les siens entendre
> A ce merveilleux feu estaindre,
> Dont s'il est qui vueille contraindre
> Son cuer à l'un des deux eslire
> Eschever, pour le voir attaindre,
> Il fait bon le meilleur eslire
>
> De ces deux cas, car li uns torche
> Ce que l'autre a osé offendre etc.

Das Satzganze füllt zwei volle Strophen. Sehr kräftig wirkt die bevorzugte Stelle für das Genitivverhältniss. cfr. Froiss. III. 160 v. 14 ff. 8 zlg. Str. Durch Schluss des Stropenelements abgetrennt Ruteb. II. 146 v. 95 ff.

## Eine Umstandsbestimmung in der folgenden Strophe.

Rou I. 78 v 1096.

> Le Rou volt paiennie guerpir e reneier
> Et cume crestiens se face baptizier
> Et puiz voille tenir e me uoille aueir chier
> Gille une moie fille, li donrai a muillier
> Et la terre marine, s'il si uolt otreier
>
> Des u Eure curt jusqu'al Mont Saint Michiel.

cfr. St. Thomas 115 v. 11 ff. Froiss. I. 153 v. 2241 ff. 16 zlg. Str. eb. I. 153 v. 2241 ff. 16 zlg. Chants hist. II. 529 Str. 12—13.

Durch Schluss eines Strophenelements abgetrennt Ruteb. II. 145 v. 83 ff.

b. zur deiktischen Hervorhebung vorangestellte Satzglieder werden durch Strophenschluss abgetrennt.

### Das nähere Object.

Froiss. II. 196 v. 58. 12 zlg. Str.

> Son chant fu un amoureus dars
> Qui une plaie
>
> Parmi le cœr lors me feri,

Von mehreren vorangeordneten coord. Objecten wird das
erste durch Schluss eines Strophenelements von den übrigen
getrennt.

Ruteb. I. 245 v. 64.

> Car verité
>
> Pitié et foi et charité
> Et larguece et humilité
> Ont ja sous mise.

### Das entferntere Object.

Villon Gr. Test. Str. 77.

> Item et à mon plus que pere
> Maistre Guillaume de Villon
> Qui m'a esté plus doux que mere
> D'enfant eslevé de maillon;
> Qui m'a mys hors de maint boillon
> Et de cestuy pas ne s'esjoye;
> Si luy requiers à genoillon
> Qu'il m'en laisse toute la joye:
>
> Je lui donne ma librairie
> Et le Rommant du Put au Diable; etc.

Zu bemerken ist, dass das entf. Object in der zweiten
Strophe durch das persönliche Pronomen wiederholt ist.

### Umstandsbestimmung.

Villon Pet. Test. Str. 1—2.

> Mil quatre cens cinquante et six
> Je, Francois Villon, escollier,
> Considérant, de sens rassis
> Le frain aux dents, franc au collier,
> Qu'on doit ses œuvres conseillier
> Comme Vegice le racompte
> Saige Romain, grand conseiller
> Ou autrement on se mescompte

En ce temps que j'ay dit devant
Sur le Noël, morte saison,
Lorsque les loups vivent de vent,
Et qu'on se tient en sa maison,
Pour le frimas, pres du tison
Me vint ung vouloir de briser
La tres amoureuse prison
Qui souloit mon cueur desbriser.

Die Zeitbestimmung vermittelst der Jahreszahl ist in der zweiten Strophe durch *en ce temps* wiederholt.   cfr. Froiss. I. 139 v. 1795 16 zlg. Str., Froiss. II. 212 v. 96. 16 zlg.

**Adnominale Bestimmungen
sind von ihrem Nomen durch Strophenschluss
getrennt.**

**Die Apposition.**

Frois. III. 245 v. 1. 10 zlg. Str.

Il te sera mieulz recordé
Une autre fois, mais à l'esploit
Dont aucun reprochier voulroit
Nature et ses fais, excuser
Honnourablement s'en pourroit
Se de ma seur voulroit user,

Raison. Quant creature encline
Est à vice desmesuré,
Tu dis que c'est de la racine
De Nature et de son secré
Ou de nourreture. Discre etc.

Dass **Raison** sicher Apposition ist, geht aus der Stelle p. 243 v. 4 hervor.  Congnoissance sagt dort:

Que par Raison le te feray,
C'est ma seur etc.

Rou I. 93 v. 1509.

Cez dous humes ensamble a a Fescamp tramis
L'euesque pur l'enfant de funz regenerer
Et le prince Botun pur veeir a garder.

Brakelm. 30. Str. 1 - 2.

**Attributives Adjectiv resp. Participium**

Chants hist. II. p. 372 Str. 18—19.  Das Gedicht ist allerdings in Schlagreimen abgefasst, doch die starken Gedankenpausen am Schluss von je vier Zeilen und die Anophora des Wortes *Adieu* zu Anfang jeder vierten Zeile beweisen, dass die vierzeilige Strophengliederung beabsichtigt ist.

> Adieu ceux qui leurs beaux faits vantent
> Adieu ceux qui se mescontantent
> Adieu ceux qui sont trop contents
> Adieu ceux qui plaignent le temps
> Employé plus qu'en autre usage
> A manger les gens de village,
> Adieu qui se plaint et se deult
> Adieu vous di, loge qui peut.

Folgende Stelle aus einem Lay Froissarts ist wohl falsch überliefert, die Concordanz der Adjectiva mit dem Nomen ist vernachlässigt.

Froiss. II. 289 v. 162.

> Elle eut son vivant
> VII fils et V. filles
> Preu et hardi
> Agensi
> Et garni
> Et joli
> Et furni
> De sens et d'emprise.

Zugleich sei hingewiesen auf Scheler's Anmerkung Froiss. I. p. 401 v. 3500, wo er Eustache Deschamps' Ansicht über den Bau der Lays vorträgt und auch Froissart's Weise, dieselben anzufertigen, angiebt.

**Die prädicative Bestimmung wird durch Strophenschluss vom zugehörigen Verb getrennt.**

**1. pronominal.**

Froiss. I. 169 v. 2781. 16 zlg. Str.

> Et te suppli en nom d'obediensce
> Soies ossi
> Tels envers moi com je sui envers ti.

**2. nominal.**

Ist nur durch Schluss eines Strophenelements abgetrennt, begegnet

Ruteb. I. 238 v. 49:

> Quant j'oi parler de si lait visce
> Par foi toz li cuers m'en herice
> De duel et d'ire
> Si fort que je ne sai que dire.

**Das regierende Verb wird durch Strophenschluss vom zugehörigen Infinitiv geschieden.**

Frois. II. 206 v. 375. 12 zeilige Str.

> Et s'il avient
> Que ja je ne voie avenir
> Que de refus se puist couvrir
> Il me couvient
> Son commandement prendre à gré etc.

Frois. II. 392 v. 10. Virelay.

> Et laissies les anuieus
> Les tristes les dolereus
> Et les bleciés
> Faire un peu de leur voloir.

**Das pronominale Determinativ ist einmal durch Strophenschluss getrennt von dem Attributivsatz.**

Froiss. II. 205 v. 364. 12 zlg. Str.

> Amours, je te lo et grasci
> Quant en la souvenance aussi
> M'as mis de celle
>
> Que mon cœr aime, sert et crient,

Durch Schluss eines achtzeiligen Strophenelements wird das pronominale Determinativ vom Relativum getrennt Froiss. II. 211 v. 56 ff.

**Von mehreren coord. Satztheilen werden einige durch Strophenschluss abgetrennt und laufen in der nächsten Strophe den voraufgehenden parallel.**

**Parallele Subjecte.**

St. Thomas 152 v. 25.

> pris i furent si liure et tres tuit si escrit
>
> E le chalice d'or ù li sainz out chanté
> (plusieur feiz sur le deis l'unt brisié et quassé)
> e nestemenz e dras, e quanqu'il unt troué
> cuilliers cupes hanas d'argent, d'or esmeré
> e bien seissante liures d'argent tut munee
>
> E tuz ses beaubelez qu'il aueit fait guarder
> e qu'il ne uoleit pas à tutes genz mustrer
> altres choses asez que io ne sai numer
> ne que nuls de ses humes ne me sout escouter.

Durch das doppelte Strophenenjambement wird die Hast veranschaulicht, mit welcher die Räuber über den Besitz des von ihnen ermordeten Thomas herstürzen. cfr. St. Thom. 77 v. 29 ff; Chants hist. II. 229 Str. 2—3. 9 zlg. Str.; Villon p. 77 Les Regrets de la Belle-Heaumière 8 zlg.; die abgetrennten parallelen Subjecte füllen noch eine ganze Strophe; durch Schluss eines 3 zlg. Strophenelements getrennt Ruteb. I. 245 v. 56 ff.

### Parallele nähere Objecte.

Rou I. 40 v. 98.

> A ses baruns parla si lur mustra les torz
> Les pertes, les damages, e les mals granz e laiz
> Que cil e si ancestre li orent suuent faiz.

cfr. Chants hist. II. pag. 450, 6 zlg. Str.; Villon Gr. Test. Str. 8—9, Charles d'Orl. p. 58, 8 zlg. Str.; eb. p. 200. Ballade. Durch Schluss eines dreizeiligen Strophenelements getrennt Ruteb. I. 246 v. 83 ff.

### Parallele Dativverhältnisse.

Villon Gr. Test. Str. 138.

> Grant bien leur feissent maintz lopins,
> Aux povres filles advenantes
> Qui se perdent aux Jacopins
> Aux Celestins et au Chartreux,

### Parallele Genitivverhältnisse.

St. Thomas 132 v. 6.

> De l'euesque de Lundres ra al pueple mustré
> de cel de Salesbire (Jocelin l'unt numé)
> de celui d'Eurewic qui par s'auctorité
> ot sustrait à l'église de sainte terneté
> des reis l'enunctiun e si grant dignité
>
> Et de Randulf de Broc qui l'out forment greué
> e out maint de ses hommes suuent enprisuné etc.

Ein paralleles pronominales Genitivverhältniss getrennt.

Froiss. Poes. III. 246 v. 19. 10 zeilige Str.

> ja n'avenroit
> Se de ma seur voulroit user
> Et de moy, car sans discipline etc.

Die neue Satzperiode erstreckt sich bis Strophenschluss. cfr. Chants hist. II. p. 450. 6 zlg. Str.

Parallele Umstandsbestimmungen.

Diese werden durch Schluss eines Strophenelements abgetrennt.

Ruteb. I. 241 v. 138.

> Quar il sont sanz misericorde
> Et sanz pitié
> Sanz charité et amictié.

cfr. Ruteb. II. 53 v. 17 ff.

Parallele Appositionen.

Villon Gr. Test. Str. 170.

> J'institue gens de bien tres,
> Philip Bruneau, noble escuyer,
> Le second, son voysin d'empres
> Nomme maistre Jaques Raguyer,
>
> Et le tiers, maistre Jaques James; etc.

Parallele prädicative Adjectiva.

Froiss. II. 209 v. 16.

> Elle est petite
> Blanche et vermeille et par usage
> En tous vers lieus; ailleurs ne se delitte

Parallele prädicative Participien.

Villon Gr. Test. Str. 10 v. 6.

> J'ay ce testament tres estable
> Faict de dernière voulenté
> Seul pour tout et irrevocable
>
> Et escript l'an soixante et ung, etc.

Die Periode reicht bis Strophenschluss. Zur Trennung
der Participien durch Schluss der ersten Strophe im Rondel
bei Charles d'Orleans p. 255. cfr. die Bemerkung unten.

Wie schon oben angedeutet, erscheinen alle in diesem
Theile angeführten Beispiele von Strophenenjambement ziemlich isolirt in den von uns untersuchten Denkmälern. In den
Chansons de geste dürften sich keine Belege für Strophenenjambement, — wenigstens sicher keine von bedeutender
Intensität — finden, wohl aber kommen einige vor bei gelehrten Dichtern, z. B. im Rou, ferner in St. Thomas, einem
Kunstepos, wo der Märtyrertod dieses englischen Geistlichen
berichtet wird (in 5 zeiligen Strophen) und Venus la Deesse

2*

einem allegorischen Gedichte (in 5 zlg. Str.). Aus der älteren
Lyrik lassen sich bis zur Zeit Froissart's, der sich grosse
Freiheiten im Vers- und Strophenbau erlaubt, ebenfalls wenig
zutreffende Fälle beibringen. Die aus dem zweiten Bande
der Chants historiques citirten Stellen stammen alle schon aus-
dem 16. Jahrh. Ziemlich zahlreiche und verschränkte Durchkreuzungen der rhythmischen und logischen Strophengliederung
finden sich noch in den neueren lyrischen, aus der Kirchen-
in die Kunstpoesie übergegangenen *lais descordants* cfr. F.
Wolf: „Ueber die Lais, Sequenzen und Leiche" Heidelberg
1841 p. 136 ff.: in den *grands lais* p. 149 l. c. Bei Froissart
begegnen derartige lais an folgenden Stellen: I. p. 33—41;
202—209; 283—285; II. p. 154—161; 246—256; 256—262
etc. bis p. 305.

Am Schluss dieses Abschnitts verdienen noch einige
Strophen oder vielmehr Strophenelemente besonderer Er-
wähnung. Es könnte auffällig erscheinen, dass schon bei
Rutebeuf sich bei der Dreizeile so viele Strophenenjambements
finden. Rutebeuf verwendet die Dreizeile an folgenden Stellen:
I. p. 5, 13, 26, 32, 93, 233, 243, II. p. 51. 142, 237, 257.
Zuweilen begegnet eine Vierzeile unter den Dreizeilen I. p.
95 v. 41, v. 55, v. 106, II. im Miracle de Theophile p. 238,
v. 121, 125, p. 239, v. 147, 154, 190, 576, 583, 589, 662.
Die von ihm angewandte Dreizeile hat die Reimform:

a a b
b b c
c c d.... o o p + p p. Abweichungen im Anfang der
Gedichte finden sich:

I. p. 5 a a b    p. 13 a a a b    p. 243 a a a b    II. p. 51 a a a b
   a a b b c      b b c etc.       b b c etc.       b b c. etc.
   c c d etc.

am Schluss derselben:

I. p. 31.          II. p. 212.
— p.               — p.
qq. r.
rs.                          p.

Es befinden sich also in dieser Dreizeile zwei reimende Verse und ein reimloser; der reimlose Vers findet seinen Reim je in den beiden ersten Versen der folgenden Dreizeile. Es fehlt ihr daher die durch den Reim nothwendige Gliederung, und sie ist deshalb als Strophenelement zu betrachten. Auch vom Dichter ist sie dadurch als solches gekennzeichnet, dass er es nicht für nöthig erachtete, allemal eine Gedankenpause von solcher Stärke an den Schluss zu verlegen, dass sie aus dem Grunde als ein selbständiges, von der Umgebung abgeschlossenes Ganze zu betrachten wäre. Wenn auch statt der Gliederung durch den Reim diejenige durch den bestimmt geordneten Wechsel der Versmasse eintritt, indem die reimenden Verse jedes Elements achtsilbig, der reimlose viersilbig ist, so ist doch diese Gliederung von untergeordneter Bedeutung cfr. Lubarsch p. 291, und es kann daher diese Dreizeile nur als Strophenelement aufgefasst werden. Weil aber alle Dreizeilen der erwähnten Art mit einander durch den Reim verkettet sind, so ist ein aus solchen Strophenelementen bestehendes Gedicht als ungegliedert oder wenigstens ungenügend gegliedert anzusehen.

Aehnlich wie bei der soeben besprochenen Dreizeile verhält es sich bei der Vierzeile mit der Reimform:

a a a b

b b b c

c c c d..... $+$ n n n o $+$ o o o p p. Diese ist z. B. von Charles d'Orléans verwendet in der *Copie de la lettre de Retenue* p. 13; ebenso von Froissart I. p. 348 in *Le Dit dou Bleu Chevalier;* auch Quicherat verweist auf diese Strophe resp. dies Strophenelement p. 551 unter No. 2 und bemerkt dazu p. 552: „Cette stance, qu'on trouve dans Alain Chartier, Christine, Martin Lefranc, Meschinot, Crétin, Le Maire, J. Marot, s'est conservée jusqu'à Baïf. Elle ne pouvait être tolérée que lorsque le sentiment de l'harmonie n'existait pas encore. La première stance ne ressemblait pas aux autres, et nécessairement la dernière en différait aussi. En suite le système des quatre rimes pareilles commençait par un petit vers et à la fin d'une stance. L'analogie des rimes conduisait, d'une manière presque inévitable à l'enjambement d'une strophe à l'autre." Auch auf die erwähnte Dreizeile verweist er p.,550. In diesem vierzeiligen Strophenelement sind die reimenden Verse 10 silbig, der reimlose 4 silbig. Es fehlt auch hier wieder die Gliederung durch den Reim, indem der reimlose Vers erst in der folgenden Vierzeile seinen entsprechenden Gleichklang findet. Für die Gliederung durch den Reim tritt auch in der Vierzeile wieder diejenige durch den bestimmten Wechsel des Versmasses ein, doch diese genügt auch hier nicht, um die Vierzeile als Strophe gelten zu lassen. Ein aus solchen Elementen bestehendes Gedicht ist darum ebenfalls als mangelhaft gegliedert zu betrachten. In dieser Weise aufgefasst wird es auch natürlich erscheinen, dass der Dichter die Gedankenpausen am Schluss dieser Vierzeile oft vernachlässigt. Ja, man könnte wohl bei dem aus Charles d'Orléans citirten Gedichte behaupten, dass der Dichter in der Wahl dieser Vierzeile einen sehr glücklichen Griff gethan; wie sich in dem Briefe leicht Gedanke an Gedanke reiht, so werden diese Vierzeilen ungezwungen und ohne Unterbrechung mit einander durch Reim verbunden.

Charl. d'Orl. p. 14 Str. 5 ff.

Pour ce donnons estroit commandement
Aux officiers de nostre parlement
Qu'ilz le traictent et aident doulcement
  En toute affaire,
A son besoing, sans venir au contraire,
Si chier qu' ilz ont nous obeir et plaire,
Et qu'ilz doubtent envers nous de forfaire
  En corps et biens
Le soustenant, sans y espargnier rien etc.

Fortwährend finden sich Enjambements am Schluss der Strophenelemente bis zur zweitletzten Vierzeile. Auf diese folgt eine Fünfzeile von der Form a a a b b und zwar reimt a mit dem reimlosen Verse der vorhergehenden Vierzeile. Auch in dem aus Froissart citirten Gedichte sind derartige Enjambements zahlreich zu verzeichnen.

Sonderbar könnte ferner erscheinen, dass sich verhältnissmässig häufig Strophenenjambement gerade zwischen der

ersten und zweiten Strophe der *Rondels* des Carl v.
Orleans finden. Erinnert sei aber an Gramont's Ausführungen
p. 273, nach ihm berührt Lubarsch denselben Gegenstand
p. 376. Bei Gramont heisst es: „On divise quelquefois, assez
habituellement même, le premier couplet de ces rondels en
deux quatrins dont l'un commence et l'autre se termine par
les deux vers de refrain. *En cela on fait erreur* (ce qui a
peu d'importance, il est vrai). Si l'on devait faire *une sépa-
ration*, ce serait *après les deux premiers vers,* qui sont le
motif proposé tant au poëte qu'au musicien, et sur lequel
doit tourner toute la pièce.“ An dem Fehler dieser falschen,
gewöhnlich üblichen Strophengliederung der Rondels leidet
auch die Ausgabe des Champollion-Figeac von Charles
d'Orléans' „Poésies“. Die oben citirten Stellen, an denen
der Dichter die Gedankenpausen ausser Acht gelassen hat,
sprechen also dafür, dass es auch in der Intention des Dichters
selbst durchaus nicht gelegen hat, dass das erste Couplet in
zwei Vierzeilen zerlegt werde. Der häufig syntactisch enge
Zusammenhang zwischen den beiden ersten Vierzeilen des
Rondels unterstützt den Gramont'schen Vorschlag. Es ist
daher wünschenswerth, dass überall diese Gliederung in den
Rondels solcher Form durchgeführt wird; es besteht aus zwei
Vierzeilen nebst dem Refrain, der dreimal wiederkehrt. Hier
ein Beispiel zur Erläuterung, in welchem sich nach der falschen
Stropheneintheilung ein Strophenenjambement findet, bei der
richtigen Gliederung aber an ein solches nicht zu denken ist:

    Charl. d'Orl. p. 255 Rondel Str. 1—2.

> Tant que pasques soient passées
> Sans resveillier le chat qui dort,
> Fredet, je suis de vostre accort
> Que pensées soient cassées
>
> Et en aumaires entassées,
> Formans à clef tres bien et fort,
> Tant que Pasques soient passées etc.

    P. 455 ff. erlässt Lubarsch das Verbot syntactischer
Pausen nach denjenigen Strophentheilen, welche durch den
Reim mit den übrigen Theilen nicht mehr zusammen-
hängen. Es ist dies, wenn man die Theorie der französischen

Strophe, wie er es thut, auf die Verkettung der Reime gründet,
eine sehr berechtigte Forderung. Doch wir wissen, dass zu
der Verkettung durch den Reim noch die Gliederung durch
den bestimmten Wechsel des Versmasses innerhalb der Strophe
hinzutreten kann, ja sie kann vielleicht von eben so grosser
Bedeutung werden wie die Gliederung durch den Reim, indem der letztere so sehr geschwächt wird, dass die Strophengliederung durch ihn vor der anderen zurücktritt. Ich möchte
auf die Gedichte Froissart's I. p. 168 ff., II. p. 209 (Dittié
de la Flour de la Margherite) und II, p. 137—148 (8 als
Souhet bezeichnete Gedichte) verweisen. Die zuerst citirten
haben folgendes Reimschema:

        a a a a a a a b      a a a a a a a b
        b b b b b b b c      b b b b b b b c.......
        o o o o o o o p      o o o o o o o p.

Es besteht also jede Strophe aus zwei Achtzeilen, die
reimenden Verse jedes Elements sind 10silbig, der reimlose
Vers 4silbig; der reimlose findet seinen Gleichklang erst im
achten folgenden Verse, so dass die Reimwörter durch sieben
Verse von einander getrennt sind. Es tritt hierdurch eine
ganz bedeutende Schwächung des Reimes ein, so dass Gefahr
vorliegt, dass er vom Ohr gar nicht mehr erfasst wird. Als
mildernder Umstand kommt ja allerdings hinzu, dass alle den
Reim trennenden Verse auf demselben Reim laufen, also Ver-
wirrung nicht zu befürchten ist, und dass der reimlose Vers
jedes Elements von geringerer Silbenzahl ist, aber es bleibt
doch zu beachten, dass eine so bedeutende Trennung der
Reimwörter die Grenze alles irgendwie Erlaubten überschreitet.
Im Neufranzösischen sind nach Lubarsch p. 328 schon 4 Verse,
welche die Reimwörter trennen, zu viel, weil sie den Reim
zu sehr schwächen. Es lag deshalb hier die Versuchung nahe,
dieses achtzeilige Strophenelement als selbstständige Strophe
aufzufassen, und auch Scheler unterlässt es II. p. 209 ff.,
durch den Druck den nothwendigen Zusammenhang je zweier
Achtzeilen kenntlich zu machen. Er nennt es allerdings Anmerkung p. 450: Poème composé de 12 doubles strophes de
8 vers; es hat aber nicht die double strophe wie es nach

dieser Bemerkung scheinen könnte 8 Verse, sondern 16, und das ganze Gedicht 12 × 16. Froissart wusste sehr wohl, dass dieser 16zeiligen Strophe Gefahr drohe, als solche nicht erkannt zu werden und half diesem Uebelstande dadurch ab, dass er die achtzeiligen Elemente durch engen syntactischen Zusammenhang vernietete. Es fehlt die Verbindung der Elemente in dem Gedicht I. p. 168 ff. v. 2838, v. 2902; während in 13 Fällen mehr oder minder enger Zusammenhang besteht; in dem Gedichte II. p. 209 fehlt die Verbindung v. 40, 120, 168, 184, während sie in den übrigen 8 Fällen vorhanden ist, in den Souhets II. p. 137 ff. fehlt sie p. 141 v. 4753, p. 146 v. 4918, p. 148 v. 4979, während in 13 Fällen Verbindung besteht. Wenn der Dichter daher diese 16zeilige Strophe vor Zerfall und noch grösserer Zerrissenheit schützen wollte, so musste er starke Gedankenpausen hinter der Achtzeile meiden. Sehen wir nun die Art des Dichters z. B. II. p. 137 Str. 1.

> Je souhède qu' il fust toutdis estés
> Beaus et jolis, et li airs attemprés,
> Clers et seris, gracious et soués
> Et qu'on veist, par vregiers et par prés,
> Roses et lys et flourettes assés,
> Et qu'on euïst en partie ses grés
> De ce qui est pure necessités.
> Secondement
> Cascun amant fust loyal et secrés
> Obéissans, percevans et discrés etc.

Der Dichter verlegt die stärkste Gedankenpause also gerade vor den viersilbigen Vers und verknüpft dadurch in der geschicktesten Weise den viersilbigen reimlosen Vers und somit das erste Strophenelement mit dem folgenden. Aehnliche Beispiele bieten die citirten Gedichte in grosser Anzahl.

In den erwähnten Gedichten sind auch die einzelnen Strophen eng durch den Reim verkettet. In den beiden zuerst citirten ist die Reimordnung der Art, dass der Einzelreim der ersten Strophe gewissermassen in der zweiten der dominirende ist, der Einzelreim in der zweiten Strophe dominirt in der dritten etc.; um diese innige Reimverkettung be-

quemer und besser zu veranschaulichen, vermied der Dichter
häufig auch starke Gedankenpausen am Strophenschluss, so-
dass gerade in diesen Gedichten auffallend viele Strophenenjambements zu verzeichnen sind. Noch engere Reimverkettung herrscht in den Souhets Poés. II. p. 137 ff. Jeder
hat zwei Strophen, jede Strophe besteht aus zwei Achtzeilen.
Die Form ist

a a a a a a a b      a a a a a a a b
b b b b b b b a      b b b b b b b a

Die in jedem Strophenelement reimenden Verse sind 10-,
die reimlosen 4 silbig; das ganze Gedicht, 32 Verse ent-
haltend, läuft also auf nur 2 Reimen. Diese 8 Souhets haben
alle dieselbe Form. Auch diese Reimordnung gewann dadurch an Uebersichtlichkeit, dass mit Leichtigkeit die Strophen-
schlüsse überschritten, d. h. dass die Gedankenpause vernachlässigt wurde.

Um auch an einem Beispiele zu zeigen, wie wichtig
Lubarsch's p. 330 ausgesprochene Ansicht ist, die unverketteten Strophen an der Stelle, wo sie in zwei gegliederte
Theile zu zerfallen drohen, durch den Zusammenhang des
Sinnes fester zu vernieten — was zuerst Banville Petit Traité
p. 151 bei Gelegenheit der Besprechung des Dizain mit folgenden Worten thut: „Tout l'artifice, toute la gloire du poëte
consiste à bien attacher sa strophe, précisément là où elle
risque de se casser, c'est à dire entre le cinquième vers et le
sixième (vom Dizain zunächst gesagt). Il faut que le cinquième
vers soit une véritable Schéherazade, dont l'imagination force
le sultan son maître à brûler d'envie d'entendre le sixième
vers!" — also, um die Wohlbegründung dieser Regel darzu-
legen, und die Fehler, welche durch Nichtbeachtung derselben
entstehen, verweise ich auf das Gedicht Chants hist. I. p. 240,
Cantique der Secte der Flagellanten. Leroux de Lincy theilt
dies Gedicht in 12 Strophen mit Kreuzreim ab ab, alle
Strophen sind 4 zeilig ausser der zwölften, welche 5 Zeilen
aufweist. Verderbnisse finden sich in der 11. Strophe, wo
die Gliederung durch den Reim vollständig fehlt, und in der
zwölften. Je zwei auf einander folgende Strophen haben

gleiches Reimschema. Auffallend häufig finden sich hier Strophenenjambements, die in den vierzeiligen Dichtungen mit Kreuzreim sonst durchaus nicht so zahlreich aus der Mitte des vierzehnten Jahrhunderts, aus welcher Zeit das Gedicht stammt, zu verzeichnen sind. Die Strophenenjambements geben daher zu dem Bedenken Anlass, ob nicht die Strophengliederung falsch ist; je zwei Vierzeilen laufen auf gleichem Reim, syntactisch enger Zusammenhang ist häufig vorhanden, man wird also das Richtige treffen, wenn man annimmt, dass Achtzeilen mit Kreuzreim ab ab ab ab vorliegen. Zwar heisst es bei Lubarsch p. 345 Anmerkung: „Die Achtzeile mit zwei Reimen kommt in der neufranzösischen Dichtung als fortlaufende Strophe so gut wie gar nicht vor; dagegen ist der erste Theil des Sonetts eine solche Achtzeile nach dem Schema a b b a b a b oder ab ab ab ab." Der letzteren Form entspricht unser Gedicht. Mag es auch Leroux de Lincy bekannt gewesen sein, dass diese Reimform im Neufranzösischen fast gar nicht verwendet wird, so glauben wir doch, dass dies kein Grund für ihn gewesen ist, dasselbe auch auf das Altfranzösische zu übertragen, und dass es bestimmt nicht der Grund war, zeigt das unmittelbar vor unserem Gedicht befindliche, eine Cantique von derselben Secte. Diese weist auch dem Drucke nach achtzeilige Strophen mit Kreuzreim auf, wenn sich auch Strophe 4, 8, 10, 12 wieder Unregelmässigkeiten finden. Der Grund also für diese falsche Stropheneintheilung war der, dass gerade an den Stellen, wo der Strophe die Gefahr der Zerstückelung droht, der syntactische Zusammenhang nicht allemal eng genug war, um den Herausgeber durch den syntactischen auf den rhythmischen Zusammenhang aufmerksam zu machen. Denn fehlt die Verkettung der Strophenelemente durch die syntactische Verbindung, so sind wir bei dieser Art der unverketteten Strophe ohne Kriterium für eine richtige Stropheneintheilung. Nach der vorgeschlagenen Gliederung würde das Gedicht also 6 Strophen haben, deren letzte aus 9 Zeilen bestände und deren Reimordnung der Besserung bedürfe. Zur Erläuterung die Strophen 5—8 nach Leroux de Lincy:

5. Nous te prions, Vierge louée
En ceste penance faisant
Pour toute creature née
Et requiers ton pere et enfant,

6. Que cest mortaire soit destournée
Et saint Esperit voist regnant;
Et nos cuers par humble pensée
Car d'ayde avons mestier grant.

7. Se ne fust la vierge Marie
Le siècle fust pieca perdus.
Batons nos chars plaines d'envie
Batons d'orgueil plus et plus,

8. Pour paresse et pour gloutonnie
Et pour ire qui het vertus,
Pour avarice et lecherie
Et pour tous pechiez deceus.

## II. Versenjambement.

### A. Trennung der Sätze.

In der ältesten französischen Dichtung werden verschiedene Satzganze in der Regel durch Versschluss oder durch die Cäsur getrennt. Darum konnte auch Wackernagel p. 121 bei der Veröffentlichung seiner altfranzösischen Lieder mit gewissem Rechte sagen: „Es schien mir rathsam und von Nutzen zu sein, wenn der Druck ein möglichst getreues Bild der Bernerischen Handschrift wiedergäbe. Nur dass Zeilen und Strophen auch nicht unabgesetzt hinter einander stehen, sonst folgt er seinem Original buchstäblich. Also keine Accente etc. — keinerlei Interpunction ausser den Punkten am Schluss der Verse und den Fragezeichen, wo auch diese schon die Handschrift selber giebt: bei dem natürlichen Einklang zwischen den metrischen und den syntactischen Gliedern der alten Dichtung schien es genug an der Sonderung jener." Bei den cäsurhaften Versen war dem Dichter durch die Cäsur eine Stelle gegeben, an der er das Satzganze innerhalb des Verses abschliessen konnte. Er benutzte indess ziemlich selten diese Gelegenheit; nur sehr vereinzelt aber erreicht der mehrfache Satz innerhalb der Versglieder seinen Abschluss. Belege für das Zusammenfallen von Satzperiodenschluss und Versschluss sind überflüssig, da dies die Regel, und alle andern Fälle gewissermassen nur die Ausnahme bilden. Zuweilen begegnet auch in späterer Zeit noch auffällig grosse Regelmässigkeit, doch scheint der Dichter oft besondere Zwecke damit verfolgt zu haben; cfr. Chants hist. II. p. 391; Charl. · d'Orl. p. 211 (Ballade 122), p. 422 Rondel, Villon p. 221, 222. In den citirten Gedichten finden sich die Figuren der Anaphora und des Gegensatzes mit glänzender Wirkung. Hier einige Beispiele, in denen die Satzperiode in der Cäsur abschliesst und nach der Cäsur eine neue beginnt. Seltener findet sich diese Erscheinung in der volksthümlichen als in der Kunstdichtung und namentlich in der späteren, wie z. B. Froissart's Werke zeigen. Otten[1]) bringt in dem Manuscript seiner Arbeit ein Citat, Berte 699.

> Gaydon 4530.
> Tant a brochié qu'a l'aube apparissant
> Vint à Angiers, Gaydon vait demandant;
> On li enseigne. En son palais plus grant
> Li dus se jut: vis li fu en dormant
> Que Ferraus iert en mer, en I chalant
> Tout sans aïde, n'i avoit estormant.

Aus dem Volksepos cfr. Aye d'Avignon 1261, 2461, 3850. Aliscans 410, Brun 2464, Aiol 7904.

Für die ältere Lyrik cfr.

> Wackernagel II. Str. 12.
> et il font faire amort tout son seruixe.
> li duels remaint. girairs per sainte eglize
> ait fait de sa dame soixour.

Adenes li Rois bietet für die ältere epische Kunst-dichtung verschiedene Beispiele.

> Enf. Ogier 3420.
> a vous m'envoie et à lui ensement
> Ogiers ses niez." Et quant Namles l'entent
> Le messagier errant par la main prent.

cfr. Beuves d. Com. 3591, Berte 542, 699, 819, 957, 1653, 3432. Enf. Og. 2631, 3211, 3627, 4195, 5491. Froissart, der hervorragendste Vertreter der späteren altfranzösischen Lyrik, erlaubt sich in seinem Versbau die grösste

---

[1]) „Ueber die Cäsur im Altfranzösischen" I Greifswald 1884. Das Ms. der vollständigen Arbeit stellte mir der Herr Verfasser gütigst zur Verfügung, wofür ihm an dieser Stelle der herzlichste Dank.

Willkür; darum sind auch die Fälle, dass ein Satzganzes in der Cäsur abschliesst, nichts Seltenes bei ihm. Er bedient sich von längeren Versarten namentlich des zehnsilbigen Verses mit Cäsur nach der vierten Silbe.

Froiss. II 370 v. 17.

> Car Bruidis souflle de tel alainne
> Que Leander ne poet Tetis mouvoir,
> La est peris. Or n'est dolour si plainne
> Que d'estriver encontre son pooir.

Diese Erscheinung findet sich sowohl in strophischen als auch nichtstrophischen, in isometrischen und heterometrischen Gedichten. cfr. Frois. I. 58 v. 192, 67 v. 496, 175 v. 2968, 352 v. 143, 538 v. 366, 366 v. 438. eb. III. 164 v. 26, 230 v. 14.

Seltener als in der Cäsur schliesst eine Satzperiode **innerhalb des zweiten Versgliedes.** (cfr. Otten l. c., der zwei Belege aus Froissart bringt.)

Enf. Og. 2321.

> Quant Karahues a ces moz escoutés
> Dou roi a pris congié. Lors est tournes
> Devers Ogier, de lui fu aparlés.

Die Pause tritt hier hinter der 6. Silbe ein, also an einer Stelle, wohin im zehnsilbigen Verse die Dichter häufig auch die Cäsur legen, cfr. Aiol etc. Man könnte daher v. 2322 auch als einen unter den regelmässigen zerstreuten mit Cäsur nach der 6. Silbe ansehen. Dasselbe Verhältniss liegt vor Froiss. I. 170 v. 2812, eb. 191 v. 3545, II. 356 v. 25.

Höchst unregelmässig erscheinen die Verse, in denen die Satzperiode innerhalb des zweiten Versgliedes endet, jedoch **an andrer Stelle als hinter der 6. Silbe.**

Froiss. I. 61 v. 277.

> Mes Attemprance et Paour autressi
> Le retinnent, ou voeille ou non. Ensi
> Sui detirés, et par tele maniere
> Sans nul arrest, puis avant, puis arriere etc.

Froiss. II. 362 v. 48.

> Que Moyses pour sa gent faire aïe
> Qui dou serpent venimeus morse estoit
> Ens ou desert esleva. Dont par droit

Viergne, ensievant celle proprieté,
Se volions dou mors estre gardé
Qu 'Adams mordi par son outrecuidance
Il couvenoit etc.

Starke Gedankenpausen hinter der siebenten Silbe im zehnsilbigen Verse finden sich noch Froiss. III. 165 v. 33; eb. 231 v. 12.

Zu der allergrössten Seltenheit scheinen die Fälle zu gehören, wo die Satzperiode innerhalb des ersten Versgliedes endet. Beim zehnsilbigen Verse habe ich nur ein Beispiel gefunden.

Frois. II. 358 v. 26.

Dont fait refus ouvrer de son mestier
Sens et Cremour qui ont à conseiller
Dame. Adont est si close li entree
D'otroi qu'il fault cuidant purpos changer
Car falli a à sa fole pensée.

Es ist auch leicht erklärlich, dass innerhalb des ersten Versgliedes, wenigstens beim zehnsilbigen Verse mit Cäsur nach der vierten Silbe, vom Dichter eine starke Gedankenpause sorgfältig vermieden wurde. Durch den starken Wortresp. Satzton, welcher eine Silbe innerhalb des ersten Versgliedes trifft, würde die in ganz kurzem Zwischenraum folgende Tonsilbe der Cäsur zu sehr geschwächt, ausserdem würde die mit der Betonung verbundene Pause in der Cäsur zu wenig zur Geltung gelangen. In dem zweiten, beim zehnsilbigen Verse also längeren Versgliede, kann eher eine grössere Pause eintreten, weil noch eine so grosse Entfernung zwischen dieser und der am Versschluss von dem Rhythums verlangten Pause vorhanden sein kann, dass die Pause am Versende noch genügende Stärke behält.

Neben dem 12- und 10silbigen Verse kommt in den altfranzösischen Dichtungen sehr häufig der achtsilbige Vers zur Verwendung. Die Dichter lassen oft Satzperioden innerhalb des achtsilbigen Verses enden. In der Mehrzahl der Fälle vielleicht, namentlich in der ältesten Zeit begegnet der Periodenschluss hinter der vierten Silbe. Es wäre denkbar, dass die Cäsur, die doch in den ältesten Denkmälern, Passion und Leodegarlied, als in der That vorhanden angenommen wird, cfr. Tobler p. 94, auch in den späteren achtsilbigen Versen von einigem Einfluss geblieben ist.

Barb. Fabl. et Cont. I. p. 23 v. 205.

> Je n'ai Seignor fors que le Roi
> De Paradis. Par son desroi
> Dit li Merciers, vos ai gagié etc.

Percev. 5622.

> „Sire, fait il, il vos covient
> Venir a court. Et cil ne mot
> Et fait semblant que pas ne l'ot.

Froiss. I. 28 v. 915.

> Bien le recognois à son nom
> C'est Douls Regars. Celle saison
> Apoursievoit d'Amours la chace.

cfr. Barb. I. 8 v. 223, 81 v. 167. 349 v. 752, eb. II. 287 v. 11. Ruteb. III. 220 v. 889. R. d. l. Rose 4401, 11574, Percev. 2611, Ch. au Lyon 1763, 1929, 2019. R. d. l. Char. 1882, 5271, 6112. Tr. Belg. I. 193 v. 334, 202 v. 612, II. 258 etc. Froiss. I. 1 v. 18, 115 v. 988, 195 v. 3683; eb. II. 1 v. 2, 31 v. 1057, 55 v. 1881. III. 110 v. 27, 127 v. 1003. Sehr bedeutende Gedankenpausen cfr. Cristine v. Piza „Livre du chemin d. l. estude" ausser v. 1—60 (10 silbige V.), 61—225 (7 silbige V.) in achtsilbigen Versen abgefasst. cfr. 609, 1680. 3986, 4061, 4282, 4337 etc.

Hier wird stets der betreff. Vers durch die Gedankenpause in zwei Theile von gleicher Länge zerlegt; daher wird wenigstens die Symmetrie nicht zu sehr dadurch gestört. Benachtheiligt wird dieselbe, falls der Vers in ungleiche Theile gespalten wird, sei es dass die Gedankenpause innerhalb der vier ersten oder vier letzten Silben eintritt. Ein Bestreben der Dichter, besonders viele starke Pausen entweder innerhalb der ersten oder innerhalb der zweiten Hälfte des achtsilbigen Verses zu verlegen, ist nicht erkennbar, es dürfte der Procentsatz in beiden Fällen ungefähr der gleiche sein. Immerhin bieten aber diese unsymmetrischen Verse oft viel Interessantes, und der Dichter hat nicht selten ganz bestimmte Zwecke damit verbunden.

Eine Satzperiode wird innerhalb der ersten Hälfte des achtsilbigen Verses beendet.

Barb. I. p. 400 v. 66.

> Li Clers les va ades sivant
> Et dist que ades les sivra
> De si adonc que il saura

Lor fin. Dedenz la vile entrerent
Si oirent et escouterent
C'on crioit parmi le chastel
Cia bon vin fres et novel etc.

Rom. d. l. Char. 4124.

Car il cuident qu'au roi bel soit
Se pris et mené li avoient
Lancelot. Et li suen estoient
Tuit de lor armes desgarni.

cfr. Barb. I. 51 v. 379, II. 446 v. 37. Tr. Belg. I 179 v. 134, 200 v. 559. II. 249 v. 38. Ruteb, II. 367 v. 156, 373 v. 1733. Percev. 2811, 11500. Froiss. I. 110 v. 974, 112 v. 872, 185 v. 3314; II. p. 31 v. 1050, 42 v. 1413, 59 v. 2022; III. p. 37 v. 1236, 39 v. 1311, 42 v. 1418, 56 v. 134. Christ. v. Piza 1066, 2106, 2230, 2582, 2668 etc.

Die betreff. Periode erreicht ihren Abschluss, wenn überhaupt, so doch äusserst selten schon nach der ersten Silbe.

Eine Satzperiode schliesst innerhalb der zweiten Hälfte des achtsilbigen Verses. Es tritt, wie es scheint, die grössere Pause ebenso zahlreich hinter der fünften wie hinter der sechsten Silbe ein.

### Pause hinter der fünften Silbe.

Brut. 13605.

Yvains fu de mult grant valor
De grant pris et de grant honor
Et mult fu prisiés. De la guerre
Que Mordre fist en Engleterre
La roïne sot et oï.

R. d. l. Rose 4034.

Et si sachies qu'as autres trois
Va souvent et vient. Quant il scet
Qu'il doit por nuit faire la guet
Il monte le soir as creniaus etc.

cfr. Ruteb. II. 72 v. 196; Scheler Tr. B. I. 173 v. 354, 185 v. 64; II. 255 v. 185. Froiss. II. 19 v. 635. 176 v. 829; 236 v. 19, 330 v. 51, III. 58 v. 206, 71 v. 972, 89 v. 15. 192 v. 1803, 250 v. 4, 259 v. 2520. Cr. v. Piza 5559.

### Pause hinter der sechsten Silbe.

Scheler Tr. B. I. 198 v. 468.

Et coment on le pert. Aprendre
Vos vuel premier de sen service etc.

Froiss. III. 46 v. 1550.

> Tu y es en plaisant sejour
> Et si y peus aprendre tant
> Qu'ades t'en sera mieulx. Pour tant
> Retieng la doctrine d'Amours etc.

cfr. Ch. au lyon 212, Barb. II. 103 v. 5 (makkaronisch); Froiss. II. 230 v. 352; eb. III. 75 v. 762; 236 v. 31; 245 v. 15; 278 v. 3116.

Höchst selten begegnen solche Fälle, wo der Periodenschluss nach der siebenten Silbe erfolgt. Die Tonsilbe am Schluss des Verses wird in dem Falle durch den Tonsilbenstoss sehr gedämpft.

Froiss. III. 191 v. 1773.

> Car elle lui fist tel secours
> Qu'il vint au dessus de son cours
> Par les III pommes de fin or
> Que ma mere lui donna. Or
> Te vueil deviser comment.

cfr. Froiss. III. 206 v. 2252; eb. 222 v. 26.

Auffällig erscheint es, dass in den drei citirten Fällen die Partikel *or* es ist, welche durch Versschluss von dem zugehörigen Satze geschieden wird; der Reim auf *or* scheint ein schwerer zu sein (*or* nun, *or* Gold, *tresor* sind in den drei Citaten die Reimwörter), und so dürfte wohl die Reimnoth den Dichter zu solchen Unregelmässigkeiten veranlasst haben.

Ganz sonderbar erscheint der Fall, in dem der Periodenschluss hinter der achten Silbe im achtsilbigen Verse eintritt, aber noch eine Silbe mit sogenanntem stummen *e* in demselben Verse folgt, die ja sonst bei der Silbenzählung des Verses nicht berücksichtigt wird.

Froiss. III. 8 v. 240.

> Plaisance leur est plus amie
> Et Amours leur donne une joye
> Si doulce et qui tant les resjoye
> Qu'ils ont entiere souffisance
> Et ung eür tres souffisant. Ce
> Les fait en bonnes vertus croistre
> Et leur bon los partout acroistre.

Es hat dies *ce* als Subject des Satzes in syntactischer Beziehung eine hohe Bedeutung für das Satzgefüge und muss natürlich deshalb des Zusammenhanges und Verständnisses

halber deutlich hörbar sein; vom metrischen Gesichtspunkte
betrachtet kann dem *ce* nur die Geltung einer vollständig ton-
losen Silbe zuerkannt werden, da andernfalls der Vers neun
Silben hätte, und als solcher unter den achtsilbigen Versen
incorrect wäre.

Auch in den Dichtungen mit kurzem Versmasse
(7- 6- 5- 4- 3- 2- 1 silbige Verse) waren die Dichter stets be-
strebt, Satzperioden- und Versschluss zusammenfallen zu lassen.
Andrerseits ist es natürlich, dass es ohne die grösste Eintönigkeit nicht angeht, so wenig umfangreiche Redeglieder
gleich stark geschieden an einander zu reihen, und es ist
auch jeder Zeit geduldet worden, dass die Dichter den Versschluss zwischen enger zusammengehörigen Satzgliedern eintreten liessen. cfr. Tobler p. 22:

Zu erinnern ist noch daran, dass sich die Verse der allerkürzesten Masse hauptsächlich in den echt volksthümlichen
Gattungen finden, in den Pastourellen, Romanzen, Chansons,
und ebenso in den späteren lyrischen Lais, also in Werken
der Kunstdichter, die in stofflicher oder formeller, oder in
beiden Rücksichten zugleich den Volksliedern unmittelbar oder
mittelbar (durch Vermittlung der volksmässigen Kirchenlieder
oder Sequenzen) nachgebildet sind. cfr. Wolf „Ueber die
Lais etc." p. 125.

### Gedichte mit isometrischem Versbau.

Der siebensilbige Vers, wie überhaupt die kurzen Versmasse, findet sich namentlich in der Lyrik. Verwiesen sei
auf Tr. Belges II p. 1, 15. 17 etc.; Brakelm. 51, Froiss. II.
378, 379, 380; Chants hist. II. p. 532. Cristine v. Piza „Livre
du chemin d. l. estude" v. 61—252.

Der sechssilbige Vers begegnet: Ruteb. I. p. 202
(78 Verse), Scheler Tr. B. I. p: 27; Chants hist. II. 457, 547.
Froiss. III. p. 94, 95, 106, 107, 159, 160, 170, 172, 224, 225,
236, 237 etc. Charl. d'Orl. 273, 280.

Erwähnt sei noch, dass auch grössere Dichtungen in
6 silbigen Versen vorkommen z. B. Philippe de Thaün's „Com-
putus", im Bestiaire von demselben Verfasser bis Zeile 1418

3*

(Doppelzeilen, da der Herausgeber zwei Reimzeilen neben einander setzt) cfr. Tobler p. 9.

Fünfsilbige Verse cfr. Theatr. fr. p. 47 Pastourelle 26, Chants hist. II. p. 266, Scheler II. p. 32; Froiss. II. p. 247, 287, 289. Charl. d'Orl. p. 133, 142, 238, 279, 280, 285, 287, 292, 298, 309, 323.

Viersilbige Verse zeigen die Rondels des Carl v. Orleans p. 133, 272, 286, 289, 296. Das Rondel p. 272 ist makkaronisch, lateinisch und französisch.

Dreisilbige Verse kommen z. B. in einer Lay-Strophe Froiss. II. p. 248 vor.

Isometrische Gedichte in zwei- oder einsilbigen Versen scheinen in der ältesten Zeit nicht vorzukommen. Quicherat „Traité de Versification" führt aus der späteren Zeit einige Beispiele an für diese Art p. 202—205, ausserdem in der Note 35 p. 544—546. Seine Bemerkung p. 205: „Ces tours de force ne prouvent que la triste manie de s'occuper laborieusement de petites choses" ist wohl hinsichtlich dieser Verse für alle Perioden der französischen Dichtung zutreffend. Er fährt fort: „Notre vieille poésie, qui offre des exemples de toutes les puérilités, n'a pas ignoré le vers d'une syllabe." Bei dieser Aeusserung dürfte er indess nicht die älteste französische Lyrik nach unserer Auffassung im Auge gehabt haben, sondern die Zeit Ende des 15. und Anfang des 16. Jahrhunderts, wo Pedanten ihr Unwesen trieben und ihren Ruhm in allerlei Aeusserlichkeiten und formellen Dingen suchten. Ein Beispiel eines Gedichts im einsilbigen Verse führt er an aus De Croy; ferner ist zu vergleichen Lubarsch 214—220.

Hier einige Belege, wo in Versen kürzerer Maasse Perioden- und Versschluss nicht zusammenfallen.

Im 7silbigen Verse.

Chr. v. Piza 185.

> Le jour que j'oz cel opprobre
> Fu le V<sup>me</sup> d'octobre
> Cest an mille quatre cens
> Et deux. Fust folie ou sens

Mais nul qui ne l'eust sceu
Ne s'en fust apperceu,
Par semblant que j'en feisse
Quoy que j'amasse ou haisse: etc.

Im 6 silbigen Verse.

Froiss. III. p. 225 v. 25.

N'est il bien infame
Qui gabe tout de gré
De Nature? Par m'ame
Point n'est homme discré,
Ains est desmesuré
Felon et plain d'outrage
Qui blasme son secré
Par dissolu langage.

Im 5 silbigen Verse.

Charl d'Orl. p. 142. Rondel 25 v, 4.

Soubz parler couvert
D'estrange devise
Monstrez qu' avez prise
Douleur. Il y pert etc.

### Gedichte mit heterometrischem Versbau.

Auch hier waren die Dichter durchaus bemüht, Perioden-
und Versschluss zusammenfallen zu lassen. Es war bei dieser
Art um so mehr nothwendig, da die Gefahr, dass die beab-
sichtigte Gliederung nicht erkannt würde, durch den oft sehr
zahlreichen Wechsel der Versmasse und durch den sehr verschiedenen Umfang der einzelnen Verse bedeutend grösser
ist als in Gedichten isometrischen Versbaues. Bei Lubarsch
p. 291 heisst es wohl: „Da der Reim die einzelnen Glieder
der Strophe in gleichmässiger Weise absetzen muss, so dürfen
in einer Strophe im Allgemeinen nicht mehr als zwei verschiedene Versarten verwendet werden, denn die allzugrosse
Ungleichartigkeit der durch den Reim gegliederten Theile
bringt die Strophe um den Eindruck der Symmetrie und giebt
ihr einen unruhigen Charakter", doch es ist zu bedenken, dass
an ein solches Gebot im Altfranzösischen keineswegs gedacht wird. Werden doch z. B. in der Pastourelle 6 ed. Hofmann Verse von 6 verschiedenen Massen zu einer Strophe
verbunden, dieselbe ist Bartsch III. 48, allerdings mit anderer

Verseintheilung, verzeichnet. Bei beiden Herausgebern ist die
Gliederung der Verse wohl nicht völlig correct. Es dürfte
allerdings auch in der altfranzösischen Lyrik das Gewöhnliche
sein, dass in Gedichten mit regelmässig gegliedertem Strophenbau Verse von nur zwei verschiedenen Massen angewandt
werden, doch zahlreich sind immerhin die Fälle, wo 3, 4 mal
Versarten, alle ungleicher Länge, in einer Strophe wechseln.
Hinsichtlich des Auftretens der 8- und mehrsilbigen Verse
verweise ich auf Otten a. a. O. p. 4—16. Eine Bemerkung
von Lubarsch p. 288 verdient noch an dieser Stelle Beach-
tung; es heisst dort: „Man kann ferner als Regel aufstellen,
dass zwei verschiedene Versmasse um so besser mit einander
stimmen, je vollkommener sich der kürzere Vers dem längeren
rhythmisch unterordnet" und weiter unten: „Eine Sonderstellung nimmt der zehnsilbige Vers mit Cäsur nach der vierten
Silbe ein, der nach La Harpe geschaffen ist, um allein einher-
zuschreiten." Es ist sehr auffällig, dass hier nicht an den
viersilbigen Vers gedacht wird, der sich doch dem zehnsilbigen mit Cäsur nach der vierten Silbe vollständig rhythmisch unterordnet, oder hielt man diesen für zu kurz, um ihn
mit dem zehnsilbigen Verse zu verbinden? Froissart wenigstens hat sich nicht gescheut, dies zu thun. cfr. Froiss. I.
p. 168—175, 348—362; II. p. 137—148 mit Unterbrechungen
durch den achtsilbigen Vers, p. 209—215.

Sämmtliche Combinationen der zu Strophen verbundenen
Verse verschiedenen Masses anzugeben, kann nicht unsere
Absicht sein, da es im Altfranzösischen in dieser Hinsicht an
jeder Regel oder Beschränkung fehlt, und ihre Anzahl daher
unendlich gross ist; nur einige aus Versen kleineren Masses
bestehend seien citirt.

8 + 4 silbig. Verse. Diese Combination ist vielleicht die
häufigste von allen. Man findet sie in den dramatischen
Miracles de Nostre Dame veröffentlicht im Théâtre français
au moyen-âge von Monmerqué und Michel oder in der Ausgabe von G. Paris und U. Robert, 1876 ff. Jahre. Die Rede
bedient sich im allgemeinen der achtsilbigen Verse, die zu
Reimpaaren verbunden sind, nur dass jede Rede mit einem
viersilbigen Verse schliesst. cfr. Tobler p. 13.

Doch auch überall in der Lyrik finden sich Belege sehr zahlreich cfr. Froissart I. p. 348, II. p. 194 etc.

8 + 6. Brakelm. 73.

8 + 2. Barb. II. p. 326—344 in dem Gedichte Piramus und Thisbe.

7 + 5. Froiss. I. p. 178; II. p. 72, 75, 77, 80, 81, 83 etc.

7 + 4. Froiss. II. 73, 105, 282, 284, 285.

7 + 3. Charl. d'Orl. p. 310, Bartsch I. Nr. 51. Froiss. I. 37, II. 107, 110, 255, 266, 275, 280, 281.

7 + 2. Bartsch I. No. 23.

6 + 4. Chants hist. I. 204.

5 + 4. Brakelm. 288 (wie häufig so auch hier viele Fehler in der Strophen- und Verseintheilung.)

5 + 3. Froiss. I. p. 35, 206.

4 + 3. Froiss. I. 284, II. 156, 158, 254.

4 + 2. Charl. d'Orl. p. 293.

Drei verschiedene Versmasse zeigen z. B. folgende Gedichte:

8 + 6 + 4. Tr. Belg. I. 147, Chants hist. II. 128.

8 + 5 + 3. Froiss. II. 160.

8 + 4 + 3. Froiss. I. 36.

7 + 5 + 3. Tr. Belg. I. 46.

7 + 4 + 3. Froiss. II. 264, 292.

5 + 4 + 3. Froiss. II. 301.

Wie schon erwähnt, finden sich sogar Strophen mit sechs verschiedenen Versmassen, ja es dürften vielleicht Gedichte mit regelmässigem Strophenbau vorkommen, wo die Zahl der ungleichen Versmasse noch grösser ist. Wie aus dem obigen Verzeichniss der Combinationen hervorgeht, das absolut keinen Anspruch auf Vollständigkeit macht, erfreute sich der dreisilbige Vers schon im Altfranzösischen grosser Beliebtheit; dasselbe gilt bei heterometrischen Gedichten auch noch für das Neufranzösische cfr. Lubarsch p. 216: „Ist die Verwendung fortlaufender Reihen dreisilbiger Verse eine sehr beschränkte, so ist dagegen die Rolle des dreisilbigen Verses in der Verbindung mit längeren Versen ziemlich bedeutend." Selten begegnet der zweisilbige Vers im Altfranzösischen in Gedichten mit heterometrischem Versmass. cfr. Scheler I. p. 41; Chants hist. I. p. 79 Refrain, Bartsch III. No. 7 Refrain. Ganz vereinzelt findet sich der einsilbige Vers; es hindert vielleicht nichts, einsilbige Verse anzunehmen Bartsch II. No. 70, eb. III. No. 48.

Nach diesem ungefähren Ueberblick über das Vorkommen namentlich kürzerer Verse seien noch einige Fälle citirt, in denen Perioden- und Versschluss bei heterometrischen Gedichten nicht harmonieren. Bei der Combination des acht und viersilbigen Verses tritt häufig genug eine bedeutende Gedankenpause innerhalb des achtsilbigen Verses ein. Ueberhaupt dürfte als Norm zu betrachten sein, falls innerhalb eines Verses im Gedichte mit heterometrischem Versbau eine Satzperiode schliesst, und somit eine stärkere Pause eintritt, erscheint diese wie auch vorauszusetzen fast ausnahmslos innerhalb des längeren Verses.

Die Satzperiode endet innerhalb des Verses, also gewöhnlich in dem mit grösserer Silbenzahl, z. B. in der Combination 8 + 4:

Theatr. fr. p. 581.
> Qui est là, qui? — Pere souffrez
> Seez vous quoy; g'iray savoir
> Qui c'est. — Demandez — vous avoir
> Du charbon, sire?

cfr. Theatr. fr. 454, 458, 495, 525 etc.

Froiss. II. p. 279 v. 81.
> Esleecier
> Et solacier
> Vœil mon cœr. Bien me fait mestier
> Car il me donne cognoissance
> Que d'un dangier
> Dur aspre et fier etc

cfr. Froiss. I. 137 v. 1729; 146 v. 2028; 148 v. 2093; 152 v. 2205; 156 v. 2341; 234 v, 718; eb. II. 207 v. 430.

### 7 + 4.

Froiss. I. 207 v. 4084.
> Dont la vertus
> De confort et de refui
> Non en autrui
> Gist en vous. Or metes jus
> Vos griefs refus.

cfr. Froiss. II. 276 v. 235; 277 v. 14; 291 v. 216.

Zu 7 + 3 cfr. Froiss II. 257 v. 36; 258 v. 66; 267 v. 172; 270 v.
38; 281 v. 157; 289 v. 142.

4 + 3: Froiss. II. 254 v. 271

5 + 4 + 3.

Froiss. II. 290 v. 176.

> Je certefi
> Et affi
> Qu'ennemi
> Et ami
> Ont a li
> Perdu. Quant g'i vise
> Je m'en soussi
> Et grami
> A par mi
> Et maudri
> Sans detri
> La mort qui l'a prise.

cfr. Froiss. II. 301 v. 118.

7 + 4 + 3 cfr. Froiss. II. 264 v. 72, eb. 292 v. 89.

Besonderer Erwähnung verdient die Wechselrede.
Frage und Antwort werden gewöhnlich durch Versschluss
geschieden, und zwar füllen sie in der Regel je ganze Verse
resp. Versglieder.

Froiss. I. 77 v. 828.

> Et penses vous que là parler je puisse?
> Nennil, car vo beauté si fort me loie
> Langage et cœr, que se parler voloie
> Se n'en est il noient en ma puissance.

Ch. au lyon 859.

> Et que voldroies tu trover?
> Avanture, por esprover
> Ma proesce et mon hardement.

cfr. Theatr. fr. 337, 401, 413, 495, 527, 569. Percev. 4737, 9534,
Tr. Belg. I. 187 v. 119, 180 v. 137, eb. II. 249 v. 29. Charl. d'Orl. p.
95, 211, 297, 301. Froiss. I. 68 v. 531, 144 v. 1963, 147 v. 2067, 180
v. 3160 ctc.

Wenn auch einerseits in formeller Beziehung grosse Regelmässigkeit im Dialog angestrebt wurde, so scheinen sich sehr
häufig die Kunstdichter geradezu bemüht zu haben, Bewegung und Leben in ihren Vers zu bringen, indem sie in
ihren Werken Wechselrede in kurzen Sätzchen mit
wenig Silben vorführten. cfr. Tobler p. 23. Mögen auch

bei diesem Verfahren nicht immer Glieder eines Satzes
durch den Versschluss abgetrennt werden, so doch häufig
Sätze der Rede, die von einem und demselben Redner
vorgetragen werden. Natürlich stehen diese Sätze zu
einander in engerer Beziehung als zu der Rede der anderen
sprechenden Person. Endet also die Rede der ersten Person
innerhalb eines Verses, und ergreift eine zweite, welche die
Rede über den Versschluss hinaus ausdehnt, das Wort, so
entsteht natürlich innerhalb des Verses eine grössere Gedankenpause als an den Versenden. Das von Tobler p. 23 citirte
Beispiel ist für diese Darlegung das passendste, was begegnet:

Ch. au lyon 329.

Quiex hom ies tu? — „tex com tu voiz,
Si ne sui autres unle foiz."
Que fez tu ci? — · „ge m'i estois
Et gart les bestes de cest bois."

Zutreffende Beispiele finden sich in sämmtlichen Werken

---

Anmerkung: Dass die Wechselrede in kurzen Sätzchen auch früh bei
den provenzalischen Troubadours beliebt war, zeigt eine Stelle aus Peire Rogier
(Blüte 1160—80) Bartsch, Chrest. prov. 3. éd. p. 82.

Ailas. 'que plangz?' ja tem morir.
'que as?' am. 'e trop?' eu oc, tan
qu'eu mor. 'mors?' oc. 'non potz guerir?'
eu no. 'e cum?' tan sui iratz.
'de que?' de leis don sui aissos.
'sofre.' nom val. 'clamal merces.'
sim fatz. 'non as pro?' pauc. 'not pes,
sin tras mal: nonc' o fas de leis.'

Conselh n'ai. 'qual?' volh m'en partir.
'no far,' si farai. 'quers ton dan.'
qu'en posc als? 'vols t'en ben jauzir?'
oc, mout. 'cre me.' aras digatz.
'sias humils, francs, larcs e pros.'
sim fai mal? 'sofr'en patz.' sui pres.
'tu?' oc. 's'amar vols, e sim cres,
aissit poiras jauzir de leis.'

Zu vergleichen ist: Das Leben und die Lieder des Troubadours Peire
Rogier, von Appel bearbeitet, Berlin 1882, wo p. 13—16 das Spiel der Wechselrede in kurzen Sätzen innerhalb der altprovenzalischen Litteratur eingehend erörtert wird.

des Crestiens v. Troyes, cfr. Holland's Anmerkung Chevalier au lyon zu v. 329—364; hier sind Belege aus diesem Denkmale citirt, ferner aus Crestiens Conte del roi Guillaume d'Engleterre, Flore und Blancheflor, Dolopathos, Roman de la Manekine, Erec. Ein sehr schönes Beispiel S. Gile v. 3114 bringt Tobler p. 23.

> cfr. Perceval 4726.
> „Se je le vi, oïl, par foi.“
> Et demandastes — vous por coi
> Elle sainoit?“ — „N'en parlai onques,
> Si m'aït Dex.“ — Et sacies doncques
> Que vous aves esploitié mal.
> Et veistes vous le Gréail?“
> „Oïl bien.“ — „Et ki le tenoit?“
> „Une pucièle.“ — Et dont venoit?“
> D'une cambre en I autre ala
> Et en une autre apres entra etc.

Dergleichen Wechselreden einzuflechten, meint Tobler, hat offenbar für eine Zierde der Erzählung gegolten.

Am häufigsten wohl ergiebt sich die Unterbrechung des regelmässigen Verlaufs der Redegliederung im Drama.

Schon bei Rutebeuf II. p. 244 v. 242 im Miracle de Théophile finden sich Spuren des Dialogs in Sätzchen von wenig Silben.

> Li Deables.
> Requiers m'en tu?
> Theophiles.
> Oïl.
> Li Deables.
> Or joing
> Tes mains et si devien mes hon.

Auch im Roman von der Rose findet sich derartige Wechselrede:

> R. d. l. Rose 9795.
> L'Amant.
> Amée!
> Amis.
> Voire.
> L'Amant.
> En quel manière?

Zahlreiche Belege bieten die Miracles de Nostre Dame.
Theatr. fr. p. 119.

Gautiers.

Tu ris, ribaus, dont tu le dois.

Baudons.

Non fach.

Gautiers.

Huart, a pres.

Huart.

Je vois

Ves chi deus mars.

Li Rois.

Vous le devés.

cfr. Theatr. fr. p. 68, 72, 78, 79, 81, 89, 104, 108, 115, 120 etc.

Am weitsten geht vielleicht in dieser Beziehung der Dialogue de Messieurs De Mallepaye et De Ballevant, der Villon zugeschrieben wird, p. 316. Die Form soll Rabelais nachgeahmt haben in dem Dialog des Panurgus und Bruder Fredon, Livre V du Pantag. ch. 28. cfr. Anmerkung in der Ausgabe. Hier wechselt innerhalb eines achtsilbigen Verses die redende Person nicht weniger als 6 mal z. B.

Villon p. 320.

Ballevant.

A dire: Dond venez-vous?

Mallepaye.

Francs.

B.

Fins.

M.

Froidz.

B.

Forts.

M.

Grans.

B.

Gros.

M.

Escreuz.

oder l. c. p. 333.

M.

Hée, cuers joyeux!

B.

Hée, cuers loyaulx!

Preats.
M.

B.
Prins,

M.
Prompts.
B.

Preux.
M.

Esperiaulx.
B.
Aymez.

M.
Supportez.

B.
Bien receuz.

Die Alliteration der Wörter, welche demselben Verse angehören, mit Ausnahme der Reimwörter, ist interessant, es wird dadurch ihr metrischer Zusammenhang angedeutet. In der citirten Stelle führt je die nächste Person denselben Gedanken weiter fort. cfr. eb. p. 342, 343 etc.

Auch Balladen und Rondels enthalten zuweilen Wechselreden, mögen die Gedichte aus 8- oder 10-silbigen Versen bestehen. Der nächste Redner bringt in der Regel einen neuen Gedanken.

8 silbige Verse.

Chants hist. I. p. 301.

> Dont viens — tu, Martin? — De Melun.
> Et que dit — on? — J'ay veu Charlot.
> — Par ta foy? — Il est tout commun
> Aussi camus comme ung rabot.
> - En bon point? — Rond comme ung sabot
> — Quelle chière fait — il? — Sans dire mot,
> Il actent que le vent se tourne etc.

Carl v. Orleans p. 83 in der Ballade dialoguée werden von der Rede jeder Person meist ganze Verse gefüllt, ebenso p. 350. p. 303, 308 findet sich die betreff. Wechselrede nur in einer Zeile.

10 silbige Verse.

cfr. das Codicille von François Villon p. 193 Str. 1; es umfasst im ganzen 4 Strophen und Envoi.

Qu 'est — ce que j'oy? — Ce suis je. — Qui? — Ton cueur,
Qui ne tient mais qu' à ung petit filet.
Force n'ay plus, substance ne liqueur,
Quant je te voy retraict ainsi seulet,
Com pouvre chien tappy en recullet.
— Pourquoy est — ce? — Pour ta folle plaisance.
— Que t'en chault — il? — J'en ay la desplaisance.
— Laisse m'en paix! — Pourquoy? — J'y penseray.
Quand sera — ce? — Quant seray hors d'enfance.
— Plus ne t'en dy, et je m'en passeray.

cfr. Chants hist. I. p. 354, Ballade; zwei Unzufriedene
unterhalten sich über das Wohl des Staats; Carl v. Orleans
p. 349 Rondel, Dialog zwischen dem Herzen und den Augen.

Abweichungen vom regelmässigen Verlauf der Redegliederung ergeben sich auch schon in den Epen dadurch,
dass directe Rede von einer dritten Person wiedergegeben wird.

St. Thomas 147 v. 28.
. . . . . . fait lur il: „que cremez?“
funt li il „ueez ci les chevaliers armez.“
„io irai,“ fait il „a els“. Funt li il „nel ferez.“

Rou. I. 175 v. 3779.
Estes vous un(e) espie a Richart erramment.
„Cument?“ ceo dist Richart, e cil dist: „malement.“
Vostre enemis cunseillent al rei estreitement.

Wie die Satzperioden, so werden auch in der Regel ein-
zelne Sätze durch Versschluss resp. durch die Cäsur von einander geschieden. In Folgendem werden nur im Verhältniss
der Subordination zu einander stehende Satzarten behandelt
werden.

Zwei Hauptsätze stehen im Verhältniss der Subordination zu einander, wenn in einem directe Rede
angekündigt wird, welche im nächsten folgt. Die
directe Rede hat die Function eines Objects. Beide Sätze
werden durch Versschluss geschieden. Die einleitenden Worte
gehen voran.

8 silbg. V. Ch. au lyon 1197.
Et dit chascuns et cil et cist:
„Entre vos est cil qui l'ocist.

10 silbg. V. Chants hist. II. 517.

> Pour faire fin crions trestous sans cesse:
> „Vive le roy, ce malheureux Bourbon.“

12 silbg. V. St. Thomas 156 v. 9.

> Quant li moine le uirent, commencent a crier:
> „ueez ci le bon moine; ci le poez trouer.

14 silbg. V. Venus 127.

> Apres chanta li roietel a haute vois serie
> Li cardonrels et li pinchon, andui par compaignie:
> „Dames, por deu, car descendes et li faites aïe.“

Beispiele aus Alexius und Roland cfr. Reissert[1]) p. 77.
Belege auch sonst sehr zahlreich cfr. St. Thom. 34 v. 3, 36 v. 16.
Theatr. fr. p. 437, 473. Froiss. I. 329 v. 3480.

Zuweilen geht die directe Rede voran, die Angabe der sprechenden Person folgt.

Ch. au lyon 1562.

> „Or le laissons a tant an pes“
> Fet cele, qui bien set antendre etc.

Froiss. III. 24 v. 768.

> „Tu n'en peus valoir se mieulx non“
> Dist elle. A ce destre eosté
> Peus veïr etc.

In Verbindung mit der directen Rede kommen häufig Anreden, Ausrufe, Betheuerungsformeln und ähnliche kurze elliptische Sätze zur Verwendung, für welche wir nach Brincker[2]) p. 61. Anmerkung, den Ausdruck Formen (Formalitäten) der Rede verwenden werden. Ihre Stellung, sowie die der einleitenden Worte zur directen Rede innerhalb der cäsurhaften Verse hat Otten a. a. O. p. 22 ff. zum Theil fixirt. Es sei deshalb auf einige mehr oder weniger häufige Erscheinungen dieser Art nur noch kurz verwiesen.

Nicht immer werden die einleitenden Worte von der directen Rede durch Versschluss getrennt; es beginnt die directe Rede oft auch innerhalb eines Verses, bei cäsurhaften gewöhnlich in der Cäsur.

---

[1]) „Die syntactische Behandlung des zehnsilbigen Verses im Alexius und Rolandsliede“, in den Ausgaben und Abhandlungen etc. ed. Stengel XIII., Marburg 1884.

[2]) „Poetik Shakespeare's in den Römerdramen Coriolanus, Julius Caesar und Antony and Cleopatra“, Münster 1884.

Percev. 1371.

> Et li maistres des chevaliers
> Le voit et dist: „Estés arriers,

Otinel 537.

> Dient Français: „Quel cop de chevalier.

Alixandre 10 v. 33.

> et cil li respondi: n'en dirai se voir non.

Seltener beginnt die directe Rede innerhalb des ersten Versgliedes:

Brun 3845,

> Et dit: Venez avant, amis, s'il vos angree

Otinel 521 wohl falsch überliefert, im ersten Versglied fehlt eine Silbe.

Selten auch beginnt sie im zweiten Versglied.

Brun 3909.

> Quant la dame l'oy si dit: Vos voulentes
> Est apliquie a ce la on vo tans perdes.

Der Brun scheint in dieser Hinsicht die interessantesten Abweichungen zu bieten. cfr. Brun 3915.

Sehr mannigfach ist die Stellung der Redeformen, einleitenden Worte und der eigentlichen directen Rede zu einander.

Eine oder mehrere coordinirte Redeformen füllen oft allein einen ganzen Vers.

Brakelm. 63 Str. 4.

> douce dame honoree
> uos entrais agarant,

Theatr. fr. p. 555.

> E, Mere Dieu, Vierge honnouree
> Secourez moi, je sui trahie,

Coordinirte laufen parallel und füllen mehrere Verse.

Charl. d'Orl. p. 213, Ballade 124 Str. 1.

> O louée concepcion.
> Envoyé ca-jus des cieulx,
> Du noble lis digne Syon,
> Don de Jhesus très précieulx,
> Marie, nom très gracieulx
> Font de pitié, source de grace,
> La joye, confort de mes yeulx etc.

cfr. Theatr. fr. 394, Scheler II. 109 v. 5; eb. II. 149 v. 37; Brakelm. 51 Str. 1, 5. Herrig Bd. 37 p. 323, eb. 327. Villon

p. 197; namentlich in den Marienliedern wird die heilige Jung-
frau mit allen erdenklichen Wendungen, die einander parallel
laufen, angerufen.

Endet der die Rede einleitende Satz innerhalb des Verses,
so füllt häufig eine Form der Rede den Rest des Verses, die
wirkliche Rede beginnt zu Anfang des folgenden.

Froiss. I. 354 v. 216

> Et dist: „Amis,
> Li bien venus soyes, car je suis fis etc.

Ch. au lyon 1910.

> Et dit: Mes sire Yvain, par de,
> N'a mes mestier neant celeé.

Charl. d'Orl. p. 2.

> Je respondi: Maistresse gracieuse,
> De lye cueur et voulenté joyeuse
> Vostre vouloir suys content d'acomplir

Beuv. d. Comm. 1440.

> Dist Richiers l'arceuesques: „Foi que doi Dieu porter
> De ce lieu esgarder se puet on deporter.

Nur ausnahmsweise füllt die Redeform das zweite
Versglied theilweise.

Aye d'Avignon 930.

> La recluse l'apele et li a dit: „Amie"
> Estes vos eschapee ou de chambre afoye etc.

cfr. Beuv. d. Comm. 2396; Chants hist. I. 36.

Zuweilen folgen die einführenden Worte einer Redeform
und füllen mit ihr einen Vers.

Roland 274.

> Franc chevalier, dist l'emperere Charles,
> Car m'eslisez un barun de ma marche. cfr. eb. 580.

Die einleitenden Worte werden von Redeformen innerhalb
eines Verses umschlossen.

Berte 2663.

> Sire, ce a dit Berte, par Deu omnipotent,
> Cy devant maint Symons, preudoms est durement.

cfr. Beuv. d. Com. 556.

Beuv. d. Com. 448.

> Renauld de Montarmier, fait ele, douz amis,
> En la garde de Dieu soit hui vostre cors mis.

Einführende Worte, Redeform und directe Rede finden
sich auch innerhalb eines einzigen Verses, doch ist namentlich

für kurze Verse zu bemerken, dass in der Regel einer der Theile nur unvollständig darin vorhanden ist.

Rol. 280.
> Co dist li reis: „Guenes, venez avant.

Bartsch I. 40 Str. 13.
> tant dolcement et si bel
> dist: amis, je vos voldroie
> ici tenir orendroit. ˆ

cfr. Ruteb. III 219 v. 842, Barb. II. 254 v. 119, Rose 9797, Bartsch I. 60 v. 37; Rom. d. l. Char. 741, 912, 2178. Percev. 1233, 1876, 1945, 3668 etc. Froiss. I. 32 v. 1048, 43 v. 1416, 111 v. 846; II. 31 v. 1048, 139 v. 4687.

Die Form der Rede tritt auch in den Versanfang, es folgen die einführenden Worte, zuletzt die directe Rede.

Berte 2102.
> Mere, ce dist la serve, bien puissiez vous venir
> Si feblement k'à paines le pot la dame oïr.

Percev. 4300.
> Sire, fait il, hui matin mui
> De Biau Repaire, ensi a nom.

cfr. Percev. 4860. Froiss. I. 31 v. 1036.

Eine Form der Rede parenthetisch in der directen Rede findet sich oft am Schluss des Verses, in dem die Rede beginnt:

Beuv. d. Com. 3737.
> Guis escrie: Monjoie, ferés, franc damoisel,
> En l'onnour Damedieu qui forma Daniel,

Froiss. I. 176 v. 3010.
> · Et oï parler: mes, par m'ame,
> Ce n'estoit que derision.

cfr. Percev. 7291. Gui d. Nant. 1478.

oder am Versgliedende:

Brakelm. XVII. 3.
> Et uos, signor, ki proies et ameiz
> faites ensi se ioïr en uoleis;

am folgenden Versanfang:

Rom. d. l. Ch. 2790:
> Dist la pucele: Dex te mete,
> Chevaliers, joie el cuer parfete.

cfr. Gayd. 2886, R. d. l. Char. 2795.

am Versgliedende im zweiten Verse:

Berte 2331.

Pour l'amour des enfans que m'avez fait porter
Me devez, biaus dous sire, un petit deporter.

## Am Schluss der Satzperiode und des Verses:

cfr. Percev. 3384.

Or me servés vous de losenges
Fait Aguigrenons, par saint pere.

cfr. Theatr. fr. p. 650, Scheler I. 70 v. 53.

Es begegnen auch einleitende Worte und Form der Rede parenthetisch in der directen Rede in dem ersten Verse:

Alix. 8 v. 6.

Oies, fait-il, signor, une raison certaine etc.

Beide Theile kommen indess auch parenthetisch, jedoch durch Versschluss getrennt vor.      ·

Percev. 2867.

Or ne dites jamais, biaus frere
Fait li preudom, que vostre mere etc.

Der Satz, in dem die sprechende Person angegeben wird, findet sich parenthetisch in der directen Rede und zwar

### a. im ersten Verse.

Alix. 7 v. 12.

Or m'entendes, fait il, des grans et des menors
de vostre sonje espondre serai ore doutors.

Rol. 147.

Ço est par ostages, ço dist li Sarrazins
Dunt vus avrez u dis u quinze u vint.

### b. im zweiten Verse.
### (Gewöhnlich im Anfang desselben.)

Rose 596.

Je me fais apeler Oiseuse
Dist ele, a tous mes congnoissans.

cfr. Ruteb. II. 21 v. 103, eb. III. 260 v. 303. Percev. 4971, 5783, 6734, 7189 etc. R. d. l. Char. 6080. Froiss. I. 185 v. 3321. Villon p. 299.

Höchst selten sind Fälle, in denen Theile der Redeformen durch Versschluss geschieden werden.

Theatr. fr. 511.

Il y a: „Mon tres chier amy
Et seignor, je me recommans
A vous etc.

4*

Ausnahmsweise umschliessen die einleitenden Worte die directe Rede:

Percev. 4952.

> Lors li dist: „Bele, Dex vos saut!
> Percevaus, qui atainte l'ot.

Vereinzelt auch folgender Fall:

Froiss. II. 240 v. 173.

> Li advocas respondit: Dame,
> Et dist: Je sui tout prest, par m'ame.

Vom regierenden Satze wird durch Versschluss getrennt ein

### Reiner Conjunctioualsatz.

### a. Der bezeichnete.

Er füllt einen ganzen Vers.

Theatr. fr. p. 240.

> Certainement c'est il. Je croy
> Qu'il scet mon fait et mon estat.

Rol. 3742.

> Il est escrit en l'ancienne geste
> Que Carles mandet humes de pluseurs terres.

Rou I. 97 v. 1604.

> Si seit aseuree entrels par cuuenance
> Que l'uns d'els n'ait vers l'altre dute ne mescreance.

cfr. Rol. 471, 622, 725, 1000, 1147, 1444 etc. Alix. 3 v. 28, 5 v. 1, 5 v. 35. Ruteb. I. 87 v. 44; 138 v. 208; 139 v. 226; 149 v. 39. St. Thom. 26 v. 14; 30 v. 8; 43 v. 25; 46 v. 30; Theatr. fr. p. 198. Rou I. 42 v. 146; 46 v. 241; 48 v. 292. Scheler II. 86 v. 9; Brakelm. 57 Str. 2. Froiss. I. 16 v. 525; Charl. d'Orl. p. 399 etc.

### b. Der unbezeichnete.

Rou I. 105 v. 1841.

> Tant a li dus Wflleaum od sa gent cheualchie
> Musterel en Puntif a entur asegie.

cfr. eb. 192 v. 4262.

Bemerkung: Zuweilen tritt eine Parenthese zwischen den regierenden und den regierten Satz, die selbst einen ganzen Vers füllt.

Ruteb. I. 68 v. 68.

> Et Diex li rent en bele guize
> (Ne cuidiez pas que ce soit guile),
> Qu'il fait granz vertuz à devise.

Der mit Versanfang beginnende reine Conjunctionalsatz erstreckt sich über den Versschluss und füllt:

### a. mehrere ganze Verse.

**Ruteb. I. 63 v. 137.**

> Je di por voir, non pas devin,
> Que Tolozain et Poitevin
> N'auront jamais meilleur seigneur.

**Froiss. II. 214 v. 148.**

> Et di ensi: „Pleuïst au Dieu d'Amour
> Que je veisse enclos en une tour
> O le closier la gracieuse flour.

cfr. Rol. 3548; Alix 2 v. 35. Ruteb. II. 17 v. 36. Theatr. fr. p. 267, 494, 616, 644. Scheler II. 263 v. 436.

### b. er erstreckt sich bis zur Cäsur eines der folgenden Verse.

**Rou I. 69 v. 856.**

> Moult reclaiment celui ki tone e ki esclaire
> Que de Rou les defende, cel felun auersaire
> Et des altres Normanz, kar mult sunt de mal aire.

cfr. eb. 196 v. 1600. Charl. d'Orl. p. 147.

Verhältnissmässig viel seltener finden sich solche Fälle, wo der über Versschluss sich ausdehnende reine Conjunctionalsatz

### c. innerhalb des ersten Versgliedes endet.

**Rou I. 137 v. 2712.**

> Tant loa Normandie et Huun tant blasma
> Que li reis par matin a Huun enveia
> Un cheualier ki dist ceo que li reis manda.

cfr. Froiss. II. 353 v. 5. Zu beachten ist, dass wie hier, so gewöhnlich eng mit dem reinen Conjunctionalsatz verbundene Erweiterungen den Rest des Verses füllen; dasselbe gilt für d.

### d. Der betreff. Conjunctionalsatz endet innerhalb des zweiten Versgliedes.

**Scheler II. 74 v. 17.**

> Une merveille oï dire l'autrier
> Dont tuit li preu doivent crier et braire
> Que no jeune baron font esprisier
> Les chevaliers mainz constans, maiz qu'il paire etc.

Der mit Versanfang beginnende reine Conjunctionalsatz endet innerhalb des Verses, in welchem er angefangen hat, und zwar

## in der Cäsur.

Venus 315.

> Or prions a Jhesu Christ, le fils de sainte Marie
> Qu'il conforte tos amans qui d'amor sont cargie.

Rol. 3363.

> Tute l'enseigne li ad enz el cors mise
> Que mort l'abat, qni qu'en plurt u qui 'n riet.

Villon p. 162.

> Crie et jure par la mort Jesuchrist
> Que non fera. Lors j'enpongne ungesclat etc.

cfr. Venus 165; St. Thom. 31 v. 15; 34 v. 28; 98 v. 5; 122 v. 23; 145 v. 23. Roland 2667, 2908, 3450. Alix. 18 v. 12; 23 v. 33. Rou I. 38 v. 64; 56 v. 512; 57 v. 532; 61 v. 639; 72 v. 927. Chants hist. I. p. 19. Charl. d'Orl. p. 226.

### Selten innerhalb des ersten Versgliedes.

St. Thom. 44 v. 18.

> sire, fait il, li reis nus ad par nus mandé
> que oiez co qu'il uus unt iugié e acordé.

cfr. Rou I. 182 v. 3976.

### Ebenfalls selten im zweiten Versgliede.

Froiss. I. 191 v. 3543.

> En volenté de son fait poursievir
> De cognoistre et de sentir
> Que c'est de bien d'onnour. Ensi s'avance
> Un frai amant . . . .

cfr. Brakelm. 60 Str. 3; es fehlt wohl eine Silbe.

In cäsurlosen Versen schliesst sehr oft der enjambirte reine Conjunctionalsatz innerhalb des Verses, mit dessen Anfang er begonnen. Auch hier tritt gewöhnlich ein nothwendiger Ergänzungssatz resp. eine blosse Füllwendung hinzu, die in dem Falle den Rest des Verses einnehmen.

Ruteb. I. 39 v. 22.

> Se je di: „C'est par ignorance
> Que je ne sai qu'est penitance.

Theatr. fr. p. 342.

> Nier ne pevent qn'il n'appere
> Qu'il est murdriz, c'est chose voire.

Doch auch starke Pausen hinter dem Conjunctionalsatz innerhalb des Verses sind namentlich in späterer Zeit nicht ausgeschlossen:

Froiss. I. 253 v. 1199.

> Ensi fumes nous en deduit
> Tout le jour jusques à la nuit

Qu'elles se partirent. Et je
Eslecies en cœr de ce . . . . .

cfr. Ruteb. I. 87 v. 11; Theatr. fr. p. 246, 341, 505, 565, 619, 646, Froiss. III. 46 v. 1743; Villon Gr. Test. Str. 153, p. 312. Charl. d'Orl. p. 88.

**Bemerkungen.** 1. Häufig füllen zwei coordinirte reine Conjunctionalsätze einen Vers, (der eine ist zuweilen unbezeichnet).

Venus 65.  S'une fame tranaille, c'est tost en desirant
            Qu'ele soit deliuree et qu'ele ait un enfant.
Roland 3553.  Li amiralz alques s'en aperceit
              Que il ad tort e Carlemaignes dreit.

cfr. Venus 78; Rou I. 98 v. 1649; 116 v. 2114; 154 v. 3183; 162 v. 3441.

2. Zur deiktischen Hervorhebung werden gewisse Satzglieder des Conjunctionalsatzes zuweilen vorangeordnet, so dass es erscheinen könnte, als beginne der betreff. Satz innerhalb des Verses.

Roland 3718.
·            Ne place Deu ne ses sainz ne ses angles
             Apres Rollant que jo vive remaigne.
Brakelm. 28 Str. 4.
             Dame en chantant uos requier et demans
             La nostre amor k'elle me soit donée.

Im letzten Beispiel wird das Subject hinter der Cäsur durch das entsprechende Personalpronomen wiederholt.

3. Intensiva treten vor die Conjunction in den Versanfang.

Theatr. fr. 368.  Sachiez que Dieu grace m'a fait
                  Telle que gari sui de fait.
cfr. eb. 275.

4. Dem Conjunctionalsatz geht bisweilen eine Form der Rede voran.

Charl. d'Orl. p. 317.
             Las! le faut-il? est ce ton vueil
             Fortune, qu'aye douleur mainte.

Parenthetische Sätze innerhalb des enjambirten reinen Conjunctionalsatzes erscheinen häufig. Der reine Conjunctionalsatz füllt mit dem parenthetischen Satz einen Vers.

Rou I. 212 v. 138.
             Cil fu reis mult puissanz, n'out veis u tant plus halt
             Que il ne li feïst, s'il volsist, perdre asalt.

Theatr. fr. 532.

> Or va miex. Mon ami. je tien
> Que Diex, ou que soit, l'ait sauvée.

cfr. Rou I. 47 v. 282; 134 v. 2622; 152 v. 3123.

Der reine Conjunctionalsatz erstreckt sich mit dem parenthetischen Satze über mehrere Verse:

α) Scheler II. 125 v. 7.

> Que jamès jour, tant qu'elle soit en vie
> Mes cuers n'aura d'autre amur nulle en vie.

cfr. Rol. 768; Froiss. I. 55 v. 62; 83 v. 1039.

β) Charl. d'Orl. 110.

> Compté luy a plainement, sans celer
> Que sa dame, la tres plaisant et belle,
> Qu'il a longtemps tres loyaument servie
> Est a present en griefve maladie.

cfr. Theatr. fr. 282; Scheler I. 67 v. 34.

γ) Froiss. III. 47 v. 1584.

> Homme nul n'a seür demain
> Que soudaine mort de son mors
> Ne l'ait, des quil plaist a Dieu, mors.

Der parenthetische Satz kann auch ein enjambirender sein.

Theatr. fr. 483.

> Et sainte eglise s'i consente
> Que vostre fille, qui est gente
> Damoiselle et assez d'aage
> Prenez, uoire, par mariage.

Chr. v. Piza 4365.

> Que les foles femmes qui traïtes
> Estoient en l'ost hors retraites
> En fussent, . . . . . .

Auch mehrere parenthetische Sätze finden sich.

St. Thom. 35 v. 17.

> uns sainz hom li ad dit, cui il l'ala gehir,
> que l'endemain matin, quant deura deu seruir
> qu'il chant de saint Estiefne le primerain martyr,
> ja puis ne li purrunt si ennemi nusir.

cfr. Rol. 3388, Froiss. I. 84 v. 1105; II. 142 v. 4790; eb. 143 v. 4826.

Eine sehr häufig begegnende Erscheinung ist es, dass
direct hinter der Conjunction *que* ein parenthetischer Satz beginnt, welcher in den meisten Fällen mit Versschluss endet.

α) St. Thom. 31 v. 6.

> Pur co esguard par raisun, e bien l'os afichier
> que, se li clers forfait a perdre sun mesfait,
> face le sis prelaz en sa chartre lancier.

cfr. Chants hist. II. 467; St. Thom. 35 v. 13; Froiss. I. 61 v. 274, 81 v. 992.

β) Enf. Ogier 1315.

> Communaument dient par verité
> Tout cil qui orent à la bataille esté
> Que, se ne fust sa force et sa bonté
> Et sa rigours et sa grant seurté
> Mauvaisement leur fust cel jour alé.

cfr. St. Thom. 26 v. 6; Rou I. 131 v. 2530.

Seltener füllen Conjunction und parenthetischer Satz nur das erste Versglied.

Enf. Ogier 1554.

> Mahommet prient a cui sont otryé
> K'ains qu'il retornent, se soient essaié
> A nostre gent, car moult l'ont couvoitié.

**Bemerkung.** Die Conjunction wird zuweilen wiederholt.

St. Thom. 42 v. 13.

> que, s'il le uunt deuant l'apostolie apeler
> k'ensi le purrunt bien de sun sié deposer.

Vom regierenden Satze wird durch Versschluss getrennt ein
**Adverbialer Conjunctionalsatz.**

cfr. Diez „Grammatik" III.[4] p. 344.

Der regierende Satz endet im Versschluss, der subordinirte adverbiale Conjunctionalsatz füllt

### a) den folgenden Vers.

Ruteb. I. 66 v. 25.

> Li Cuens fu tantost cheualier
> Com il en fu poinz et mestiers.

Alexius 90 a.

> Filz Alexis mult ous dur curage
> cum auilos tut tun geutil linage.

Venus 173.

> Et mout aspre torment en vouldroie endurer
> Par si que ses amors voldroit a moi doner.

cfr. Alix. 22 v. 23; Rol. 2319, 2603, 2974, St. Thom. 34 v. 27; 39 v. 22; Rou I. 43 v. 168; 44 v. 194; 76 v. 1052; 94 v. 1529 etc. Enf. Og. 1598.

### b) mehrere Verse.

(namentlich in Gedichten kurzer Versmasse.)

Froiss. II. 260 v. 142.

> Dont sui embrasés
> Attains et bersés
> Sitos que remir
> La bouche et le nes
> Les membres fourmés
> Plaisans à revoir.

cfr. Ruteb. II. 119 v. 157; Tr. Belg. II. 22 v. 11; Chr. v. Piza 5162; Villon Gr. Test. Str. 130.

Endet der adverbiale Conjunctionalsatz in dem Verse, mit dessen Anfang er begonnen hat, so geschieht es gewöhnlich in der Cäsur, und es folgt in der Regel ein derselben Satzperiode angehöriger Nebensatz, der den Rest des Verses einnimmt.

Rol. 2926.

> Qui guierat mes hoz a tel poeste
> Quant cil est morz qui tuz jurz nus cadelet.

Rou I. 66 v. 611.

> Celz dedens eust pris cum l'um prent bisse al piege
> Ne fust Seigne si grant, par unt il unt lur triege.

cfr. Alex. 112 a; Alix. 328 v. 10; Rou I. 93 v. 1521; 108 v. 1914; etc.

Nur ausnahmsweise begegnen stärkere Gedankenpausen hinter dem adverb. Conjunctionalsatz in der Cäsur.

Charl. d'Orl. 240.

> D'elle trempe mon ancre d'estudie
> Quant j'en escrips; mais pur mon cuer irer
> Fortune vient mon pappier dessirer
> Et tout gecté par sa grant felonnie.

Selten endet dieser adverb. Conjunctionalsatz im ersten oder im zweiten Versgliede. Der ihm folgende Satz muss, falls es doch geschieht, in so enger Verbindung mit ihm stehen, dass eine Trennung durch die Cäsur nicht nothwendig ist. Dies findet namentlich statt bei folgenden Relativsätzen und reinen Conjunctionalsätzen.

α) St. Thom. 25 v. 1.

> Li mesagier le rei furent mult uezie
> quant uirent qu'il esteient ensi poi auancié.

cfr. Rou I. 163 v. 3453.

β) Charl. d'Orl. 148.

> Qui bien se veult guarder d'amoureux tours
> Quant en repos sent que son cueur sommeille,

cfr. Brakelm. 32 Str. 1.

Bemerkung. Selten ist der Ergänzungssatz ein enjambirender.

Charl. d'Orl. p. 173.

> Et pour ce dois fort plourer et gemir
> Quant tu desplais à Dieu qui tant l'avance
> En tous Estas, lequel deusse cherir, etc.

Auch in den cäsurlosen Versen endet der vom regierenden Satz durch Versschluss getrennte adverbiale Conjunctionalsatz innerhalb des Verses, mit dessen Anfang er begonnen hat.

Gewöhnlich nehmen Füllwendungen oder eng zum Adverbialsatz gehörige Sätze den Rest des Verses ein.

Theatr. fr. 409.

> ، Ne nul ne peut sa grace avoir
> Tant con soit en pechié, c'est voir.

cfr. Ruteb. I. 90 v. 82; Theatr. fr. p. 486; Bl. d. Neele p. 31.

Oft genug begegnen indess auch bedeutende Gedankenpausen hinter dem enjambirten adverbialen Conjunctionalsatz.

Froiss. II. 170 v. 285.

> A mervelles je regardoie
> Celi estat; c'est drois qu'on doie
> Parler d'afaire de tel pris,
> Car noient je n'avoie apris
> A veoir si nouvelle cose,
> Et toutesfois bien je l'ose
> Regarder, et à bon loisir
> G'i mech m'entente et mon plaisir,
> Nuls ne m'en oste et je m'i tieng
> Et de l'estat asses retieng
> *Quant g'i pense.* J'ai de jadis
> Veü des rois jusques à dis etc.

cfr. Theatr. fr. p. 352, 469, 619, 642. Froiss. I. 102 v. 529; 199 v. 3820; eb. II. 233 v. 468.

Wenig zahlreich erscheinen Fälle wie folgender:

Theatr. fr. p. 495.

> Autrement faire vous esteut
> Puisque ceste chose on ne peut
> Amender. C'est tout dit en somme,
> Laissiez ce dueil, monstrez-vous homme.

Häufig füllen zwei coordinirte adverbiale Conjunctionalsätze einen Vers. Bei Concessivsätzen namentlich scheint dieser Fall oft einzutreten.

Alexius 57 d.

> escrit la cartre tute de seimedisme
> cum sen alat ecum il sent reuint.

Ruteb. III. 231 v. 1266.

> Illuec auront tuit lor deserte
> Soit à gaaing, ou soit à perte.

cfr. Ruteb. III. 156 v. 45. Rou I. 36 v. 11, 50 v. 348. Percev. 2850, 3991. Villon p. 90.

**Bemerkung**: Dem Adverbialsatz geht zuweilen eine Form der Rede voran.

Theatr. fr. 465. Èstre n'eu devez si engrant
Sire, puisqu'il ne peut autre estre.

Der mit Versanfang beginnende adverbiale Conjunctional-satz unterbricht den regierenden Satz.

*α*) Alexius 113 a.

Cil dui seniur ki tempirie guuernent
quant il iueient les vertuz siapertes,
ille receiuent sil plorent esil seruent.

cfr. Froiss. I. 295 v. 2523, 297 v. 2653; eb. III. 107 v. 29. Christ. v. Piza 3222, 5308. Charl. d'Orl. p. 4 v. 7.

*β*) St. Thom. 164 v. 16.

Mais or conseil le rei qu'il lest a sainte eglise
si cum il ad promis, dreiture e franchise.

cfr. Ruteb. 100 v. 160.

Interessant ist die Stellung, in welcher je zwei Glieder eines Satzes, von denen jedes einen Vers füllt, das Glied eines anderen Satzes umschliesst. (Vielleicht bedarf **die** Versstellung der Besserung).

Froiss. I. 203 v. 3946.

Mes g'i entrai
Lié et gaillart
Se m'i tenrai
Comment que j'en sentirai
Seul et à part
Maint grant esmai.

In den mit Versanfang beginnenden adverbialen Conjunctionalsatz sind natürlich oft andere Sätze wieder eingeschoben, deren Stellung sehr mannigfach sein kann.

Rou I. 138 v. 2727.

De celui seit maudiz ki le munt asoleille
Se ja mais par besuing que li reis ait s'esueille.

Froiss. I. 6 v. 165.

Aimi! Or me font autrement
Amours contraindre,
Quant celle qui j'aime ardamment
De tout mond cuer entierement
Ne voelt sa durté noient
Muer ne fraindre.

Vom regierenden Satze wird durch Versschluss getrennt ein

### Relativsatz.

Relativsätze jeglicher Art werden auf diese Weise abgetrennt.

Der Relativsatz füllt einen ganzen Vers:

α) Venus 84.

> Et tels se quide bien uers amors calengier
> Qui ele fait souvent manoir eu son dangier.

cfr. Rol. 3759. Rou I. 169 v. 3609. St. Thom. 38 v. 23. Ruteb. II. 10 v. 36. Brakelm. 57 Str. 2. Tr. Belg. 198 v. 484. Percev. 6002. Ch. au ly. 4389.

β) Froiss. II. 326 v. 9.

> Là estoit mise en remonstrance
> Laquele enporteroit le pris.

cfr. Theatr. fr. p. 555. Rou I. 185 v. 4057.

γ) Alixandre 530 v. 35.

> e pur nus faire rices, prendiieso rapine
> quanque vous trouvies sor le gent Sarassine

cfr. Theatr. fr. 553. Ruteb. I. 14 v. 22, II. 387 v. 2142. St. Thom. 119 v. 2. Rou I. 135 v. 2640.

δ) Barb. I. 475 v. 119.

> Il ne distrent que je perdroie
> Lequel membre que je voudroie.

cfr. Percev. 1027, 2596, 7026. Ch. au lyon 1594.

ε) Rol. 2503. Asez savum de la lance parler

> Dunt Nostre Sire fut en la croiz nafrez.

cfr. Scheler II. 266 v. 510. St. Thom. 31 v. 22. Rou I. 123 v. 2324. Rou I. 143 v. 2881.

> Suz Waravile vint od sis nes saluement
> La u Diue entre en mer asez pres de Bauent.

cfr. St. Thom. 39 v. 12. Charl. d'Orl. p. 6.

Die Erscheinung ist so gewöhnlich, dass weitere Belege überflüssig sind.

Der betreff. Relativsatz füllt oft mehrere Verse ganz.

R. d. l. Char. 1270.

> Des l'ores que je conui primes
> Chevalier un seul n'an conui
> Que je prisasse fors cestui
> La tierce part d'un Augevin.

cfr. Theatr. fr. 43, 437, 595, 615. Tr. Belg. I. 67 v. 38, II. 48 v. 7. Ruteb. I. 67 v. 38, II. 6 v. 5. Brakelm. 5 Str. 1, 51 St. 4. Chants hist. II. 400. Froiss. I. 34 v. 1140 etc.

Der betreff. Relativsatz schliesst häufig innerhalb desjenigen Verses, mit dessen Anfang er begonnen hat. Gewöhnlich folgen in demselben Verse Füllwendungen oder andere derselben Satzperiode angehörige Sätze; ein Satzganzes mit vollständig neuem Gedanken beginnt, wie schon früher erwähnt, nur ausnahmsweise in der Cäsur. Bei cäsurhaften Versen endet er gewöhnlich in der Cäsur.

Herrig Bd. 37 p. 325.

> Et li aucun sternirent tresto le parvement
> La u deuses venir, fors rois omnipotens.

Brakelm. 39 Str. 6.

> Je men uoix dame adeu lou creator
> Ki soit a uos en keil leu ke ie soie.

cfr. Herrig Bd. 41 p. 82. Chants hist. I. 273. Rou I. 50 v. 344, 93 v. 1503, 132 v. 2562, 145 v. 2925. St. Thom. 27 v. 17, 28 v. 10, 94 v. 14. Venus 5. Beuv. d. Comm. 2290. Froiss. I. 174 v. 2937, II. 104, 405. Charl. d'Orl. 3. Villon 358.

Verhältnissmässig selten endet ein solcher Relativsatz

*α*) innerhalb des ersten Versgliedes.

Rou I. 124 v. 2338.

> A Roem enueia as Normanz un garcun
> Ki lur dist que li Reis tient Richart en prisun.

cfr. eb. 100 v. 1688.

*β*) innerhalb des zweiten Versgliedes.

Charl. d'Orl. p. 91.

> Car par vous puis avoir a grant largesse
> Des biens d'amours plus que ne scay nombrer
> Maugré Dangier, Dueil et Merencolie
> Que je ne crains-en riens; mais les deffie etc.

In cäsurlosen Versen schliesst der enjambirte Relativtatz ebenfalls oft innerhalb des Verses, in dem er begonnen hat.

Bl. d. Neele p. 24.   Je suis le plus loiaus amis
>            Qui onques fust; nus biens meris.

cfr. Theatr. fr. 116, 270, 368, 395, 410. Froiss. I. 14 v. 442; III. 41 v. 1389, 114 v, 16, 125 v. 910, 219 v. 14. Charl. d'Orl. 261. Chr. v. Piza 4465.

Doch auch starke Pausen hinter dem Relativsatz sind in dem Falle nicht völlig ausgeschlossen:

Froiss. III. 206 v. 2248.

> Il n'est homme qui puist penser
> Les biens que son cuer sentira
> Quant le vostre consentira

Qu'il ait un office au Tresor
Dont vous estes gardienne. Or
Entendez sa requeste en ce etc.
cfr. Froiss. I. 148 v. 2093; III. 40 v. 1837, 40 v. 1350, 191 v. 1776.
Theatr. fr. 486, 503, 581.

Der durch Versschluss vom regierenden Satze getrennte Relativsatz schliesst innerhalb eines Verses (in cäsurhaften meistentheils in der Cäsur), in dem er nicht angefangen hat.

α) Rol. 3100. Voire paterne, hoi cest jur me defend
Qui guaresis Jonas tut veirement
De la baleine qui en son cors l'ot enz,
cfr. St. Thom. 129 v. 9.

β) Theatr. fr. 272.
Et charbons ardans m'estendez
Sur lesqueles aler le ferons
A nues plates, lors verrons etc.
cfr. Froiss. III. 121 v. 23.

Oft füllen zwei coordinirte Relativsätze einen Vers.

Percev. 3732. Or ont bient faite lor besongne
Cil ki akatent et ki vendent
cfr. Rou I. 67 v. 795. Ch. au lyon 2323. Theatr. fr. 406.

Der zweite bleibt zuweilen unbezeichnet:

Rou I. 57 v. 533.
Or as, ceo dit, sur nus ne sai quel pueple atrait
Ki la terre destruit e nule rien n'i lait.
cfr. eb. I. 128 v. 2444.

Auch beide können unbezeichnet sein:

Rol. 2797. En ceste terre n'est remes cheualiers
Ne seit ocis o en l'Ebre neiez.

Der mit Versanfang beginnende Relativsatz unterbricht den regierenden Satz hinter einem mit Versschluss vollendeten Gliede desselben. Auch dieser Relativsatz endet gewöhnlich an einer der natürlichen Pausenstellen.

α) Scheler I. 4 v. 33.
Tuit li clergié et li home d'eage
Ki de bienfais et d'amones vivront
Partiront tuit en cest pelerinage.
cfr. Ruteb. II. 206 v. 35. Percev. 2346. Theatr. fr. p. 128. Tr. Belg. I. 44 v. 8; II. 130 v. 24, 187 v. 293. Froiss. II. 86 v. 2889. Charl. d'Orl. 190.

$\beta$) Ruteb. II. 370 v. 1653.

    . . . et si offroit l'argent
    Qu'el gaaguoit a cele gent.

cfr. Ruteb. I. 163 v. 47.  Chants hist. I. 30.  R. d. l. Rose 9120.
$\gamma$) Scheler II. 243 v. 1219.

    La visions des anemis
    Que li mestres d'Infier a mis
    Avoec aus peur eaus tourmenter
    Pour laidengier et pour bieter
    Lor fait croistre et dobler lor paine.

**Bemerkungen.** 1. Zuweilen werden regierender und abhängiger Satz nicht unmittelbar durch Versschluss getrennt, sondern es steht eine dem regierenden Satze folgende Füllwendung vor Versschluss.

Percev. 7010.  N'onques en ma vie ne vi
    Chevalier, ce vos puis jurer,
    Que je tant vosisce honorer.

cfr. Theatr. fr. 486.  Ruteb. II. 313 v. 44.  Percev. 7011.  Froiss. I. 81 v. 983.

2. Im Versanfang geht dem Relativsatze bisweilen eine Form der Rede voran.

Villon p. 313.  Je le feray le plus marry
    Par la vertu bieu! qu'il fut onques.

3. Der Relativsatz bleibt oft unbezeichnet.

Venus 9.  Sus ciel n'a home, s'il se paine d'amer
    Cortois ne soit ains qu'il s'en puist seurer.

cfr. Rol. 1820.  Berte 262.  Rou I. 39 v. 74; 150 v. 3077.

4. Der Relativsatz wird von anderen Sätzen unterbrochen.

Rou I. 167 v. 3556.

    Richart mercia Dieu, u il out sa fiance
    Ki li out fait, ceo dist, de Loewis vengance.

cfr. Rou I. 132 v. 2569, 134 v. 2634.  Ruteb. I. 227 v. 78.  Scheler I. 61 v. 39.  Froiss. Poés. I. 35 v. 1174.

5. Die Stellung des pronominalen Determinativs (cil qui etc.) wird bei den Pronominibus behandelt werden.

Vom regierenden Satze wird durch Versschluss getrennt ein:

**Indirecter Fragesatz.**

cfr. Diez „Grammatik" III⁴ p. 388.

Der indirecte Fragesatz füllt einen ganzen Vers.

Alixandre 485 v. 15.

    En vint a Alixandre, si li monstre et devise
    par quel engien il a la fort cité conquise.

St. Thomas 40 v. 19.

> e li reis uolt ore e saueir e oir
> se de sa leauté uolt enuers lui guenchir.

Roland 1386. Ne l'oï dire ne jo mie ne l'sai

> Li quels d'els dous en fut li plus ismels.

Charl. d'Orl. 256. Vous congnoissez a ceste fois

> Qu'est d'amoureuse penitence.

cfr. Theatr. fr. 368. Percev. 5661. Alix. 2 v. 4; 385 v. 37. Brakelm. 47 Str. 1. Ruteb. II. 819 v. 217; III. 300 v. 1644. St Thom. 29 v. 17; 36 v. 8; 57 v. 15. Rou I. 145 v. 2938. Enf. Og. 1001. Charl. d'Orl. p. 368.

**Bemerkung:** Der regierende Satz und der indirecte Fragesatz werden bisweilen durch einen andern Nebensatz, der selbst einen Vers füllt, getrennt.

Brakelm. 54 Str. 4.

> car bien doit la dame esproueir
> ains kelle faice entier amin
> s'uns autres laimme et proie ausi.

Der betreff. indirecte Fragesatz reicht bis zur Cäsur.

Rou I. 84 v. 1274.

> Quant il fu devant lui, „ses tu“, dist il, „di moi,
> Se ta femme embla rien, puis qu'ele vit od tei.

cfr. Venus 237. Rou I. 145 v. 2940. Froiss. III. 231 v. 31.

Höchst selten dürften, da ja der indirecte Fragesatz verhältnissmässig nicht sehr häufig begegnet, solche Fälle sein, in denen der Schluss des betreff. indirecten Fragesatzes innerhalb des Versgliedes erfolgt.

Er schliesst innerhalb des Verses bei cäsurlosen Versen.

Theatr. fr. 574. Mais s'il vous plaist, vous me direz

> En quel païs sui: si ferez
> Grant charité.

Froiss. II. 86 v. 2900.

> Et s'il vous plaisoit a scavoir
> Dont ce vient, c'est en loyauté etc.

cfr. Theatr. fr. 305. Froiss. III. 248 v. 21.

Der erwähnte Fragesatz füllt mehrere Verse.

Ruteb. III. 135 v. 138.

> Li nouvel estoit ja tout partout espandue
> De quel cuer, de quel forche, et de quel value
> Ert li freres au Roy par sanlant de veue.

Percev. 8869. Demander vos voel et enquerre

> Qui est aires de ceste terre
> Et de cel castiel chi alues.

cfr. Theatr. fr. p. 41, 103, 368. Froiss. I. 14 v. 458, 36 v. 1201, 51 v. 1694, 185 v. 3307, 354 v. 203, 360 v. 426; II. 144 v. 4875, 296 v, 154; III. 73 v. 688. Chr. v. Piza 5479. Charl. d'Orl. p. 57.

Oft füllen zwei oder mehr coord. indirecte Fragesätze einen Vers.

Alexius 48 d. nil le lur dist nelf nel demanderent
quels hom esteit ne de quel terre il eret.

Froiss. II. 124 v. 4185.

Et bien justement il savoient
Qu'il voelt, qu'il demande et qu'il quiert.

cfr. Froiss. I. 127 v. 1400. Herrig Bd. 37 p. 324.

Der letztere dieser coord. indirect. Fragesätze ist ein enjambirender Froiss. III. 230 v. 11.

Einige der betreff. Sätze sind zuweilen elliptisch.

Percev. 6972. Enquerre et demander voloient
Qui il ert, ne de quel contree.

cfr. Venus 272. Rou I. 108 v. 1920, 174 v. 3774.

Die indirecten Fragesätze werden durch blosse Fragewörter angedeutet:

Charl. d'Orl. 228. Jamais ne pense enquerir:
Qui? quoy? comment? à qui? pour quoy?
Passez, presens ou avenir.

Bemerkungen. 1. Der indirecte Fragesatz beginnt dadurch scheinbar inmitten des Verses, dass ein Satzglied zur deiktischen Hervorhebung in den Satzanfang gerückt ist.

Rom. d. l. Char. 1932.

Et vos, s'il vos plest, me redites
An ceste tombe qui girra.

2. Es geht ihm eine Form der Rede voran.

Theatr. fr. 497. Sus, sus! j'ay de scavoir desir,
M'amie, dont vous estes née.

3. Erwähnt sei auch, dass das Wort *savoir* einige Male dem ind. Fragesatze zur Eröffnung im Versanfang voraufgeht.

St. Thom. 117 v. 9.

pur co ala saint Thomas a Turs la nuit deuant,
saueir s'i entendist co qu'en alout disant.

cfr. eb. 41 v. 8. Theatr. fr. p. 384.

### Vergleichungssätze.

cfr. Diez „Grammatik" III⁴ p. 392 f.

Das erste Glied der Vergleichung endet mit Versschluss, das zweite Glied füllt den folgenden Vers.

## Ausgeführte Vergleichungssätze.

**Ruteb. I. 224 v. 8.**
Aussi nous peinent et decoivent
Com li gorpis fet les oisiaus.

**Alisc. 5223.** De Sarrasins ont fait si grant labis
Com fait li lous familleus es berbis.

**Brun 1683.** Et si fu chascun d'eus plus simples et plus mus
C'onques ne fu nonnain en habit de reclus.

Das im ersten Gliede ausgesprochene Verbum wird im zweiten gewöhnlich durch das verbum vicarium *faire* vertreten.

cfr. Alix. 102 v. 25, 116 v. 21, 401 v. 19. Rol. 1636. Gaydon 1000. Ruteb. I. 5 v. 18, 16 v. 66, 70 v. 98; II. 239 v. 130, 242 v. 213. St. Thom. 28 v. 19, 162 v. 24. Rou I. 73 v. 953, 105 v. 1821. Enf. Og. 1627, 5362, 5700. Beuv. d. Com. 493. Percev. 190, 1994, 5114, 11896. Theatr. fr. 35, 142, 235, 450. Tr. Belg. I. 40 v. 47; II. 48 v. 15. Froiss. I. 22 v. 734, 107 v. 713, 175 v. 2973; II. 43 v. 1468; III. 124 v. 881, 178 v. 1. Chr. v. Piza 5668, 5934. Charl. d'Orl. p 8. Villon Gr. T. Str. 103, 129 p. 203.

### Nicht ausgeführte Vergleichungssätze.

**Aye d'Avign. 215.**
Miex weil en autre terre vivre a povretez
Que riches en cestui, honnis ne vergondez.

**Enf. Ogier 3075.** Li dux Tierris a Namlon conforté
Comme preudons et plains de loiauté.

**Percev. 9066.** Qui rendoient plus grant clarté
De XL cierges espris.

cfr. Chants hist. II. 396. Brakelm. 66 Str. 4. Ruteb. II. 185 v. 416. Theatr. fr. 222, 387, 592. R. d. l. Rose 250. Percev. 3015, 3146, 3374, 4610. Tr. Belg. I. 149 v. 3; II. 15 v. 13. Froiss. I. 7 v. 189, 57 v. 133, 354 v. 207; II. 128 v. 4318, 266 v. 135; III. 105 v. 29. Charl. d'Orl. p. 52, 199.

Die einzelnen Glieder des Vergleichungssatzes füllen allein oft mehrere Verse.

### Das erste Glied.

**Wackern. III. Str. 3.**
Muels amaisse I baissier de la belle a cors bel
et I douls embraissier pardesous son mantel
ke plain I ual dor fin ne citait ne chaistel.

**Percev. 5581.** C'autresi estoit en son vis
Li vermaus sor le blanc assis
Com ces III goutes de sanc furent;

cfr. Elie 617. Jourd. d. Bl. 338. Renaus 158. Percev. 2987, 8520. Theatr. fr. p. 89, 116. Scheler I. 72 v. 14, 92 v. 8; II. 102 v. 13, 202 v. 40. Froiss. I. 40 v. 1314, 248 v. 1033; II. 283 v. 16; III. 14 v. 450.

5*

## Das zweite Glied.

Gaydon 5354.   Qu'il voldroit mieus iestre desheritez
Que Auloris ne Sanses ne Hardrez
Fussent nul jor vers le duc si privé. .
Scheler II. 52 v. 70.   Mieus vaut ses cors
Que tos li ors
Dusqu' à la mer betée.
cfr. Percev. 5971.   Scheler I. 136 v. 42.   Froiss. II. 53 v. 1787, 114
v. 3840, 182 v. 715, 179 v. 587.

Füllwendungen, namentlich aber Relativsätze treten oft
zu den einzelnen Gliedern des Vergleichungssatzes, dann füllt
a) das erste Glied mit den Erweiterungen ganze Verse.
Cäsurhafte.

In den meisten Fällen beginnt die Erweiterung in der
Cäsur, doch fangen auch besonders Relativsätze und adverbiale Conjunctionalsätze schon in früher Zeit innerhalb des
Versgliedes an.

α) Alixandre 279 v. 13.
Plus fu amere l'iave que li rois ot beue
Que siue ne santerne, n'alogne, ne ceue.
cfr. Enf. Ogier 2016.

β) Enf. Ogier 6140.
K'ains en ma vie, si ait m'ame merci
En I seul jour tant prens paiens ne vi
K'en cest estour en ai hui veü ci.
cfr. Ren. d. Mont. 137 v. 2.

γ) Gaydon 1196.
Plus tost s'en vait quant il prinst a noer
C'uns palefrois poïst d'eslais ambler.
cfr. Alix. 318 v. 21.   Brun 1456.   Beuv. 3602.   Enf. Og. 6750.   Scheler
I. 34 v. 43.   Froiss. II. 371 v. 29.   Charl. d'Orl. p. 15.

Innerhalb des Versgliedes beginnt die Erweiterung z. B.
Charl. d'Orl. p. 226.
Mieulx estre mort je vueil, s'estre le doy
Qu'ainsi languir; d'offrir premier m'avance.

### Cäsurlose.

α) Froiss. II. 173 v. 379.
Car plus poes par sens conquerre
Soit en chevance ou soit en guerre
Et avoir bon avancement
Que par nul autre aprocement.
cfr. Ch. au lyon 402.

*β*) Theatr. fr. p. 47. Past. 25.

> Auroie plus chier
> Robin qui frestele
>> Lez l'olivier
> Que avoir la seignorie
> D'Anjou ne de Normendie.

cfr. Ruteb. I. 157 v. 199.

*γ*) R. d. l. Rose 19368.

> Par quoi pour gentillece avoir
> Ont li clerc, co poes savoir
> Plus bel avantage et greignor
> Que n'ont li terrien seignor.

cfr. Froiss. II. 57 v. 1921.

Zu dem Rubrum überhaupt cfr. Ruteb. II. 171 v. 46. Theatr. fr. 211, 250, 310, 567, 625. Scheler I. 11 v. 13, 262 v. 584; II. 16 v. 42, 92 v. 16, 268 v. 572. Froiss. II. 129 v. 4353, 173 v. 383, 251 v. 144. Villon Gr. Test. Str. 156.

## b) Das zweite Glied mit den Erweiterungen füllt ganze Verse.

### Cäsurhafte Verse.

*α*) Alix. 22 v. 11.

> Que jou signor avoie plus vallant a servir
> Qu'il ne fust ne rois Daire, qui me vot malbaillir.

cfr. Brakelm. 17 Str. 3.

*β*) Brun 271.

> La pel avoit plus rouge et plus ensenglantée
> Que sont mains de bouchier quant la char est tuée.

cfr. Enf. Og. 2849.

*γ*) Mätzner Lieder XLV. 1.

> Amis Guillaume, ainc si sage ne vi
> Com vous estes, se mes sens ne me ment.

cfr. Aye d'Avign. 884.

cfr. Am. et Amil. 2128. Gaydon 7307. Aiol 4067. Renaus 25 v. 6. Brun 409. Alix. 16 v. 34, 143 v. 6. Rou I. 216 v. 275. Enf. Og. 2923. 8059. Ruteb. III. 136 v. 170. Tr. Belg. II. 80 v. 21, 173 v. 84.

Die betreff. Erweiterung beginnt innerhalb des ersten Versgliedes:

Alix. 455 v. 28.

> Que mius amons le pris de la cevalerie
> Que nule riens qui soit en ceste mortel vie.

cfr. Rou I. 173 v. 3740, 182 v. 3978. Alix. 33 v. 33. Venus 166 c.

Innerhalb des zweiten Versgliedes beginnt sie:

Ren. d. Mont. 219 v. 7.
> Plus devons nos amer Maugis, le bon baron
> Que en trestot le monde amis que nos aion.

cfr. Brun 2653. Theatr. fr. p. 33. Froiss. I. 350 v. 58, 390 v. 11;
III. 255 v. 29.

### Cäsurlose Verse.

α) Ch. au lyon 4556.
> Mais de ce pas tant ne s'esmaie
> Con de son lyon qui se dialt. cfr. Mätzner X. 63.

β) Percev. 659. Si vinrent ausi radement
> Comme quarriaus quant il descent.

γ) Scheler I. 202 v. 605.
> Et si ont merite graugnor
> Ke li confes, bien dire l'ose. cfr. Barb. I. 66 v. 166.

δ) Chants hist. I. 336
> Pas n'avez les testes plus dures
> Que les Bretons, la mercy Dieu!

cfr. R. d. l. Rose 11787. Ch. au lyon 1435. Percev. 1359, 11228.
Ruteb. I. 136 v. 144; II. 287 v. 645; III. 231 v. 1282. Theatr. fr. 226,
278, 282, 290, 438, 608. Tr. Belg. I. 14 v. 37; II 245 v. 1281. Froiss.
I. 64 v. 371. Charl. d'Orl. p. 136, 182, 385. Villon Gr. Test. 59, 82.
Chr. v. Piza 4975, 5711.

**Bemerkung.** Otten constatirt, dass das zweite Glied
der Vergleichung bei den nicht ausgeführten Correlativsätzen
im Verstheile enden darf, wenn der Gegenstand der Vergleichung durch ein Pronomen in Verbindung mit der Präposition *de* bezeichnet wird. Dasselbe gilt unter gleichen
Bedingungen für den Schluss des zweiten Gliedes des Correlativsatzes innerhalb cäsurloser Verse, und ist wegen der
Kürze des zweiten Gliedes leicht erklärlich.

Scheler II. 123 v. 25.
> Car plus bourdeur n'a jusqu' à Miaus
> De vous, quant ainsi mes reviaus
> Voulez de mon desir roster.

Das erste Glied des Correlativsatzes im Versanfang be-
ginnend, mit oder ohne Erweiterung, ist oft bis zur Cäsur eines
der nächsten Verse enjambirend; das zweite Glied beginnt
hinter der Cäsur.

Enf. Og. 8146. Li palefrois sor quoi ele est montee
> Estoit plus blans que n'est nois sor gelee.

Alix. 522 v. 4.
Li vostre grans proesce que tous li mons tresvoe
Est plus ficie en tere que li fiers d'une hoe.
cfr. Gaydon 75. Rou I. 121 v. 2273. Chants hist. II. 51. Alix. 146
v. 25, 161 v. 37, 167 v. 23, 293 v. 27. Brakelm. 32 Str 2. Enf. Og. 211,
7032, 8062. Ruteb. III. 93 v 43, 137 v. 199. Froiss. I. 169 v. 2781,
281 v. 2064. Villon p. 105, 204.

Der Comparativ oder das Intensivum mit dem zugehörigen
Nomen stellen sich sehr oft unmittelbar vor das zweite Glied
des Vergleichs. Diese Erscheinung begünstigt das Beginnen
des zweiten Gliedes des Vergleichs innerhalb der Versglieder
bei cäsurhaften, und innerhalb des Verses bei cäsurlosen Versen.

### Cäsurhafte.

Häufig:

α) Aiol 2409.  Mout l'amast en son ceur ueraiement
Plus que nul home en tere qui fust uiuans

β) Enf. Og. 961. Li plus hardis d'aus tous ot sa pensee
As esperons assez plus k'a s'espee.

Sehr selten aber Fälle wie:

α) Enf. Ogier 7916.
Li chartelains s'ala agenoillier
Devant Charlon et l'en prist à baisier
Le pié com cil en cui n'ot k'ensaignier. cfr. eb. 445.

β) St. Thomas 119 v. 18.
comanda que li bries fu escriz e mustrez
altresi as estranges partut cum as priuez.

Wohl entstellt sind zwei einschlägige Beispiele Charl.
d'Orl. p. 230 und Brakelm. 31 Str. 4.

### Cäsurlose.

Hier ist ebenfalls das erste Glied des Correlativsatzes
oft enjambirend, falls sich der Comparativ oder das Intensiv
mit dem Nomen vor das zweite Glied stellen:

Wackernagel 37 Str. 5.
Amors soloit faire iaidis
Plux de miraicle ke li saint.

cfr. R. d. l. Char. 1388. R. d. l. Rose 13554. Percev. 11831. Ruteb.
II. 192 v. 592; III. 380 v. 185. Theatr. fr. 571. Froiss. I. 151 v. 2184.
Charl. d'Orl. p. 17. Villon Gr. Test. 191 etc.

Sonst ist das erste Glied seltener enjambirend:

R. d. l. Rose 16266.
Onc plus espes ne noif ne greale
Ne vi voler que li cop volent.

cfr. Mätzner 31 Str. 4. Barb. I. 191 v. 19. Ch. au lyon 4003.
Theatr. fr. 239.

Der Vergleich beginnt auch häufig innerhalb des Verses.

Cäsurhafte.

In der Cäsur.

Berte 2513. Vous povez bien savoir que je miex l'ameroie
Que manoir en ce bois, bien dervee seroie.

Froiss. II. 370 v. 19.
Là est peris. Or n'est dolur si plainne
Que d'estriver encontre son pooir.

cfr. Rou I. 101 v. 1712. Brakelm. 39 Str. 6, 43 Str. 2, 58 Str. 2,
65 Str. 2. Venus 141. Scheler I. 5 v. 51. Villon Gr. Test. p. 162.
Froiss. I. 281 v. 2066; II. 360 v. 31; III. 166 v. 15. Charl. d'Orl. p. 77,
160, 178, 199, 370.

Innerhalb des Versgliedes scheint der Vergleich des
öfteren anzufangen, wenn eine Form der Rede vorhergeht,
oder wenn das erste Glied des Correlativsatzes in einem
Relativ- oder reinen Conjunctionalsatze enthalten ist.

α) Scheler II. 127 v. 33.
Jehan, ains mais tel conseilleur ne vi
Com vous estes, et car vous en taisiez.

β) Beuv. d. Comm. 1948.
Ne fu nus *qui veïst gens ainsi assaillans*
Que nostre gent assaillent les cuvers soudoians.

cfr. Enf. Og. 7857. Theatr. fr. p. 32. 5 Motet.

γ) Ruteb. I. 220 v. 93.
Ainz dit *que mangeroit aincois fuielles et rains*
Que fussent en s'esglises confessor par meriens.

Cäsurlose.

Theatr. fr. 440. Alons aussi. Nous vault miex estre
En vostre chambre, dame, encloses
Que ci endroit pour plusieurs choses.

cfr. Percev. 1327, 4261, 5814, 9313. Ruteb. II. 352 v. 1151, 359 v.
1347. Barb. II. 442 v. 38, 444 v. 93. Theatr. fr. 41, 67, 125, 172.
Scheler I. 95 v. 9, 159 v. 37; II. 123 v. 21. Froiss. I. 93 v. 197; II. 31
v. 1050; III. 22 v. 715. Charl. d'Orl. 106, 160, 284.

Wenn das zweite Glied des Vergleichungs- oder Correlativsatzes in der Cäsur schliesst, so folgen wie erwähnt
in demselben Verse gewöhnlich Erweiterungen oder Füllwendungen. In späterer Zeit namentlich sieht man indess
auch in der Cäsur hinter dem Schluss des Vergleichs ziemlich
starke Gedankenpausen eintreten.

Charl. d'Orl. p. 96.

> Pardonnez moy de vostre gentillesse
> Se je ne puis apresent vous servir
> Comme je doy; car, je vous fai promesse
> J'ay bon vouloir envers vous, mais Tristesse
> M'a si longtemps en son dangier nourry etc.

cfr. Enf. Og. 4404, 4421. B. d. Comm. 2462. Theatr. fr. 98 Froiss.
I. 192 v. 3550, 349 v. 23; III. 79 v. 25. Charl. d'Orl. 199.

Auch innerhalb des zweiten Versgliedes begegnen nach
vollendetem Vergleich zuweilen stärkere Pausen:

Froiss. I. 75 v. 765.

> Car je ne sui de l'avenir pas dignes
> A si grant bien que vous; mes par les signes
> Des douls regars que j'ai en vous veüs
> Sui je ou droit rieule amourens enchetis.

cfr. Enf. Ogier 4465. Froiss. I. 360 v. 407; III. 166 v. 12.

Beachtenswerth ist folgendes Beispiel:

Charl. d'Orl. p. 91.

> Car par vous puis avoir a grant largesse
> Des biens d'amours plus que ne scay nombrer
> Maugré Dangier, Dueil et Merencolie
> Que je ne crains en rien; mais les deffie
> Quant il vous plaist d'ainsy me conforter.

In cäsurlosen Versen beginnen nach den innerhalb des
Verses endenden Vergleichungssätzen sehr häufig neue Satzperioden.

Chr. v. Piza 3177. Si fault homme qui soit cremus
> En tel fait pour ce plus que nulz
> Autres. En say un si vaillant etc.

cfr. Theatr. fr. 128, 248, 253. Tr. Belg. I. 193 v. 334, 196 v. 414
v. 568; II. 268 v. 583. Froiss. I. 4 v. 113, 135 v. 1654, 258 v. 1311;
II. 55 v. 1883, 228 v. 287, 236 v. 19, v. 46, 301 v. 161; III. 29 v. 966,
86 v. 23, 179 v. 6. Villon Gr. Test. Str. 17. Charl. d'Orl. p. 17, 189.
Christ. v. Piza 1583, 5140.

Das erste Glied des Vergleichungs- oder Correlativsatzes
umschliesst sehr oft das andere, doch so, dass beide zusammen gewöhnlich ganze Verse füllen.

### Cäsurhafte.

Rou I. 99 v. 1669.

> Par fei, dist Cone, sire, ne vi mais tel maisnie
> Cum est la duc Willeame, ne si apareillie
> Si delectable terre, ne gent si afaitie.

Enf. Og. 2108.

C'est grans meschies k'en cors si soufisant
Com cis a n'a cuer en Dieu creant.

cfr. Alix. 535 v. 12. St. Thom. 62 v. 26. Enf. Og. 1973, 6328
Froiss. I. 76 v. 803, 79 v. 909. Charl. d'Orl. 148.

## Cäsurlose.

R. d. l. Char. 4866. Et james Diex sante graignor
Que j'ai orendroit ne me doint.

Theatr. fr. 143. Je te ferai plus que le pas
Venir, je cuit.

Froiss. II. 296 v. 160. Di que coer plus noir
Dou mien, voir,
Ne sans espoir
N'a en ce pays.

## Von kräftiger Wirkung ist:

Ch. au lyon 4834. Et la nuiz et li bois li font
Grant enui, et plus li enuie
Que la nuiz, ne li bois, la pluie.

cfr. R. d. l. Rose 2826, 19353. Ch. au lyon 78, 3941. Percev. 1812,
5007. Mätzner 46. Barb. II. 290 v. 104. Brakelm. 69 Str. 4. Hofm.
1. Str. 2 Past. Chants hist. II. 102, 418. Ruteb. I. 35 v. 95, 79 v. 70,
II. 150 v. 28, 180 v. 264, 202 v. 848.

Zwei coordinirte Glieder des Vergleich- oder Correlativsatzes finden sich innerhalb eines Verses.

## Erstes Glied.

Brun 1076. Car plus est dame haute et com plus est poissans
Plus doit estre ses cuers à tous humelians.

## Zweites Glied.

R. d. l. Rose 111. Descendoit l'iave grant et roide
Clere, bruiant, et aussi froide
Comme puiz ou comme fontaine.

cfr. Rou I. 49 v. 335. Venus 89. Enf. Og. 7695. Froiss. III. 151 v. 21.

Coordinirte Glieder werden durch Versschluss getrennt
und laufen einander parallel.

## Erstes Glied.

Theatr. fr. 144. Et plus forment l'onorera
Et plus grant seignor te fera
C'onques ne fus. cfr. Chants hist. I. 372.

## Zweites Glied.

Froiss. I. 168 v. 2761.

Car lyés est d'amours d'ossi drois neus
Que pour Tristran en fu la belle Yseus

Et Genevre pour Lancelot le preus
Et tout autre, non pas seul de ces deus. cfr. Theatr. fr. 380.

Andrer Art ist:

Froiss. I. 170 v. 2825.

Car je t'aim plus que Hero Leaudon
Ne Medee n'ama le prou Jason
oder Chants hist. II. 379.

Celuy auroit le cuer plus dur que pierre
Que roc, que fer, que l'esclatant tonnère.

cfr. Ren. d. Mont. 145 v. 9. Alix. 342 v. 32. Brun 131, 3631.
Venus 21. St. Thom. 81 v. 27. Enf. Og. 5983. Rou I. 127 v. 2412,
193 v. 4286. Ruteb. I. 29 v. 34. Froiss. II. 195 v. 46; III. 9 v. 271.

**Bemerkung.** Redeformen gehen dem zweiten Gliede
des Correlativsatzes im Versanfang zuweilen voran.

Charl. d'Orl. 311. Ne doit le mien estre vostre
Ouil certes, plus que le sien.

cfr. Theatr. fr. 288, 289. Rom. d. l. Char. 6349. Froiss. III. 152 v. 2.

**Bemerkung.** Die Vergleichungspartikel kann fehlen.

Froiss. I. 207 v. 4066. He mi! quant
Verai mont vivant
Un peu plus joiant
Ne l'ai maintenant.

**Stellung des Intensivums und des Comparativs
bei Vergleichungs- und Correlativsätzen.**

Das Intensivum kann, wenigstens nach dem ganzen Um-
fange der altfranzösischen Litteratur beurtheilt, jede Stelle
innerhalb des Verses einnehmen. Es steht in cäsurhaften

1) im Versanfang.

Rou I. 120 v. 222.

*Altresi* vus est Flandres legiere a iustisier
Com uns vaissels de verre sereit a depecier.

cfr. Enf. Og. 2150, 7748. St. Thom. 63 v. 24, 82 v. 28, 88 v. 26.

2) innerhalb des ersten Versgliedes.

Villon p. 356.

Qui *trop mieux* fust en friche ou en souffrance
Que porter fruits qui le deussent blecier. cfr. Enf. Og. 6152.

3) vor der Cäsur.

Hofm. Ged. I. Str. 4.

Car je veul *muelz* toz jors de li avoir
K'elle m'esgairee bien debonairement
A bel semblant et a douce raixon
C'avoir a li mellee ne tenson.

cfr. Brakelm. 4 Str. 6, 43 Str. 6.  St. Thom. 143 v. 4.  Tr. Belg.
I. 152 v. 15. Chants hist. II. 278, eb. p. 561.

### 4) nach der Cäsur.

Chants hist. II. 318.

> Et ne vouloit *d'autre* chose parler
> Que de son Dieu et sa saincte bonté.

cfr. St. Thom. 118 v. 7.  Enf. Og. 151.  Chants hist. II. 101, 144.
Froiss. II. 407, 420.  Charl. d'Orl. 307.  Villon 229, 254, 357.

### 5) innerhalb des zweiten Versgliedes.

Enf. Og. 7992.  De par s'antain, fu *ainsi* devisé

> Com la duchoise l'ot fait par fausseté.

cfr. Froiss. I. 77 v. 837.

### 6) unmittelbar vor Versschluss.

Bezüglich dieser Stellung, sowie auch derjenigen, dass
das Intensiv unmittelbar vor der Cäsur steht, ist auf das
Resultat zu verweisen, zu welchem Reissert l. c. p. 94 kommt.
Es heisst dort: „Dass das Adverb am Ende eines Versgliedes
oder Verses stände und der Adverbialsatz im folgenden kommt
im Alexius und Roland nicht vor." Si cum, plus que etc.
werden also dort nicht durch Versschluss getrennt. Aus späterer
Zeit lassen sich zutreffende Beispiele jedoch ziemlich zahlreich
beibringen.  Zunächst Belege aus cäsurhaften Versen.

Enf. Og 6796.

> Lors li conta Ogiers la chose *ainsi*
> Qu'il en estoit, que de riens n'en menti.

Chants hist. I. 393.

> Barbarins, Turcs et Tartarins veluz
> Ont plus beaulx noms et sont pyteux *trop plus*
> Que Crievecueur, Chame, Maigny, Clochet,
> Torcy, Daillon, de Loheac, Brochet
> Sauvagiere, Mannoury, Pot-la-Vache
> Querqualevant, Pombriant et Gobache.

Im letzten Beispiele wäre die Trennung allenfalls dadurch
zu entschuldigen, dass die Namen allein den Rest der Strophe
füllen; cfr. ferner getrenntes:

*si / que* Enf. Og. 3635, 6122; *tant / que* Alix. 9 v. 23; *autant / que*
Froiss. I. 352 v. 141; *autant / comme* Froiss. I. 350 v. 73; *ensement / comme*
Froiss. I. 361 v. 462; *tant / cum* St. Thom. 165 v. 24; *autrement / que*
Enf. Og. 6873; *si faitement / que* Enf. Og. 6853; *mieulx / que* Froiss. II.
389 v. 1, Charl. d'Orl. 11; *pire / que* Villon 204; *tes / que* Enf. Og. 6943.

In cäsurlosen Versen steht das Intensivum:

1) im Versanfang, wohl gewöhnlich dem Nachdruck zu Gefallen.

Scheler II. 167 v. 175,
> Autant trueve de foi en lui
> Com li oiseaus fait en le glui.

Theatr. fr. 291. Plus tost leur verrez mettre à fin
> Qu'à II fors lemiers un connin.

cfr. Ch. au lyon 144. R. d. l. Char. 2774. Percev. 10459. Tr. Belg. I. 110 v. 26. Brakelm. II. Str. 4. Ruteb. II. 94 v. 16, 337 v. 713; eb. III. 173 v. 46, 254 v. 145, 307 v. 1844. Theatr. fr. 114, 407, 510, 534, 649. Froiss. I. 100 v. 449, 139 v. 1777; III. 93 v. 4, 132 v. 1159, 148 v. 13. Charl. d'Orl. 220, 257, 281, 328, 339.

2) gewöhnlich natürlich im Versinnern.

Brakelm. 19 Str. 2. Ne riens tant ne m'abelist
> Com li remembreirs de li.

Ch. au lyon 911. Car ele estoit autresi faite
> Com l'arbaleste qui agaite.

cfr. Brakelm. 79 Str. 4. Ch. au lyon 566. Percev. 3472, 3818, 11042. Barb. I. 13 v. 365. Chants hist. II. 97, 311, 462. Tr. Belg. I. 97 v. 37, 167 v. 148 etc.

3) im Versschluss.

*ensi / com:*

Brakelm. 6 Str. 6. Gillebers uos parleis ensi
> Com uns homs sens entendement.

cfr. Bartsch III. 51 v. 90. Theatr. fr. 385, 451. Ch. au lyon 6638. Froiss. II. 143 v. 4810, 184 v. 774. Charl. d'Orl. 167.

*ainsy / que:*

Charl. d'Orl. 152. Et s'il vous plaist faire ainsy
> Que je dy,

cfr. Froiss. II. 169 v. 252, 194 v. 1873. Theatr. fr. 575, 651.

*tant / come:*

Brakelm. 9 Str. 2. ie nam nulle riens tant
> come li soulemant.

cfr. Scheler I. 74 v. 17. Theatr. fr. 413.

*tant / que:*

Froiss. III. 140 v. 1447.
> Celle ordenance dura tant
> Que les laboureurs en estant
> Se drecierent . . .

In derselben Weise werden ferner getrennt:

*autant / com* Theatr. fr. 643, 310.

*autant / que* Froiss. I. 133 v. 1588; Charl. d'Orl. p. 89.

*autel / com*, *otele / com*, *teles / com*, *tot autel / com* etc. Ruteb. II. 202 v.
848, 338 v. 760; R. d. l. Rose 18192; Percev. 3027; R. d. l. Char.
4716; Froiss. I. 275 v. 1924.
*tels / que*, *telle / que* Ruteb. II. 50 v. 42, III. 376 v. 12; Froiss. I. 160
v. 2493, II. 10 v. 299, 61 v. 2006, III. 94 v. 17. Chr. v. Piza 4048.
*tellement / com* Theatr. fr. 278.
*tellement / que* Charl. d'Orl. 153; Froiss. III. 250 XL v. 1, 223 v. 3.
*ausi / com* Scheler I. 27 v. 21.
*autrecy / con* Barb. II. 305 v. 291.
*autretant / con* Theatr. fr. 175.
*autrement / com* Froiss. I. 27 v. 899.
*el / que* Scheler II. 158 v. 62.
*autrecy / que* Barb. II. 321 v. 799.
*autrement / que* Froiss. III. 137 v. 1321.
*eincois / que* Ch. au lyon 4374.
*avant / que* R. d. l. Rose 873.
*antiers / que* R. d. l. Char. 1264.
*trois tanz / que*, *cent tanz / que* R. d. l. Rose 492; Ch. au lyon 781.
*autre kose / que* Scheler I. 241 v. 500.
*plus / que* Ch. au lyon 2288; Bartsch I. 52 v. 56; Froiss. III. 127 v.
987, 141 v. 1453; Chr. v. Piza 4064.
*altretant et plus / que* Brut 2833.
*pis / que* Theatr. fr. 69.
*mains / que*, *nient mains / que*, *ne plus ne mains / que*, *trop mains / que*
Chr. v. Piza 576; Percev. 5872; Froiss. I. 122 v. 1228, 136 v. 1688.
*miex / que* Percev. 6414; R. d. l. Char. 2450; Barb. I. 321 v. 805;
Wackern. 11 Str. 11; Froiss. III. 170 v. 10, 254 v. 11.
*trop mieux / que* Theatr. fr. 314, 415.
*le miex / que* Theatr. fr. 664.
*assez miex / que* Theatr. fr. 281.
*plus assez / que* Froiss. I. 303 v. 2774; Theatr. fr. 639.
*graindres assez / que* Ruteb. III. 229 v. 1201.

Es ist allerdings hervorzuheben, dass gewisse Stellen im
Verse vom Intensiv und Comparativ besonders bevorzugt
werden, sie stellen sich gern

1. in den Anfang des Correlativsatzes zu dem Correlat:
Alix. 232 v. 34.

>*Autresi com* l'aloe englotist la balaine
>Vus conquerra en camp, vostre mors est procaine.

Ruteb. II. 273 v. 267.

>*Si com* la rose ist de l'espine
>Issis, glorieuse Roine
>De juerie qui est poignanz.

Brakelm. 25 Str. 2.

*asseis plux* hault ke deuant
chanta a uoix serie.

## Hinter einer Redeform:

Herrig Bd. 41 p. 83.

Biaus sires Deus! *asi con* ge por vos
Lais le pais ou celle est cui j'ain si,
Vos nos doigniez en sielz a toz jors
M'amie et moi por la vostre mercit.

cfr. Alix. 227 v. 3. Venus 265. Ruteb. II. 29 v. 108, 270 v. 196;
III. 3 v. 55. Brakelm. 19 Str. 3, 23 Str. 1. Percev. 9232. Mätzner 10
Str. 8. Wackern. 19 Str. 3. Tr. Belg. I. 37 v. 22, 151 v. 37, 230 v. 134;
II. 145 v. 43, 185 v. 240, 231 v. 894.

## 2. vor das zweite Glied der Vergleichung in Versanfang zum Correlat.

### a) in cäsurhaften Versen.

Alix. 115 v. 5. Corineus sist e l' bai c'a Cesarie ot conquis
*si com* bons chevaliers corageus e hardis.

Aiol 2409. Mout l'amast en son ceur ueraiement
*Plus que* nul home en tere qui fust uiuans.

cfr. St. Thom. 119 v. 9. Venus 237. Rou I. 118 v. 2168. Alix. 372
v. 3, 541 v. 19. Beuv. d. Comm. 1741. Enf. Og. 2206, 6585, 7413.
Chants hist. I. 120 v. 398. Brakelm. 32 Str. 3, 58 Str. 3, 76 Str. 1.
Scheler I. 2 v. 5, 29 v. 9. Froiss. II. 388 v. 10. Villon 226.

### b) in cäsurlosen Versen.

*tel com* — Ruteb. II. 295 v. 907; Theatr. fr. 611, 631, 634; Froiss. II.
59 v, 2004.

*otel com* — Froiss. I. 14 v. 434.

*autiex com* — Ch. au lyon 298.

*tel que* — Froiss. I. 116 v. 1020, II. 169 v. 243.

*altre que* — Theatr. fr. 46, 173; Bartsch II. 27 v. 12; Percev. 5069,
10440; Chants hist. I. 149; Scheler I. 63 v. 54, 257 v. 437.

*d'autrui que* — Froiss. I. 109 v. 771.

*otant com* — Ruteb. II. 185 v. 409, II. 224 v. 151; Theatr. fr. 519.

*si com* — Theatr. fr. 206; Ruteb. II. 280 v. 470; Froiss. I. 15 v. 493,
192 v. 3568; II. 330 v. 46.

*aussi tost com* — Theatr. fr. 521.

*ausi com* — Mätzner 12 v. 37; Ch. au lyon 158; Percev. 10599;
Ruteb. I. 6 v. 35, III. 173 v. 35; Scheler I. 220 v. 181, 112 v.
36; durch tout verstärkt Theatr. fr. 210.

*ausiment con* — Tr. Belg. I. 204 v. 666.

*ainsi com* — Chants hist. II. 311; Theatr. fr. 164, 365, 411; Tr. Belg.
  I. 182 v. 224; Froiss. I. 78 v. 893, 128 v. 1426, III. 21 v. 672;
  verstärkt durch tout: R. d. l. Rose 432; Froiss. I. 86 v. 1165.
*ensement com* — Scheler II. 164 v. 55.
*tant com* — Theatr. fr. 42; Froiss. III. 10 v. 310, 18 v. 584.
*ensi que* — Froiss. I. 63 v. 351, 72 v. 674, II. 104 v. 3530, III. 250
  v. 12, 256 v. 2418; durch tout verstärkt: eb. III. 201 v. 2104.
*autant que* — Chants hist. I. 300; Villon 305; Froiss. II. 367 v. 6;
  Charl. d'Orl. 99, 333.
*tant que* — Froiss. III. 110 v. 29.
*ausi que* — Theatr. fr. 541.
*tellement que* — Froiss. III. 53 v. 35.

## Comparative:

*plus que* — am häufigsten: Theatr. fr. 42, 379, 606; Percev. 3595,
  8273, 9912, 10988; Ruteb. III. 265 v. 445; Brakelm. II. 4, IX. 3,
  XI. 1 etc.
*plus de* — Scheler ι. 167 v. 161; Theatr. fr. 47, 71, 228, 288, 345,
  392, 432; Froiss. I. 103 v. 573, 124 v. 1286, 156 v. 2359.
  Charl. d'Orl. 73.
*trop plus que* - Froiss. I. 183 v. 3249, 190 v. 3493, 229 v. 618;
  Villon Gr. T. Str. 4.
*nient plus que* — Tr. Belg. II. 263 v. 420; Percev. 9404; Froiss. III.
  160 v. 2.
*ne plus que* — Ch. au lyon 835; R. d. l. Char. 1215; Ruteb. III.
  383 v. 24.
*assez plus que* — Percev. 6594; Ruteb. I. 78 v. 32; Herrig 38 p. 393
  v. 7; Brakelm. 53 Str. 1; Tr. Belg. II. 103 v. 5; Froiss. I. 288
  v. 2255.
*autant ou plus que* — Charl. d'Orl. 235.
*miex que* — Brut 8352; Ruteb. III. 3 v. 43, 6 v. 129. Tr. Belg. I.
  98 v. 2, 140 v. 40; Theatr. fr. 192, 451, 511; Chants hist. II. 58;
  Froiss. I. 47 v. 1575, II. 203 v. 306, III. 114 v. 5; Charl. d'Orl. 387.
*miex de* — Tr. Belg. I. 189 v. 187.
*mellor de* — Percev. 1620.
*le miex que* — Chants hist. I. 345.
*assez miex que* — Ruteb. II. 175 v. 155.
*pires que* — (pirs que — pis que —) Chants hist. II. 102, 484;
  Theatr. fr. 498, 554.
*plus tost que* — Percev. 11853; Ruteb. I. 78 v. 48 (durch je cuit getrennt also: plus tost je cuit que —); Froiss. III. 194 v. 1866,
  196 v. 1951.
*tout le plus tost que* — Theatr. fr. 612.
*plus avant que* — Charl. d'Orl. 254; Froiss. I. 242 v. 925.
*plus assez que* — Ruteb. II. 274 v. 296.
*ne plus ne moins que* — Charl. d'Orl. 280.

Bemerkung. Zuweilen fehlt das Intensivum. Besonders oft scheint es beim Vergleich mit *com* der Fall zu sein.

Enf. Og. 5868. Com est li ourse ses faonciaus gardans
Contre les leus et aigre et desfendans
Estoit sa gent vers les nos rescousans.

Villon Gr. Test. Str. 28.
Mes jours s'en sont allez errant
Comme, dit Job, d'une touaille
Font les filetz, quant tisserant
Tient en son poing ardente paille.

cfr. Rom. d. l. Rose 1280. Ruteb. I. 135 v. 127; II. 378 v. 1869. Percev. 564, 6220, 9344. Enf. Og. 3706, 4218, 4231, 4899, 5551, 6036. Chants hist. I. 101; II. 516. Tr. Belg. I. 65 v. 34, 111 v. 1, 114 v. 30, 160 v. 53; II. 94 v. 1, 268 v. 568, 269 v. 615. Froiss. I. 144 v. 1944; II. 231 v. 396, 397 V.; III. 15 v. 470, 95 v. 19, 101 v. 31, 195 v. 1911.

Bemerkung. Oft erscheint das Intensivum doppelt. cfr. Diez „Grammatik" III⁴ p. 393. „Wenn im Gleichnisse, welches nur die besonderen Beziehungen hervorhebt, worin zwei Gegenstände zusammentreffen, das relative Satzglied vorangeht, so pflegt dessen Partikel durch eine vorgesetzte demonstrative verstärkt zu werden, worauf im Nachsatze ein zweites Demonstrativ folgen kann." Das zweite Intensivum erscheint gewöhnlich, um kräftiger hervorzutreten, an bevorzugter Stelle im Verse, gewöhnlich im Versanfang, seltener nach der Cäsur.

Percev. 9554. Tout ausi com li sages mestre
Le petit enfant adoctrine,
Ausi ma dame la roïne
Tout le monde ensagne et aprent.

Froiss. I. 70 v. 591.
Tout ensi que le dyal a maniere
De li tourner par la roe premiere,
Car dou droit tour naturel qu'elle tourne
La roe de Desir à ce l'atourne
A l'aide d'un petit fuiselet
Qui nullement ne li fault ne le let,
Tout ensi Pourveance sans moyen
Ne me poroit faillir pour nulle rien.

So im Versanfang wiederholt:

*tout ausinc:* R. d. l. Rose 2882.
*ainsi:* Froiss. I. 230 v. 628; Charl. d'Orl. 412, 413; Christ. v. Piza 4685.
*atant:* Scheler II. 270 v. 628.

Nach der Cäsur wiederholt:

Roland 1874. Si cum li cerfs s'en vait devant les chiens
Devant Rollant si s'en fuient paien.

Statt der einfachen Form wird häufig bei der Wiederholung die vollere gewählt.

Ch. au lyon 4244. *Si* com li chiens qui a chaciee
La beste tant que il l'a prise,
*Ensi* coroient sanz faintise
Tuit et totes par enhatine
La ou cil gist gole sovine;

statt *si* steht *ausi:* Ruteb. II. 150 v. 37; cfr. eb. II. 256 v. 495; Theatr. fr. 152.

Statt der vollen die einfache Form:

Brakelm. 76 Str. 2.

*Tout ausiment* com il est del lorier
Ke foillus est et uers en eritage
Plux finement comence a uerdoier
Et renfreschit el tens ke rasuaige,
*Si* renuerdist amors en mon couraige.

Am Schluss des Capitels „Comparativsätze" heisst es bei Diez „Grammatik" III[4] p. 401 „In verneinenden oder fragenden Sätzen können auf *alter* auch einschränkende Partikeln folgen." Mätzner, „Syntax der neufranzösischen Sprache", 2. Theil, Berlin 1845, p, 219 sagt: „Alle romanische, sowie auch viele andere Sprachen haben sich ebenfalls nach verneinten und fragenden Hauptsätzen mit und ohne Ausdruck des Andersseins der exceptiven Partikeln bedient." Im Altfranzösischen erscheinen häufig *fors que, se non, mais*.

Das durch diese Partikeln eingeleitete Glied wird durch Versschluss von dem negativen Satze getrennt und füllt:

einen oder mehrere Verse ganz.

### Cäsurhafte.

Alix. 107 v. 25.

à nule riens el mont n'est mes cors ententés
se a mon signor non essaucier nuis et dis.

Alix. 140 v. 7.

ne se sot autrement en estor maintenir
fors que de l'escu vert et de ses cos ferir.

Alix. 472 v. 11.

Il ne vus mande mie honnor ne signorage
mais ire, mautalens, desounor et hontage.

cfr. Rol. 3805. Alix. 38 v. 12, 133 v. 9, 485 v. 23. St. Thom. 56 v. 29, 96 v. 3. Tr. Belg. II. 109 v. 27. Froiss. I. 61 v. 299, 77 v. 859, 86 v. 1156; II. 414 XLIV.

## Cäsurlose.

Ch. au lyon 6703.  Ne ne set comant avez non
                   Se chevaliers au lyon non.
Percev. 6278.  N'onques n'i eut autre portier
               Mais c'une petite posterne.
cfr. Percev. 2380, 3622, 4992. Theatr. fr. 229, 465. Ruteb. I. 77 v. 17, 94 v. 15, 239 v. 74. Tr. Belg. I. 34 v. 47, 101 v. 23, 150 v. 13. Froiss. I. 4 v. 92, 12 v. 390, 148 v. 2705. Christ. v. Piza 364, 4115, 4216, 4513.

### Mehrere Verse sind ganz gefüllt:

Ruteb. II. 280 v. 469; III. 287 v. 1191. Tr. Belg. I. 188 v. 175. Theatr. fr. 633. Froiss. I. 44 v. 1469, 72 v. 679, 136 v. 1677, 359 v. 399.

Füllt das durch die betreff. Partikeln eingeleitete Glied allein nicht den ganzen Vers, so treten gewöhnlich Erweiterungen oder Füllwendungen hinzu, die sich bis Versschluss erstrecken.

## Cäsurhafte.

Das einschränkende Glied reicht bis zur Cäsur.

Brakelm. 77 Str. 4.
        chanson di li por deu pitiet li praigne
        de moi car niert iai riens ki me retaigne
        se nos noir non cui iaim en bone foy.
Elie d. St. Giles 2200.
        S'a non Esclabonie, sos ciel plus bele n'a
        Ne mais que Rosamonde, ne sai s'ele le uaut.
cfr. Rol. 381, 1688, 3331. Alix. 114 v. 6, 118 v. 33, 134 v. 3. Gui d. Bourg. 15. Venus 10. Berte 1273, 1615, 2550. Enf. Og. 3857, 6612. St. Thom. 32 v. 14, 51 v. 26. Tr. Belg. I. 30 v. 2.

Selten sind starke Pausen in der Cäsur wie

Froiss. I. 175 v. 2967.
        Mes onques jour, certes, ne te trouvai
        Fors tres loyal. La vois t'en porterai
        Et le renom, quel part que je serai.

Seltener endet das einschränkende Glied innerhalb der Versglieder;

### 1) des ersten Versgliedes.

Berte 1583.
        Dame, ce dist rois Flores, or n'avommes nul hoir
        Fors Bertain, qui me fait souvent le cuer doloir.
cfr. Venus 50, 111. St. Thom. 37 v. 6, 59 v. 16. Froiss. I. 57 v. 156.

## 2) des zweiten Versgliedes.

Froiss. I. 58 v. 164.

> Que j'en perdi maniere et contenance
> Non seulement, ma dame, pour ceste heure
> Mes pour toutes aultres, dont j'en demeure
> A vo voloir, et tout dis ensi ert.

### Cäsurlose.

Das einschränkende Glied endet innerhalb des Verses, Erweiterungen dehnen sich gewöhnlich bis Versschluss aus.

Chr. v. Piza 2386.

> N'il n'y avoit autre matiere
> Fors escharboucles, qui estoient
> En l'or enchaciez qui rendoient
> Une clarté trop gracieuse.

R. d. l. Char. 4350.

> Ne sai quel blasme ele me mete
> Se cestui non, cist m'a traï.

cfr. Barb. II. 125 v. 181, 169 v. 813, 415 v. 266. R. d. l. Rose 8331, 13465. R. d. l. Char. 721. Ch. au lyon 351, 1383. Percev. 966, 2103, 4800. Brakelm. 60 Str. 5. Ruteb. I. 112 v. 116; II. 200 v. 793; III. 302 v. 1718. Theatr. fr. 284, 408, 485, 567.

Selten finden sich nach diesem Gliede innerhalb des Verses sehr starke Pausen wie:

Ch. au lyon 5066.

> Qu'ele n'atant secors n'aïe
> De bien desresnier sa querele
> Fors que de vos. La damoisele,
> C'une soe suer desherete
> Ne quist, qu'autres s'entremete,
> N'an ne li puet feire cuidier
> Que autres l'an poist eidier.

Dass das einschränkende Glied innerhalb cäsurhafter Verse beginnt, hat Otten genügend belegt. Nach einem enjambirten Satztheile beginnt es in der Cäsur z. B.

Froiss. II. 398 VIII.

> Tele l'a fait que Beauté ne fait cure
> De nulle autre fors elle regarder.

Oft beginnt es auch innerhalb cäsurloser Verse und erstreckt sich in der Regel bis Versschluss.

Ch. au lyon 4605.

> Ja del chevalier au lyon
> N'orroiz parler, se de moi non.

Ruteb. II. 329 v. 500.

> Ja ne querroit de la chapele
> Yssir, ja ne querroit qu'orer
> Et en oroison demorer.

cfr. R. d. l. Rose 12636. R. d. l. Char. 3253. Percev. 1154, 7399. Ruteb.
I. 221 v. 2; II. 177 v. 203; III. 309 v. 1917. Tr. Belg. I. 90 v. 16.
II. 105 v. 43. Froiss. III. 2 v. 51. Christ. v. Piza, 647, 1527, 2173.

**Bemerkungen.** 1. Eine Form der Rede geht zuweilen
dem einschränkenden Gliede voran.

Tr. Belg. I. 154 v. 11. Dont ja ne guerrai nul jor
Amis, se par vos non.

2. Zu den grössten Seltenheiten gehören Fälle, in denen
die Partikeln durch Versschluss von dem Gliede abgetrennt
werden.

Chr. v. Piza 3000. Ne vous en prenez a nul fors
A vous, sauve soit vostre paix.

Froiss. III. 18 v. 572. Et si ne t'en venra se non
Bonne aventure et bon eür.

3. Beachtenswerth, weil das enjambirende Glied innerhalb
des Verses schliesst:

Percev. 6596. Ja mar feres que seulement
Comander que ou l'alle prendre.

eb. 11828. Et cil n'entendent fors au prendre
Vitalle dont orent mestier.

**Präpositionaler Infinitivsatz.**

Der präpositionale Infinitivsatz wird von seinem regierenden Satze, der im Versende vollendet ist, sehr oft durch Versschluss getrennt.

Er füllt den Vers ganz.

### Cäsurhafte.

Roland 2888. Unques nuls hum tel chevalier ne vit
Pur granz batailles juster et defenir.

Berte 2263. Et a reconneu comme ele avoit talent
D'enherber Blancheflour et Pepin ensement.

cfr. Rol. 1178. Alix. 7 v. 5, 448 v. 12. Rou I. 69 v. 832, 110 v.
1964, 144 v. 2924. Chants hist. II. 72. Froiss. I. 83 v. 1049. Charl.
d'Orl. 241, 275.

### Cäsurlose.

Brakelm. 54 Str. 2. se croi bien ke la dame atant
por son douls amin essaier.

cfr. Ruteb. II. 281 v. 501: III. 295 v. 1470. Percev. 2211. Tr. Belg.
I. 21 v. 24, 96 v. 2. Froiss. I. 184 v. 3293; II. 36 v. 1202. Charl. d'Orl.
p. 155.

Oft, namentlich bei kurzen Versmassen, füllt dieser Infinitivsatz auch mehrere Verse.

Froiss. III. 55 v. 91. Que je l'escriroie en un livre
Pour en avoir mieulx a delivre
Reminiscence ou retentive
Par memoire ymaginative.

cfr. Theatr. fr. 370. Froiss. I. 36 v. 1204, 284 v. 2150; II. 145 v. 4898, 335 v. 29.

Der erwähnte Infinitivsatz erstreckt sich bis zur Cäsur. Erweiterungen und Füllwendungen, oder wenigstens zu derselben Periode gehörige Sätze dehnen sich gewöhnlich bis Versschluss aus.

Alix. 18 v. 25.

hui deveg tes hom liges, si m'en voel mult pener
de faire ton service, bien t'i poras fier.

Berte 2051.

Et par Tybert aussi qui met mult grant entente
A conforter la serve qui forment s'espoente.

cfr. Berte 2099. St. Thom. 31 v. 15, 112 v. 12. Rou I. 37 v. 26, 57 v. 532, 117 v. 2140, 164 v. 3487, 184 v. 4042. Blondel p. 39. Froiss. III. 254 v. 22, 364 v. 35. Charl. d'Orl. 3, 12, 70, 77. Villon 220.

Stärkere Pausen in der Cäsur, und dadurch recht wirkungsvoll werden Stellen wie Froiss. II. 143 v. 4837, oder schöner Charl. d'Orl. 146; eine Warnung vor dem trügerischen Glück.

Auch der Binnenreim ist zu beachten:

C'est mon conseil, faictes vostre vouloir,
Mais gardez-vous que ne croiez Fortune
Qui de flatter est a chascun commune:
Car tousjours dit qu'on doit avoir espoir
De mieulx avoir; mais c'est pour decevoir,
Je ne congnois plus faulse soubz la lune.

Die Flucht vor dem Alter wird in rhythmischer Hinsicht sehr schön gemalt

Charl. d'Orl. 148.

A celle fin que quant vendra vers moy
Je ne soye despourveu, comme nice
C'est pour le mieul savant, je me pourvoy
Et trouveray Vieillesse plus propice
Quant congnoistra qu'ay laissié tont office
Pour la fuir; alors en bonne foy
Recommandé m'aura, comme je croy
Et mains soussy auray en son service.

Auch innerhalb der Versglieder schliesst der präpositionale Infinitivsatz, doch in der Regel nur dann, wenn logisch eng mit ihm verbundene Sätze folgen.

### Im 1. Versglied.

Venus 119. S'il peust or parler, bone raison auroit
De dire, que Morans por Tristose moroit,

Charl. d'Orl. 76.
C'est feu gregois, ce croy-je, qui ne cesse
D'ardre, s'il n'est estaint par Bon Avis.

cfr. Rou I. 120 v. 2226. St. Thom. 33 v. 27.

### Im 2. Versglied.

Froiss. III. 168 v. 26.
Or m'entendez, car j'ay intencion
D'esclaircier mon fait, se Dieu me gart.

Der betreff. Infinitivsatz schliesst innerhalb cäsurloser Verse, auch wenn er enjambirend ist, doch eng mit ihm verbundene Sätze füllen gewöhnlich den Rest des Verses.

Percev. 7571. Que il metra tote sa paine
A querre la lance qui saine.

Froiss. II. 150 v. 5065.
Car grandement je desiroie
A veoir et cognoistre aussi
Le Dieu d'Amours qu'on prise si.

cfr. Ruteb. II. 199 v. 791. Theatr. fr. 107, 163, 382, 434. Percev. 1711, 2848, 6098. Froiss. I. 120 v. 1138; II. 32 v. 1096; III. 50 v. 1683. Charl. d'Orl. 49, 79, 86, 104.

Selten sind so starke Pausen hinter dem Infinitivsatz wie Froiss. I. 222 v. 360.
Chil et chelles qui s'esbatoient
Au danser, sans gaires atendre
Commenchièrent leurs mains à tendre
*Pour caroler.* Là me souvint
D'un temps passé, ja il avint etc.

Bemerkung: Es ist nicht nothwendig, dass der Infinitiv im Satzanfang steht.

Charl. d'Orl. 404. M'appellez-vous cela jeu
En froit d'aler par pays? cfr. Percev. 4461.

Zwei coordinirte präpositionale Infinitivsätze finden sich zuweilen innerhalb eines Verses, häufiger wohl in langen als kurzen Versen.

Rol. 2255. Des les apostles ne fut unc tel prophete
Pur lei tenir e pur humes atraire. cfr. Rou I. 40 v. 94.

Gewöhnlich trennt die Cäsur beide, cfr. auch Otten; anders:

Venus 186. Ja ne metra on tant ne paine ne trauals
A lauer, a suer ne par froit ne par chaus.

cfr. Rou I. 100 v. 1708, 155 v. 3215, 209 v. 56, 210 v. 103. St Thom. 32 v. 22, 125 v. 2. Froiss. I. 129 v. 1470.

Zwei coord. präp. Infinitivsätze innerhalb eines Versgliedes: St. Thom. 27 v. 24.

à la iustise puis les comende a liurer
à pendre u à ardoir u vis a desmembrer.

In cäsurlosen: Ruteb. II. 11 v. 49.

Barbier, or est li tenz venuz
De mal parler et de mesdire. cfr. Froiss. II. 240 v. 174.

Bemerkung: Formen der Rede gehen dem präp. Infinitivsatz zuweilen voran.

Charl. d'Orl. 375. Qui le vous a commandé,
Soussy, de me mener guerre?

Unter welchen Umständen der präpositionale Infinitivsatz innerhalb des cäsurhaften Verses und innerhalb der einzelnen Versglieder anfängt, hat Otten erörtert; hier einige (enjambirende) Beispiele für den Beginn innerhalb cäsurloser:

Bl. d. Neele 66. Moult me delite a servir
Amor et a moi grever.

cfr. Percev. 4158, 9362. Ruteb. III. 17 v. 114, 272 v. 696, 311 v. 1995. R. d l. Rose 8953. Theatr. fr. 111. Tr. Belg. I. 173 v. 342, 189 v. 180; 206 v. 46. Chr. v. Piza 1810, 3871.

In allen citirten Fällen finden sich Präposition und Infinitiv innerhalb desselben Verses; durch Versschluss sind sie getrennt:

Chr. v. Piza 5621. Si donnoit cuer et hardement
A ses gens de plus fierement
Combatre, quant present estoit.

cfr. Theatr. fr. 270, 592.

Eingehend wird diese Erscheinung bei den Präpositionen erörtert werden.

Bemerkung. Der präpos. Infinitivsatz umschliesst bisweilen den regierenden Satz.

Chr. v. Piza 1826. *Et de moy enseignier s'efforce*
*Les cours des estoiles mouvables*
*Et des estans et des errables.*

Der dem regierenden Satze vorangehende präpos. Infinitiv-satz füllt einen Vers und wird von ersterem durch Versschluss geschieden.

**Aliscans 8096.** Pour Rainouart ounerer et prisier
Ont bouhorde vallet et chevalier.

**Percev. 7505.** De vostre anemi travellier
Ne vos sai-je mieus cousellier.

cfr. Ren. d. Mont. 275 v. 19. Enf. Og. 6860. Barb. I. 96 v. 1.
Theatr. fr. 201, 486. Brakelm. 2 Str. 1; 58 Str. 2. Tr. Belg. I. 39 v. 25;
II. 207 v. 194. Froiss. III. 172 v. 5, 209 v. 2342. Charl. d'Orl. 21, 195.

Enjambirend ist dieser Infinitivsatz
**Froiss. I. 311 v. 3043.**
Pour deffendre et garder les trois
Vertus, ensi qu'ensengne drois,
Ell'a mis Fortune etc.

Nach einer Form der Rede beginnt er:
**Froiss. III. 240 v. 21.**
Mon compaignon, pour abregier
Nostre intencion amiable,
Pas ne nous tenons a bregier.

Nach voraufgehender Conjunction des regierenden Satzes:
**Tr. Belg. II. 258 v. 284.**
Car por sainte glize garder
Fu chevaliers només anchois.
cfr. eb. I. 139 v. 9. Froiss. I. 354 v. 224.

Noch andre zum Vergleich interessante Stellungen des präp. Infinitivsatzes finden sich: Charl. d'Orl. p. 146; St. Thom. 70 v. 18; Froiss. I. 119 v. 1105, II. 37 v. 1243, III. 114 v. 11; R. d. l. Rose 576.

### Gerundium und Participialbestimmung.

Diese werden vom zugehörigen Satze durch Versschluss getrennt und füllen oft selbständig einen Vers.

**Froiss. II. 359 v. 49.**
Si que j'en vifs en joious desirier
En attendant merci la desiree.

**Theatr. fr. 13.** Dunt s'ent alerent dous des serganz
Lances od sei en main portanz.
cfr. Enf. Og. 3048. Herrig Bd. 41 p. 85 v. 14. Theatr. fr. 261, 302, 598.
Froiss. I. 70 v. 869, 98 v. 382, 212 v. 44; II. 43 v. 1452, 64 v. 2194, 86
v. 2902. Charl. d'Orl. 18, 58, 62, 103, 139, 156, 329. Chr. v. Piza 1782.

Mehrere Verse werden gefüllt:

Chants hist. II. 78 Str. 2.

> Ont apporté tous les clefz du pays
> De bourcz, de villes, de chateaulx et dongnons
> En demandant pardon
> Grace et remission
> Au roy des fleurs de lis.

cfr. Chants hist. II. 186. Charl. d'Orl. 21, 82, 97, 109, 205. 286, 313. Froiss. II. 289 v. 146; III. 5 v. 138, 10 v. 293, 251 v. 15. Villon Pet. Test. 3. Christ. v. Piza 5735.

Bis zur Cäsur erstreckt sich das Gerundium resp. die Participialbestimmung, wie es scheint, namentlich häufig, wenn ein verbum dicendi, sentiendi etc. darin enthalten ist, und ein Objectssatz den Rest des Verses einnimmt.

Charl. d'Orl. p. 8.

> Et envoyay vers mon cueur un Penser
> En luy priant qu'il gettast hors le dard.

eb. p. 200.

> M'assault tousjours, mais souvent je me tais
> Moustrant semblant que je ne quier que paiz.

cfr. Froiss. II. 406 XXXVI. Charl. d'Orl. 40, 67, 110.

Auch innerhalb cäsurloser Verse endet das Gerundium:

Froiss. II. 325 v. 36.

> Et mist main à une aloiere
> En disant: „Seigneur, par Saint Piere,

cfr. Froiss. II. 207 v. 424; III. 39 v. 1314 Charl. d'Orl. 49, 86, 100, 111, 188.

Das Gerundium resp. die Participialbestimmung geht auch zuweilen dem zugehörigen Satze voran, und füllt einen oder mehrere Verse.

Venus 200.

> En oiant ses barons, ses princes naturaus
> Calengerai t'amie, car t'es amans loiaus.

Charl. d'Orl. 407.

> En estendant tappiz veluz
> De vert herbe par le pais,
> Les fourriers d'esté sont venuz
> Pour appareillier son logis.

cfr. Charl. d'Orl. 94, 114, 233, 280.

Nur ein Verstheil wird bei dieser Stellung gefüllt:

Theatr. fr. 561.

> En alant un chant de musique
> Gracieuse à voiz angelique
> Vueil que chantez. cfr. Charl. d'Orl. 35.

Umschliessung findet sich:

Herrig Bd. 41 p. 89.

> Chantant la trovai
> Ceste chansonette.

Für andere Stellungen sind noch zu vergleichen:
Froiss. II. 41 v. 4760. R. d. l. Rose 1437. Theatr. fr. 457, 480.

Der Vordersatz (worunter jeder dem Hauptsatze vorangehende Nebensatz zu verstehen ist) wird durch Versschluss vom Nachsatze getrennt.

Der Vordersatz ist ein

### a) Reiner Conjunctionalsatz.

cfr. Percev. 3091.
> Qu'il est preudom, par St. Ricier
> Ice puis-je bien affichier.

Chr. v. Piza 5985.
> Que prince se doie fiable
> Monstrer, privé et agreable
> A ses gens et grans et petis,
> Dit Tulle, el poete soubtilz.

cfr. Ruteb. II. 268 v. 147. Percev. 4804. Froiss. I. 102 v. 540, 350 v. 68. Zahlreiche Belege bei Chr. v. Piza 4449, 4467, 5070, 5095, 5313.

### b) Adverbialer Conjunctionalsatz.

R. d. Mont. 266 v. 27.
> Quant je cuidai avoir tot mon regne aquité
> Dont jurerent ma mort trestot li douze per.

Ch. au lyon 647: Que que il parloient ensi
> Li rois fors de la chambre issi.

cfr. Rol. 896, 1095, 2230. Alisc. 7631. Alix. 184 v. 5. Beuv. d. Comm. 1005. Enf. Og. 1545, 1609, 4658. Barb. II. 153 v. 309. Rou I. 47 v. 278. Ch. au lyon 2000.

Im hypothetischen Satzgefüge findet sich der Bedingungsnebensatz sehr häufig dem Bedingungshauptsatz vorangestellt und von letzterem durch Versschluss geschieden.

Brun d. l. Mont. 2900.
> Et se pour seue amour vostre cors me laissoit
> Mes coers jamais veoir, certes, ne vous vouroit.

Hofm. Past. 20 Str. 4.
> Se de nos un biaul respons
> de vostre boen cuer avoie
> certes plux hardis seroie
> ke nest leupars ne lions.

cfr. Rol. 658. Alix. 539 v. 10. Ruteb. III. 172 v. 10. Rou I. 117 v. 2159, 131 v. 2544, 160 v. 3364. St. Thom. 93 v. 24, 164 v. 26. Theatr. fr. 45, 113, 150, 328, 442. Enf. Og. 7567. Ch. au lyon 999, 2582. Froiss. II. 413. Charl. d'Orl. 44, 51, 415. Villon Gr. Test. Str. 18, 114.

### c) Relativsatz.

Brun d. l. Mont. 1.
> Qui veult aprendre honneur et suivre courtoisie
> Les dames doit loer et l'amoureuse vie.

Froiss. III. 44 v. 1478.
> Quiconques sa face en arose
> Bonne aventure lui advient.

Beuv. d. Comm. 257.
> La ou Sarrazin poignent contre la nostre gent
> Gerars et Guielins vinrent premierement.

cfr. Alix. 154 v. 8. Rol. 1181. Gaydon 7478. Ren. 332 v. 30. Aiol 7491. Brun 38. Aye d'Avign. 2461, 3411, 4107. Enf. Og. 2900. Beuv. 382. Ruteb. I. 7 v. 52, 174 v. 6; 198 v. 123. Brut 15123. Ch. au lyon 169, 693. R. d. l. Rose 19665. R. d. l. Char. 9594.

### d) Indirecter Fragesatz.

Enf. Og. 5077.
> Kels armes ot Auketins li Normans
> Deviserai. n'en vueil estre oublians.

Es ist auffällig, dass der verhältnissmässig selten als Vordersatz erscheinende indirecte Fragesatz noch einige Male in demselben Denkmale in ganz ähnlichen Wendungen als solcher auftritt.

eb. 5023.
> Quels armes ot Charlos, li fiex Charlon
> Deviserai, car ce me samble bon. cfr. eb. 2652.

Percev. 5735.
> Et s'il en out le tort eu
> Ce ne sai-jou, mes mescreu
> Lor en est il, c'est cose certe.

cfr. Charl. d'Orl. 141. Chr. v. Piza 4385.

Der ind. Fragesatz beginnt innerhalb des Verses:

Chr. v. Piza 3814.
> Je croy que non; ne qui il fust
> On ne saroit, se le renom etc.

Dass der Vordersatz sowohl wie der Nachsatz oft mehrere Verse füllen, dass auch der Vordersatz innerhalb des Verses beginnt (in cäsurhaften gewöhnlich in der Cäsur cfr. Berte 289, 567, Rou I. 216 v. 256, St. Thom. 29 v. 9, 31 v. 32, 32 v. 12, 119 v. 11, seltener innerhalb der Versglieder wie Froiss. I. 360 v. 406) ergiebt sich schon aus oben citirten Belegen. Otten weist nach, dass bei cäsurhaften Versen der Nachsatz gewöhnlich in der Cäsur, selten innerhalb des Versgliedes beginnt wie

Enf. Ogier 6615.

>S'à force est prise la porte, on l'ocirra
>Avec les autres dont nus n'eschapera·

Nach enjambirten Satztheilen beginnt er beispielsweise in der Cäsur: Rou I. 72 v. 931; Berte 2230; Froiss. I. 350 v. 81, 361 v. 442; II. 143 v. 4831.

Hier einige Beispiele für das Beginnen des Nachsatzes innerhalb cäsurloser Verse, sei es nach nicht enjambirendem oder enjambirendem Vordersatz.

α) Ch. au lyon 3463.

>Que qu'il manja, devant lui jut
>Ses lyons c'onques ne se mut.

cfr. R. d. l. Rose 2906, 4129. Percev. 1416, 4142. Ch. au lyon 1282. Ruteb. III. 258 v. 244. Theatr. fr. 534. Tr. Belg. II. 266 v. 516. Mätzn. 33 Str. 5. Chr. v. Piza 5786.

β) R. d. l. Rose 20826.

>Et qu'il a ses œuvres preissent
>Exemple de vivre, faisoit
>A son cors quanqu'il li plaist
>Dant Jupiter li renvoisiés.

cfr. Brut 2113. R. d. l. Rose 17021. Percev. 332, 1018, 7418, 9042. Ch. au lyon 5155, 5303. Tr. Belg. II. 212 v. 359. Ruteb. II. 350 v. 1099. Froiss. I. 9 v. 256.

Grösseres Interesse haben für uns die Fälle, in denen der durch Versschluss vom Vordersatz getrennte Nachsatz innerhalb des Verses endet.

### Cäsurhafte.

Gewöhnlich endet er in der Cäsur, und andere zu derselben Satzperiode gehörige Sätze erstrecken sich meistentheils bis Versschluss.

Brakelm. 23 Str. 2.

>et des kelle ot mon cuer laissiet et pris
>li fut avis ke not point de poissance.

Wirkungsvoller werden solche Fälle durch stärkere Pausen in der Cäsur:

Villon 358. Si vous n'avez tousjours bourse desclose

>Vous abusez: car Meung, docteur tres sage
>Nous a descrit que pour cueillir la rose
>Riche amoureux a tousjours l'advantage.

cfr. Chants hist. I. 37. Rou I. 110 v. 1969. Charl. d'Orl. 69. Froiss. I. 386 v. 274.

Ein Hauptsatz als Nachsatz mit einem subordinirten Satze erstreckt sich bis zur Cäsur:

Rou I. 62 v. 667.

> S'il a en vostre terre nul hume cumbatant
> Ki vœille a mei venir, mais que il vait querant
> Otreiez qu'il i viegne. Dist li reis, jel garant.

Auch innerhalb der Versglieder endet der Nachsatz; die sich daran schliessenden Erweiterungen dehnen sich gewöhnlich bis Versschluss aus.

### Im 1. Versgliede.

Berte 3189.

> Qui veist Blancheflor, la dame au cuer entier
> Constance et ses deus filles estaindre et enbracier
> De joie et de pitié à la fois larmoier
> Bien dist que ce fust joie de desirrier.

cfr. Rou I. 90 v. 1451, 99 v. 1660. St. Thom. 34 v. 22.

### Im 2. Versglied.

Enf. Og. 2321.

> Quant Karahues a ces moz escoutés
> Dou roi a pris congié. Lors est tournes
> Devers Ogier, de lui fu aparlés. cfr. Froiss. II. 376 v. 23.

### Cäsurlose.

Endet der Nachsatz innerhalb des Verses, so füllen Erweiterungen auch in dem Falle den Rest desselben.

cfr. Theatr. fr. 293, 413. Percev. 5629. Ch. au lyon 550. Ruteb. II. 174 v. 133. Charl. d'Orl. 278.

Doch auch stärkere Pausen hinter dem Nachsatz kommen vor wie

Froiss. II. 230 v. 351.

> Quel temps qu'il fesist, ploeve ou vent,
> Aler m'i couvenoit. Souvent
> Estoie, je vous di, mouilliés. cfr. Villon p. 311.

**Bemerkungen.** 1. Dadurch, dass der Dichter beide Sätze enjambiren lässt, ist er im Stande, die Bestandtheile des Gegensatzes recht kräftig hervorzuheben, indem er je einen Theil in den Versanfang stellt.

Ruteb. III. 208 v. 454.

> Et pour ce qu'il sueffre l'asprece
> *De l'siecle*, a il grant leece
> *De paradis*, dont je dirai
> En avant quant je reviendrai
> Le grant solas et le deduit.

2. Zwei coordinirte Vordersätze innerhalb eines Verses finden sich häuflg.

Ch. au lyon 182. A quel qu'enui, a quel que paine
Ting cele voie et ce santier. cfr. eb. 1061, 1422.

3. Zwei coord. Nachsätze füllen wohl ebenfalls des öfteren einen Vers, bis zur Cäsur reichen sie:

Rou I. 147 v. 2991.
Quant el sout qu'il ert pris e en prisun giseit
Grant duel out, grant duel fist, kar perdre le cremeit.

4. Zuweilen geht dem Nachsatze eine Form der Rede voran.

Charl. d'Orl. 232. Croy moy, s'a Raison te conseilles
Mon cueur, estouppe tes oreilles.
cfr. Chr. v. Piza 5096. Percev. 4973 nach präpos. Infinitivsatz.

5. Auf die Vordersätze wird im Nachsatze sehr oft durch Pronomina zurückgewiesen.

Ruteb. III. 92 v. 36.
Qui est en droi chemin et il se part de route
Cil resamble la taupe qui ot et ne voit goute.

In gleicher Weise durch *icil:* Ch. au lyon 2737; *ice:* Percev. 3092; *il:* Enf. Og. 21; *ce:* Froiss. I. 5 v. 138.

Im Satzanfang, jedoch innerhalb des Verses, findet sich Wiederholung

Percev. 9266. Que moult vous avés demoré
Avoec nostre oes, ce nos est vis.

cfr. Ruteb. II. 16 v. 29, 198 v. 740; Ill. 228 v. 1172. Froiss. I. 23 v. 741, 139 v. 1790; II. 192 v. 1037; III. 191 v. 1752, 246 v. 3. Charl. d'Orl. 346, 412.

### Durch *le:*

Percev. 4804. Que cis ne vos vaura mais rien
Qui ci gist mors, jel vos plevis. cfr. Chr. v. Piza 4925, 5471.

Hinter der Cäsur in demselben Verse wo sich der Vordersatz findet durch *les:* Enf. Og. 524.

### *li:*

Ruteb. II. 326 v. 419.
Quar celui que Diex prent en cure
Nus ne li puet grever ne nuire.

### *en:*

Froiss. I. 102 v. 540. Et que tu as si bien sceü
A Mercurius bel respondre
Et sa parole au voir expondre
Tu en aures grant guerredon. cfr. Chr. v. Piza 4452.

Bemerkung: Ist der Vordersatz sehr lang, so wird bisweilen die Conjunction wiederholt.

Villon Gr. Test. Str. 55.

*Se* celle que jadis servoye
De si bon cueur et loyaument
Dont tant de maulx et griefz j'avoye
Et sonffroye tant de torment
*Se* dit m'eust, au commencement
Sa voulenté (mais nenny, las!)
J'eusse mis peine, seurement
De moy retraire de ses lacqs.

## B. Trennung der Satztheile.

In der ältesten Epoche der altfranzösischen Litteratur war die paratactische Satzfügung durchaus vorherrschend. Es fehlt aus dem Grunde dort an verwickelten und gekünstelten Satzperioden, welche letztere ohne fortgeschrittene Ausbildung der Hypotaxe natürlich nicht entstehen konnten. Der Vers oder das Versglied umschlossen in der Regel einen Gedanken, der im Satz seinen Ausdruck findet; mit anderen Worten, rhythmische und logische Gliederung harmonierten. Fast regelmässig geschah es im Volksepos, welches ja in längeren Versmassen verfasst wurde. Andrerseits war es natürlich unmöglich, dass ein umfangreicherer Gedanke innerhalb eines einzigen Verses mit geringer Silbenzahl vorgetragen werden konnte. Darum begegnet es auch schon in der ältesten Zeit, dass ein Satz innerhalb eines in kurzem Versmass abgefassten Gedichts sich auf mehrere Verse erstreckt. In der Passion erscheint es schon einmal, dass ein einziger Satz drei ganze Verse füllt:

l. c. Str. 25.   De pan et uin sanctificat
tot sos fidels i saciet
mais q; iudes escharioh.

Der in diesem Denkmale einzig dastehende Fall hat im Laufe der Zeit weitere Verbreitung gefunden. Es ist zu schliessen, dass gerade in Denkmälern der allerkürzesten Versmasse die Sätze die möglichgrösste Verszahl füllen, wie

es auch in der That geschieht. Hier einige Citate. Ein Satz
füllt z. B.

8 Verse: (8 silbig) Charl. d'Orl. p. 200; 7 + 4 silbig Herrig Bd. 38 p. 396 v. 25 ff.
7 „ 8 silbig. Froiss. I. 259 v. 1374; heterometr. Froiss. II. 155 v. 5226.
6 „ heterometr. Froiss. II. 155 v. 5233.
5 „ heterometr. Theatr. fr. 42; 8 silbig eb. 556; 7 silbig Brakelm. 62
Str. 2; heterometr. Froiss. I. 38 v. 1245.
4 „ Theatr. fr. 45; Tr. Belg. 101 v. 37, 165 v. 90; Herrig Bd. 41 p. 84
v. 28; Froiss. I. 316 v. 3230 etc.
3 „ Theatr. fr. 32, 42; Charl. d'Orl. 129; Chr. v. Piza 5904 etc.

Dass ein Satz zwei Verse füllt, findet sich so zahlreich,
dass Belege hier unnöthig sind.

Es ist ferner zu beachten, dass mit der Ausbildung der
Hypotaxe in der Satzfügung der Umfang der Satzperioden
gleichmässig fortschreitet. Schon in der Passion füllt bisweilen eine Satzperiode eine ganze Strophe, also 4 Verse:

l. c. Str. 93. Christus Jesus qui deus es uers
Qui sempre fu et sempre es
ia fos la charns de lui aucise
regnet per o cum anz se feira.

Sehr umfangreiche Perioden baut Froissart. cfr. Froiss.
II. 139 v. 4960 ff. Diese umfasst 26 Verse. Die Reimordnung
ist jedenfalls für den Bau dieser Periode von Einfluss gewesen;
die Verse sind 10- und 4-silbig. Die Periode füllt: Froiss.
III. 55 v. 88 24$\frac{1}{2}$ Verse, verschiedene Klangfiguren finden
sich dort; Froiss. II. 194 v. 1 24 Verse; eb. II. 244 v. 305
22 Verse; eb. I. 64 v. 329 21 Verse; eb. III. 268 v. 2807
20$\frac{1}{2}$ Verse; eb. II. 280 v. 125 (heterometrisch) 20 Verse.
Bei Christine v. Piza Chem. d. l. est. bilden v. 2831—2851;
eb. 3119—3136 je eine Periode. Schon Rutebeuf III. 284
v. 1083 scheut sich nicht, eine 30 Verse lange Periode zu
bauen. Sehr umfangreich ist auch die Beschreibung von
Amours mit verschiedenen Figuren R. d. l. Rose 4529—4576;
eb. 18751 ff. eine Periode von 29 Versen. Von einer Periode
werden ferner umspannt:

17 Verse: Ruteb. II. 270 v. 1; Froiss. I. 268 v. 1689; eb. II. 245 v. 324.
14 „ Theatr. fr. 356.
13 „ Ch. au lyon 693.

12 Verse: Rou I. 81 v. 1194, wohl das einzige beim 12silbigen Verse in der altfranzösischen Litteratur; cfr. Theatr. fr. 150 (6silbig), Scheler Tr. Belg. II. 251 v. 92 (8silbig), Froiss. II. 285 v. 17 heterometr., p. 161 Charl. d'Orl. (10silbig), eb. p. 151 heterometr.

11 „ füllt die Periode Charl. d'Orl. 196 (8silb.); Tr. Belg. I. 173 v. 342; Percev. 7144.

10 „ Ch. au lyon 4052; Tr. Belg. II. 124 v. 41; Charl. d'Orl. p. 60 10silb. Villon p. 148. Ballade 10silb.

9 „ Brakelm 18 Str. 1 10silb., Charl. d'Orl. p. 24 10silb.; Percev. 9804 8silb.; Tr. Belg. II. 262 v. 392 8silb.

8 „ Rou I. 70 v. 884; Brakelm. 17 Str. 1 10silb.; Tr. Belg. I. 93 v. 25 heterometr.; Chr. v. Piza 5081 8silb.; Charl. d'Orl. p. 61, 67, 122, 135, 149, alle 10silb.

7 „ Percev. 3310.

6 „ Rou I. 48 v. 307, 82 v. 1225; Berte 3442; Enf. Og. 7241, 7327, 7623; Brakelm. 55 Str. 4 10silb.; Ch. au lyon v. 1 etc.

5, 4, namentlich 3 und 2 Verse füllt die Satzperiode in der Regel, daher können Belege fehlen.

Erstreckt sich ein Satz oder eine Satzperiode auf mehrere Verse, so gilt auch für die altfranzösische Litteratur hinsichtlich der Stellung der Sätze und Satzglieder innerhalb des Verses dasjenige als Norm, was schon Gröbedinkel bei der Untersuchung des Versbaues bei Desportes und Malherbe constatirt hat. Es heisst dort Französische Studien I. 1. Heft p. 70: 2. Erstreckt sich ein Satz oder eine Satzperiode auf mehrere Verse, so müssen, um neben der rhythmischen Gliederung zugleich eine logische zu erlangen, die einzelnen Satzglieder, Subject, Prädicat, Object, adverbielle Bestimmungen, Apposition, Attribut u. s. w., ferner Relativsätze, eingeschobene Sätze, Infinitiv- und Participialsätze entweder allein einen Vers einnehmen, oder wenn mehrere derselben in einem Verse auftreten, so geordnet sein, dass die einen Vers bildenden Satzglieder unter sich näher verwandt sind, als mit irgend einem Satzgliede, welches sich in unmittelbarer Nähe im vorhergehenden oder folgenden Verse findet." Hier einige Beispiele:

Amis et Amiles 2198.

| | |
|---|---|
| Li rois meisnez qui France a à baillier | Subject + Relativsatz. |
| M'i ot doné Labias a moillier | Prädicat + Object + prädicative |
| Ceste meschine au gent cors afaitie | Apposition.   [Bestimmung. |

Barb. I. 134 v. 206.

Que jamais n'aroient conté ⎫ Prädicat.
Trestoutes les langues qui font ⎬ Object + Relativsatz.
Le grant biauté que eles ont ⎭ Object + Relativsatz.

Ch. au lyon 655.

Et la reine maintenant ⎫ Subject.
Les noveles Cologrenant ⎬ Object und Genitivverhältniss.
Li raconta tot mot a mot. ⎭ Prädicat + Umstandsbestimmung.

Aliscans 8119.

A ces paroles, sans plus de delaier ⎫ Umstandsbestimmungen.
Descent Baudus del bon corant destrier ⎬ Verb + Subject + Umstandsbe-
Jusque au perron par desous l'olivier. ⎭ Umstandsbestimmg. [stimmung.

Brakelm. 34 Str. 1.

bien me deuroit otroier ⎫ Verb.
de ma dame I doulz baixier ⎭ Genitivverhältniss + Object.

Am. et Amil. 3181.

Tuit cil premier chantent a grant criee ⎫ Subject + Prädicat + Umstandsbest.
Le chant des mors a mult grant alenee ⎭ Obj.+ Genitivverhältn.+Umstandsb.

Percev. 9869.

Tantos jusqu'à la rive maine ⎫ Umstandsbestimmung + Verb ⎧ seltene
Mesire Gauwains son ceval. ⎭ Subject + Object ⎩ Stellung.

Aus diesen Beispielen erhellt, dass die innerhalb eines
Verses stehenden Satzglieder enger unter einander verwandt
sind, als zu den in der Umgebung stehenden Satzgliedern.
Ferner geht daraus, wie auch aus dem oben aus der Passion
citirten Beispiele hervor, dass man sich schon in der ältesten
Zeit der französischen Dichtung nicht scheute, den Versschluss
in den Satz einschneiden zu lassen. In welchem Masse diese
Freiheit, von welcher die ältesten französischen Dichter nur
spärlich Gebrauch machten, in den späteren Perioden immer
grösseren Umfang gewonnen hat, mögen Procentsätze beweisen.
Bezüglich der Berechnung derselben sei noch zuvor bemerkt,
dass nach den von Reissert l. c. p. 6 vorgeschlagenen Grund-
sätzen verfahren ist. Es heisst dort: „Zwei einander bei-
geordnete Sätze werden als selbständige Satzganze von uns
dann aufgefasst, wenn ihre Prädicate verschiedenen Modus
haben, wenn das Subject verschieden ist, wenn das gleiche
Subject wiederholt ist, wenn sie nicht durch copulative oder
disjunctive Conjunctionen verbunden sind, es sei denn, dass

7*

beide Sätze einen Bestandtheil gemeinsam haben." Stellen
wie Passion 59—60, 325—6, 395—6, 459—60, 493—4, 495—6
geben zu einem Verfahren nach bestimmten Principien Veranlassung.

Es schneiden in ein Satzganzes ein von den Versschlüssen
bei dem

### 8 silbigen Verse:
### (nach 500 Versen berechnet)
### in

| Passion (ganz) | Ch. au lyon | Chr. v. Piza (Chem. d. l. est.) v. 253—753. |
|---|---|---|
| 14,7 % | 31,4 % | 40,2 % |

### 10 silbigen Verse:

| Alexius (Hs. L 621 V.) | Enf. Ogier | Froissart I. p. 53 ff. (Li orloge amoureux) |
|---|---|---|
| 15,7 % | 23 % | 41,6 % |

### 12 silbigen Verse:

| Ren. d. Montauban | Berte |
|---|---|
| 13,8 % | 15 % |

Nach Herting „Der Versbau Etienne Jodelle's" p. 145
geradezu unerträglich zahlreich in der Didon, er verweist auf
Marty-Laveaux' Ausgabe Bd. I. p. 158; Aehnliches begegne
p. 179, 203, 214, 223.

### Satzglieder in regelmässiger Stellung.

In der ganzen Periode der altfranzösischen Poesie macht
sich das Bestreben geltend, falls ein Satz sich auf mehrere
Verse erstreckt, das Subject desselben (bei langen Versen
häufig aus mehreren coordinirten Gliedern bestehend) mit
seinen Erweiterungen, hinzutretenden Formen der Rede resp.
Füllwendungen aller Art, durch Versschluss von den übrigen
Satzgliedern abzusondern.

Das Subject steht im Satzanfang vor Versschluss.
### Cäsurhafte Verse.
Der Satz beginnt mit Versanfang.

Alixandre 375 v. 34.
> Et LX^m homes hardis et combatant
> S'en iscirent des trees, tout de soulel coucant.

Aye d'Avign 2252.
> Entre Hernaut de Gironde et Gautier d'Avalon
> Firent une proesce qu'ainz tel ne vit nus hons.

Aiol 365. Ors, lion et lupart, sengler, serpent
    Deuant lui se coucoient en chemin grant.
Berte 1379.
    Les deus filles Constance, ne vous en mentirai,
    Sorent d'or et de soie ouvrer car bien le sai.
Gaydon 10606.
    Guis d'Autefoille, cui Dex puist mal donner,
    A fait Carlon sor I cheval monter.
    cfr. Rol. 16, 460, 547, 560. Gaydon 2231, 4760, 5158. Alisc. 2504,
5873, 7398. Floovant 512, 1473, 1959. Otinel 1442, 1933. G. d. Nant.
1971, 2559. Aye d'Avign. 2164, 2268, 3578, 3990. Aiol 363, 385, 1002,
2864. Elie 665, 785, 1710. Am. et Amil. 9, 24, 2295. Ren. d. Mont. 14
v. 15, 202 v. 30, 323 v. 26. Alix. 24 v. 13, 118 v. 4. Berte 779, 1552, 3242.
Enf. Og. 271, 2060, 2658. Froiss. I. 65 v. 436; II. 355 v. 3, 388 v. 19 etc.

Der Satz beginnt unmittelbar hinter der Cäsur.
    Alix. 232 v. 18.
    Mais Daires ne set mie qu'Alixandres li rois
    Mousterra tel parole as messages ancois.
Jourd. d. Bl. 903.
    Pere, dist il, Fromons li losengiers
    M'a tant batu d'un tronson d'un espie.
Enf. Og. 3234.
    Si vous dirai com Turc et Arrabi
    Pour Karahuel sont en Rome abaubi.
Aiol 500. Dame, ce dist Aiols, dex li savere
    Qui fist et ciel et tere et mer betee
    Garisse moi et nous et mon chier pere.
    cfr. Venus 247. Rol. 2755. G. d. Bourg. 3429. Otinel 1530. Alix.
74 v. 3, 186 v. 5, 208 v. 11. Aye d'Avig. 888 Brun 1952, 3603. Gaydon
2003, 6087. Aiol 2180, 7318. Ren. d. Mont. 195 v. 30. Berte 1946, 3406.
Beuv. d. Comm. 2786, 3591. Enf. Og. 1335, 3211, 7385. Froiss. II. 146
v. 4921; III. 229 v. 10.

Selten beginnen Sätze (ausser Relativ- und Conjunctional-
sätzen), und daher auch das an der Spitze der Sätze stehende
Subject, innerhalb der Versglieder.
Im 1. Versglied.
    St. Thom. 124 v. 8.
    Sire, fait il, la pape qui m'a enueie ca,
    Cum avez deserui, par mei uns salua.
Enf. Og. 6051.
    Je croy que Diex, nos peres Jesu-Cris,
    Estoit moult liez k'en tel point orent mis.
    cfr. Aiol 479. Berte 1782. Beuv. d. Comm. 563. St. Thom. 83 v. 26.
Froiss. II. 359 v. 1.

## Im 2. Versgliede.

Brun 3229.

> Et je t'ai en couvent, s'il est tex, que mes frains
> Ert celle part tornes ainz qu'il veigne demains.

Jourd. d. Bl. 3403.

> Biaus sire dex, dient il, qnel damaige
> De tel pucelle qui tant est bele et saige.

cfr. Elie 405. Brun 2307, 3231, 3909. Tr. Belg. I. 106 v. 27. Froiss. III. 167 v. 20.

**Bemerkung.** Adnominale Bestimmungen und Erweiterungen beginnen der Regel nach in der Cäsur, doch auch früh schon finden sich Ausnahmen.

α) Alix. 183 v. 6.

> Ferraus qui fu noris au rice pasturage
> Revint asses plus tos d'un esprivier ramage.

Jourd. d. Bl. 2901.

> Cil rois qui ot Renier en prison mis
> Ot une guerre dont moult avoit le pris.

β) Am. et Amil. 2997.

> Car mes compains Amis qui moult m'ama
> Dou sanc de voz li siens cors garistra.

ad α cfr.: Gaydon 8392, 9055; Alix. 4 v. 8, 7 v. 31, 332 v. 35; Brun 955, 973, 1639, 2522, 3566; Aiol 2334; Rou I. 47 v. 266; Berte 1269, 2248; Beuv. d. Comm. 536, 1452; Enf. Og. 190. ad β: Enf. Og. 5117; Froiss. II. 143 v. 4826.

## Cäsurlose Verse.

**Der Satz beginnt mit Versanfang.**

Tr. Belg. I. 121 v. 27. Menteor

> Vivront a dolor.

Ruteb. III. 267 v. 515.

> Que joine et vieil, petit et grant
> De ton servir soient engrant.

R. d. l. Rose 466. Car povre chose, ou qu'ele soit

> Est ades boutee et despite.

R. d. l. Char. 888. La dameisele que o li

> Li chevaliers amenee ot
> Les menaces antant et ot.

cfr. Brut 4663, 12060, 13681. Barb. I. 2 v. 30, 88 v. 53; II. 277 v. 29. Bartsch I. 18, 1, eb. 51, 23. Wackern. 15, 3. Brakelm. 40, 1; 46, 3; 81, 1. Percev. 1578, 1629, 2042, 2137, 2878, 6361, 10410. Ch. au lyon 2348, 2740, 5901. R. d. l. Rose 4329, 9539, 12089, 18309. Ruteb. I. 123 v. 10; II. 20 v. 89; III. 265 v. 125. Tr. Belg. I. 81 v. 1; II. 41 v. 8 Froiss. I. 55 v. 88; II 109 v. 3696; III. 12 v. 348. Villon G. T. Str. 27. Chr. v. Piza 1029, 1641, 3027. Charl. d'Orl. p. 52, 90, 191, 289, 327.

Der Satz beginnt innerhalb des Verses.

Brut 11277.    Ne quit pas que no ancissor
            Treu rendissent ains as lor.

Theatr. fr. p. 255
            Dame, alons seoir: trop jeuner
            N'est mie bon.

Villon Gr. Test. Str. 62.
            Qu'est-ce à dire? Quoy? Jehanneton
            Plus ne me tjent por valeton.

cfr. Barb. I. 275 v. 98, 301 v. 171; II. 176 v. 22, 250 v. 1. Ch. au lyon
1676, 1824, 6340. Percev. 4345. Ruteb. II. 73 v. 234; III. 266 v. 498.
Tr. Belg. I. 132 v. 3; II. 124 v. 36, 135 v. 26. Theatr. fr. 129, 152, 377.
Froiss. I. 8 v. 240, 351 v. 125; II. 84 v. 2813; III. 140 v. 1436. Chr.
v. Piza 430, 1469, 1816, 3623, 5559. Charl. d'Orl. 34, 102.

Bemerkung. Früh begegnen neben dem Subjecte auch
andere Redetheile innerhalb desselben Verses; zunächst
wohl Umstandsbestimmungen; cfr. auch Otten's Beobachtung
betreff. das Verhalten des Subjects innerhalb des ersten
Versgliedes.

Passion v. 65.    Li toi caitin per totas genz
            Menad en eren a tormenz.

cfr. eb. v. 27, 105, 345, 417; ferner Brun 2414, Aiol 697, Gaydon 6701,
Enf. Og. 3435, Berte 2442, T. Belg. I. 105 v. 3, Froiss. II. 353 v. 59.

Am seltensten tritt wohl das Object mit dem Subject innerhalb desselben Verses auf.

Enf. Og. 3988.    Rois Brunamons I coup pesant et fier
            Li a donné sor le hiaume a or mier.

Percev. 2344.    Mais li varles sa viesteure
            Ne volt laissier, que ne preist
            Por quank' Yones li deist etc.

cfr. Alix. 141 v. 34; Brun. d. l. Mont. 2642; Brut 12874, Percev. 7378;
Ch. au lyon 3229; Chr. v. Piza 3804; etwas abweichend Rose 4286.

Bemerkung. Pronomina und Zahlwörter nehmen in
allen Fällen eine Sonderstellung ein. Ist das Subject ein
Pronomen oder Zahlwort, so füllt es selten allein einen ganzen
Vers; gewisse Pronomina stehen ausserdem wegen ihres pro-
clitischen Verhaltens nur ausnahmsweise unmittelbar vor
Versschluss.

Cäsurhafte.

Charl. d'Orl. p. 15.
            Se moy qui sui vostre grace attendant
            Viens devers vous pour mon fait raconter.

Aiol 2286.  Ains sui seur Loeys qui cest rene
Et toute ceste tere a a garder.
cfr. Aiol 1683. St. Thom. 83 v. 3. Enf. Og. 1279. Rou I. 161 v. 3384,
195 v. 4340. Brakelm. 42 Str. 4. Froiss. II. 354 v. 45; III. 233 v. 21.

## Cäsurlose.

Chants hist. I. 171.
Il et elle, lez a lez
Le tiengnent de compaignie.
Froiss. III. 70 v. 589.
„Ce fais mon", dist Amours, „tu as
A la fois pour un six un as.
cfr. Theatr. fr. 224, 275, 440. Chants hist. II. 566. Mätzner 26 v. 96.
Tr. Belg. 104 v. 53, 194 v. 370, 122 v. 270; II. 11 v. 5, 28 v. 13, 162 v.
10, 197 v. 610. Rose 193, 451, 1298. Percev. 2415, 6658, 6944. Froiss.
II. 317 v. 17, 295 v. 142, 279 v. 92; III. 1 v. 9, 5 v. 30. Villon Gr.
Test. Str. 42, 72. Chr. v. Piza 352, 909, 2062, 3078, 5762.

Zuweilen trifft man indess auch proclitische Pronomina,
die das Subject des Satzes bilden, unmittelbar vor Versschluss:

Theatr. fr. 667. Si est son fils naturel, qui
De la Vierge homme et Dieu nasqui.
Tr. Belg. II. 180 v. 93.
Levai matin et pris congié
Et me mis au chemin com gie
Avoie fet le jor devant.

Zu dem hier über das Pronomen als Subject Gesagten
ist das Capitel „Pronomina" zu vergleichen.

Das Subject ist ein Zahlwort:

Froiss. II. 47 v. 1606.
La septieme selonc son us
Appellee estoit Saturnus.
Ruteb. III. 353 v. 150.
III et III et puis X arriere
Refont XVI en la lor maniere.
Chr. v. Piza 2189.
Eclipses de souleil et lune
Je vi merveilleuses, dont l'une
Pronostiquera maint meschief.
cfr. Percev. 9611. Theatr. fr. p. 63, 389, 466. Froiss. I. 40 v. 1340;
II. 167 v. 175, 231 v. 383, 312 v. 3; III. 151 v. 15, 253 v. 5. Chr. v.
Piza 3606.

Bemerkung.  Oft, namentlich in älterer Zeit, häufiger
in langen als kurzen Versmassen, wird das durch Versschluss

von den andern Satzgliedern abgetrennte Subject im nächsten Verse (gewöhnlich im Versanfang) durch ein entsprechendes Pronomen wiederholt.

### In cäsurhaften Versen durch:

*Il:* Rol. 2178; Alix. 155 v. 28; G. d. Bourg. 1872, 3289; Aye d'Avignon 897, 3294; Alisc. 3625, 3679, 8299; Gaydon 658, 1242, 1402, 4329, 6545, 7989, 8884, 9561; Ren. d. Mont. 24 v. 15, 37 v. 11, 105 v. 17; Aiol 1071, 10489; Elie 1744; Brun 448, 2201; Chants hist. II. 318; Bartsch I. 9 v. 19; Berte 1331; Froiss. I. 80 v. 951, II. 423 XCIV. *Ele:* Venus 188; Jourd. d Bl. 2314; Alix. 2 v. 19. *Vos:* Ren. d. Mont. 26 v. 35. *Ichil:* G. d. Nant. 676, 1381. *Cil:* Aye d'Avign. 1808: Alisc. 3521; G. d. Nant. 2581; Gaydon 179, 2878; Aiol 2288: Amis et Amil. 3497; Elie 1075; Alix. 417 v. 22, 446 v. 37, 549 v. 24, 550 v. 5; Ren. d. Mont. 1 v. 14, 45 v. 38, 89 v. 27, 152 v. 18, 238 v. 19, 250 v. 28; Ruteb. II. 46 v. 31; Beuv. d. Comm. 1262. *Cele:* Alix. 290 v. 22. *Ico:* Theatr. fr. p. 18. *Co (Ce Che):* G. d. Bourg. 826; Ren. d. Mont. 113 v. 2; Alix. 61 v. 2, 77 v. 24, 218 v. 9, 507 v. 1 eb. v. 3; Venus 187; Aiol 398, 403, 409, 422; Ruteb. II. 245 v. 273; Beuv. d. Comm. 253; Enf. Og. 247, 5282; tout che Mätzner XXIII. 1. *Chascuns:* Brun 2579; St. Thom. 61 v. 6; Alix. 290 v. 20, 345 v. 4, 443 v. 34. *Chascune:* G. d. Bourg. 2550. *Tels:* Froiss. II. 356 v. 31. *Tout:* G. d. Bourg. 2119; Ren. d. Mont. 111 v. 31; Alix. 368 v. 33.

### In cäsurlosen durch:

*Il:* Froiss. II. 217 v. 24; Chants hist. II. 199; Chr. v. Pizn 4427. *Elle:* Froiss. II. 164 v. 55, 213 v. 129. *Nous:* Froiss. I. 194 v. 3638, 295 v. 2520. *Cil:* Tr. Belg. II. 162 v. 12; Mätzner XLII. 64. *Celle:* Froiss. I. 56 v. 100. *Che:* Percev. 353; Barb. I. 6 v. 170; Rose 2731, 4613; Ruteb. I. 10 v. 115, III. 209 v. 492, 215 v. 716, 216 v. 730, 271 v. 638; Tr. Belg. II. 217 v. 487, 225 v. 717; Froiss. II. 21 v. 694, III. 65 v. 431; Chr. v. Pizn 5830. *Cascuns:* Tr. Belg. I. 107 v. 12; Froiss. I. 301 v. 2709.

Ganz gewöhnlich wird ja in directen Fragesätzen das vorangestellte Subject durch ein Pronomen wiederholt.

Villon Gr. Test. p. 67.

> Lancelot, le roy de Behaigne
> Ou est-il? Ou est son toyon? cfr. Chants hist. II. 422.

Häufig wird durch die Conjunction *si* (gewöhnlich im Versanfang auftretend) der Satz wieder aufgenommen, falls das Subject durch Versschluss abgetrennt ist. cfr. Diez „Grammatik" III[4] p. 405 Anmerkung.

Roland 2813.

> Li amiralz qui trestuz les esmut
> Si 'n apelat Gemalfin un sun drut.

cfr. Brun 2460, 3252. Alix. 486 v. 5. Ren. d. Mont. 30 v. 14, 47

v. 28, 161 v. 30, 228 v. 1. Am. et Amil. 323. Rose 137. Ruteb. I. 137
v. 194: III. 150 v. 80.

**Bemerkungen.** 1. **Formen der Rede stellen sich oft vor das Subject.**

Ruteb. I. 173 v. 45.

> Gentilz cuens de Poitiers, Diex et sa douce mere
> Vous doint saint Paradys et la grant joie clere.

cfr. Am. et Amil. 1439. Gaydon 8886. Ren. d Mont. 11 v. 34, 31 v. 8. Alix. 519 v. 30. Brakelm. 65 Str. 4. Froiss. I. 57 v. 128, 60 v. 256. Tr. Belg. I. 60 v. 1. Percev. 3346. Rose 3104 etc.

2. **Das Subject wird bisweilen aus dem zugehörigen Satze herausgestellt.**

Theatr. fr. 178. Tous mes tresors, canques j'en ai

> . Voeil que il soient descouvert.

3. **Auch das logische Subject wird häufig durch Versschluss von den übrigen Satzgliedern geschieden.**

α) Chants hist. II. 386.

> Car de bled, de vin et de farine
> Y en avoit suffisamment. .

β) Tr. Belg. I. 185 v. 64.

> Et ke loing s'estent. Là clamur
> N'ot nesune, car tot se teurent, '

cfr. ad α: Percev. 6290; Ruteb. II. 283 v. 556, III. 201 v. 201, 221 v. 914, 221 v. 928; Tr. Belg. I. 255 v. 382, II. 192 v. 431, 207 v. 202, 232 v. 915, 249 v. 25; Froiss. I. 117 v. 1036; Chr. v. Piza 2401, 3447. ad β: Theatr. fr. 338; Froiss. II. 296 v. 160; Chr. v. Piza 3373, 4673, 5003.

**Das Subject steht hinter Versschluss.**

Auch in diesem Falle füllt sehr oft das Subject den Vers ganz. Bei längeren Versmassen besteht es in der Regel aus mehreren coordinirten Theilen, oder es stellen sich zu dem Subject, welches sich bis zur Cäsur oder bis innerhalb der Versglieder erstreckt, Erweiterungen, welche sich bis an das Versende ausdehnen.

Das Subject allein füllt den ganzen Vers.
**Cäsurhafte.**

Otinel 368.    Uns esperons li a chaucé isnel
> La damoisele Rossete de Ruissel.

Aye d'Avign. 3204.

> La dame a bien oï que par le palais dient
> Et li un et li autre et le povre et le riche.

cfr. Floov. 547, 2270. Aye d'Avign. 436. Jourd. d. Bl. 2800, 3392. Alisc. 8152. Alix. 130 v. 13. Gaydon 4034, 5801, 9331. Ren. d. Mont.

210 v. 28, 401 v. 12. Rou 132 v. 2559. Aiol 1267, 2417, 2490, 10549. Elie 1117. Enf. Og. 1123, 2098, 2223, 3491 etc.

Das Subject reicht bis zur Cäsur, Erweiterungen füllen den Rest des Verses.

Aliscans 412.   Mais ke plus fiert tant plus li va croisant
Icele gens ki aoure Tervagant.

Berte 2098.   Maleoit gre Tybert li a fait l'uis ouvrir
Une joene pucele que Diex puist beneir.

cfr. G. d. Bourg. 1523. Aye d'Avign. 3983. G. d. Nant. 1528. Gaydon 4991, 5277, 10818. Otinel 326. Aiol 351, 9735, 10843. Ren. d. Mont. 92 v. 36, 134 v. 38. Brun 1979, 2265. Alisc. 175, 2761. Jourd. d. Bl. 674, 4023. Beuv. d. Comm. 842, 3150. Berte 1326. Froiss. I. 65 v. 423, III. 100 v. 33.

Das Subject endet im ersten Versgliede, die Erweiterungen erstrecken sich gewöhnlich bis Versschluss. Ziemlich selten ist diese Erscheinung im echten Volksepos.

Jourd. d. Bl. 3972.
  Et d'autre part se radoube en la pree
Reniers qui oit le cri et la huiee.

Rou I. 213 v. 162.
  De co dit l'um encore: de Constantin isai
La lance ki le rei ki tint France abati.

cfr. Jourd. d. Bl. 3728. Aiol 10682. Alix. 346 v. 15, 413 v. 2, 475 v. 16, 534 v. 12. Rutcb. II. 251 v. 393, III 315 v. 31. Beuv. d. Comm. 2502, 2754, 3287, 3944. Berte 913. Enf. Og. 442, 2008, 3322, 3412 etc. Brakelm. 77 Str. 1, 78 Str. 4, 79 Str. 5. Froiss. I. 57 v. 140, 101 v. 497, III. 232 v. 29.

Ist diese Erweiterung enjambirend, so endet sie auch zuweilen in der Cäsur.

Froiss. III. 103 v. 31.
  Quant nous avons parle d'ames tous deux
Un petit plus, et nous avons repris
Nostre propos amoureux, dont repris
Ne soions, ains nous en veuille garder
Amours, par qui une demande a per
Je vous feray. Respondez en a my
Response, qui face a recommander etc.

Aeusserst selten aber endet sie in dem Falle innerhalb des Versgliedes wie:

Froiss. II. 358 v. 26.
  Dont fait refus ouvrer de son mestier
Sens et Cremour qui ont a conseillier

> Dame.  Adont est si close li entree
> D'otroi . . . . .

Schon früh jedoch finden sich auch andre Redetheile mit dem Subject in demselben Verse vereint.

Gaydon 5226.　Sont oublié, car trop volentiers prent
> La mors as pers et au conte Rollant.

G. d. Bourg. 1887.
> Sire dist I paiens, li a le chief tranchie
> Par Mahommet, biax sire, I de ces mesagiers.

cfr. Brun 3539. Alisc. 2935. Gayd. 728, 9608. Enf. Og. 122, 377, 2914. Berte 3204. Froiss. I. 59 v. 211, II. 144 v. 4870, III. 230 v. 5. Charl. d'Orl. 148.

Selten treten hinter dem Subjecte in der Cäsur sehr starke Gedankenpausen ein:

Enf. Og. 3419.
> . Liquels est Namles a cui Baiviere apent?
> A vous m'envoie et a lui ensement
> Ogiers ses niez." Et quant Namles l'entent
> Le messagier errant par la main prent etc.

cfr. Enf. Og. 1574, 5491, 7047. Berte 687. Auch Gaydon 4120. Alix. 529 v. 33. Berte 3220. Froiss. I. 68 v. 532.

## Cäsurlose Verse.

Das Subject allein füllt den Vers.

Brut 4965.　Chevalier l'avoit fait a Rome
> Augustus Cesar l'emperere.

Villon Gr Test. Str. 173.
> Trop plus mal me font qu'oncques mais
> Panil, cheveulx, barbe, sourcilz.

cfr. Theatr. fr. 17, 164, 286, 293. Brut 376, 3712. R. d. l. Rose 78, 339, 4337. Ch. au lyon 15, 39, 224, 2604. R. d. l. Char. 736, 4222. Percev. 26, 1167, 1278, 3569. Ruteb. I. 35 v. 83, 47 v. 35, 95 v. 47. Tr. Belg. I. 96 v. 26, 163 v. 24, 190 v. 238. Froiss. I. 199 v. 1123, 154 v. 2297. Chr. v. Piza 2177, 3411.

Das Subject endet innerhalb des Verses, es treten Erweiterungen oder Füllwendungen hinzu.

Tr. Belg. II. 262 v. 401.
> Si samble par droite raison
> Le chien qui gist lez le mulon.

Ruteb. III. 258 v. 248.
> Ja si ne se saura gaitier
> Vos euesques, ce sachiez bien.

Rose 1000. Moult par lor estoit convenables
Li uns des arcs qui fu hideus
Et plains de neus et eschardeus.
cfr. Brut 3665, 14171. Theatr. fr, 227, 289, 316. R. d. l. Rose 4770,
5077. Percev. 2148, 2404, 3230. R. d. l. Char. 557, 1484, 6437. Ch. au
lyon 245, 1032, 1300. Barb. I. 4 v. 81, 61 v. 2, 264 v. 20. Tr. Belg. I.
82 v. 28, 185 v. 84. II. 44 v. 32. Ruteb. I. 38 v. 14, II. 343 v. 901.
Froiss. I. 39 v. 1303, II. 36 v. 1226 etc.

Nie jedoch haben sich die altfranzösischen Dichter gescheut, auch andere, nicht zur Erweiterung dienende Satzglieder oder neue Sätze resp. deren Theile neben dem Subject
in demselben Verse auftreten zu lassen.

α) Passion v. 273. En huna fet huna vertet
tuit soi fidel deuent ester.
cfr. Brut 3003, 4213, 4457. R. d. l. Rose 208, 478, 4944. Tr. Belg.
I. 69 v. 33, II. 51 v. 23. Percev. 941, 5138. Ch. au lyon 860, 1364.
Ruteb. I. 109 v. 46. Brakelm. 60 Str. 2. Bartsch II. 101 v. 10. Froiss.
I. 6 v. 165, II. 61 v. 2068, III. 159 v. 138.

β) Rom. d. l. Char. 5089.
Tuit dient que traïz les a
Li nains; et si lor an pesa.
R. d. l. Rose 1639.
Maint vaillant homme a mis a glaive
Cis mireors; car li plus saive
Li plux preus li miex afetié
I sunt tost pris et aguetié.
cfr. Barb. I. 82 v. 202. Ruteb. I. 80 v. 84, III. 159 v. 131. Rose
6512, 9850. Ch. au lyon 862, 1233, 2132. Percev. 1337, 2785. R. d. l.
Char. 401, 2167. Tr. Belg. I. 189 v. 179. Theatr. fr. 390, 402. Froiss.
I. 26 v. 873, II. 153 v. 5174, III. 69 v. 537.

Höchst selten finden sich hinter dem Subject innerhalb
des Verses so starke Pausen wie
Froiss. III. 117 v. 10.
„Oil bien, se partout estoit
Loyauté. On treuve en l'ystoire
Que, quant uns nobles homs amoit,
Il en avoit plus de victoire; etc.
cfr. Scheler II. 262 v. 409, 265 v. 502.

Pronomina und Zahlwörter als Subjecte werden ebenfalls
durch Versschluss oft abgetrennt.

α) Froiss. I. 214 v. 101.
La li moustrerent grant servisce
Li sien, dont ne furent pas nice.

Percev. 9560. De ma dame partir ne puet
        Nus ki desconsellies s'en aut.
cfr. dazu den Abschnitt „Pronomina."
β) Ch. au lyon 6183.
        Totes ces paroles oirent
        Li dui qui des cors s'antranpirent.
cfr. Barb. I. 467 v. 27, II. 338 v. 395. Brun d. l. Mont. 3157.
Theatr. fr. 235, 315, 491. Ch. au lyon 6352. Tr. Belg. I. 163 v. 39,
II. 123 v. 7, 182 v. 166. Froiss. II. 165 v. 97.

**Bemerkung.** Das logische Subject füllt mit den Erweiterungen oft einen oder mehrere ganze Verse.

Brut 3228.     Tostans i avoit de lor gent
              Dous legions ou trois ou quatre.
Gaydon 1307.   Enz el poing d'or auoit ensaielé
              Bonnes reliques dou cors Saint Honoré
              Dou bras saint Jorge qui moult fait a loer
              Et des chevox Nostre Dame a plenté.
cfr. Ruteb. II. 172 v. 62, 201 v. 826. Alisc. 2324. Brun 2408. Enf.
Og. 5028, 7898. R. d. l. Rose 554. Ch. au lyon 309, 2951. R. d. l.
Char. 4010. Percev. 5384, 5712, 7421. Theatr. fr. 73. Tr. Belg. I. 163
v. 41, II. 256 v. 229. Brakelm. 79 Str. 3. Froiss. I. 78 v. 871. Chr.
v. Piza 1070, 3134. Villon p. 275.

Logische Subjecte mit anderen Redetheilen oder neuen Sätzen resp. deren Theilen innerhalb desselben Verses.

R. d. l. Char. 1852.
        Et cil respont qu'il i avoit
        Uns cemetiere. Et cil li dist, etc.
cfr. R. d. l. Rose 1, 12327. Percev. 2034, 2527. Ch. au lyon 3772,
6364. Ruteb. III. 135 v. 128. Blondel p. 6. Theatr. fr. 277, 603. — In
cäsurhaften cfr. Alix. 525 v. 11. G. d. Bourg. 81. Jourd. d. Bl. 1561.
Rou I. 103 v. 1777. Venus 248, 252. Enf. Og. 3759, 4540, 5824.

## Das nähere Object steht hinter Versschluss.

Das nähere Object wird bei regelmässiger Wortstellung neben den Umstandsbestimmungen am häufigsten durch Versschluss von den übrigen Satzgliedern abgetrennt, weil es ja in der Regel ausser etwa ihm noch folgenden adverbialen Bestimmungen die letzte Stelle im Satze inne hat. Es füllt oft, sei es allein, mit Erweiterungen oder doch in engem Zusammenhang mit ihm stehenden Sätzen einen ganzen Vers. Wenn es bei langen Massen den Vers ohne Erweiterung ganz füllt, so besteht es gewöhnlich aus mehreren coordinirten Theilen.

Brun d. l. Mont. 1266.
>Et si auoit chascune en son chief d'or luisant
>I cercle gracieux, merveilleus et pessant.

Froiss. I. 60 v. 243.
>Et heent par leur nature envieuse
>Toute personne honnourable et joieuse.

Alix. 2216.
>Ernaus le baise et sovent et menu
>Les iex, la face, et le col et le bu.

cfr. Rol. 28, 855. Alix. 56 v. 16, 372 v. 30, 400 v. 27, 511 v. 26. Gaydon 3412, 3871, 4022, 4736, 10822. Alisc. 3559, 6605. Aye d'Avign. 3161. Ren. d. Mont. 40 v. 25, 108 v. 4 G. d. Nant. 111. Elie 696. Am. et Amil. 468. Aiol 443, 2662, 4250. Jourd. d. Bl. 358, 1242. Berte 10, 2886. Charl. d'Orl. p. 8.

Das Object erstreckt sich bis zur Cäsur; es folgen Erweiterungen, welche an einer der natürlichen Pausenstellen enden. Es ist dies eine schon in den Chansons de geste ziemlich gewöhnliche Erscheinung.

Floovant 1096.
>Son cheval li ameinent qui pas mengié n'avoit
>S'avoine ne son foin qu'aporte li avoit.

Enf. Og. 3490.
>Lors li conta deuant tous en oiant
>La trayson que sus li va metant
>Rois Brunamons, li sires d'Abilant.

Ren. d. Mont. 383 v. 22.
>Or doint Jhesus de gloire qui a mort fu ravi
>Sains et sauf repairier que n'i soions honi.

cfr. Aiol 601. Rol. 2529. Gayd. 5540, 5923, 10502. Ren. d. Mont. 34 v. 6, 93 v. 10, 101 v. 4. Jourd. d. Bl. 742, 2525. Otinel 1324. Floov. 2413. Alisç. 1480, 1668. Brun 35, 250, 1499. Berte 97, 200, 326. Beuv. d. Com. 57, 1247. Enf. Og. 3995, 6239. Froiss. I. 77 v. 829, II. 397.

Auch solche Fälle, wo das Object innerhalb des ersten Versgliedes endet, sind nicht gerade selten, es folgt gewöhnlich eine sehr eng mit dem Object verbundene Erweiterung.

Enf. Og. 1936.
>Bien doit pucele veoir tres liement
>Gent qui repairent ainsi de chaplement. (Selten.)

Alix. 145 v. 30.
>Quant Lincanors le vit, vers lui fait adrecier
>Le brun qui plus tos va d'un ramage esprivier.

Alix. 49 v. 15.
>Sire, or entent a moi, se toi plest, si oras
>La novele que port; ne l' te celerai pas.

cfr. Alix. 158 v. 34, 217 v. 2. Ren. d. Mont. 168 v. 16. Brun 860, 1019. Aiol 2568, 3594. Venus 195. G. d. Nant. 205. Blondel p. 61. Brakelm. 80 Str. 2. Tr. Belg. II. 127 v. 37. Mätzner 28 v. 9. Berte 673, 1048. Beuv. d. Comm. 913, 1027. Enf. Og. 1358, 3882. Froiss. I. 68 v. 521. Charl. d'Orl. 68, 149.

Erst spät und selten endet das Object innerhalb des zweiten Versgliedes.

Froiss. II. 371 v. 21.

> Candasse fu en bien amer certainne
> Le noble roy Alixandre; et aussi
> Moult de grieftes ot Paris pour Helaine.

Froiss. III. 103 v. 31.

> Quant nous arons parle d'armes tous deux
> Un petit plus, et nous arons repris
> Nostre propos amoureux, dont repris
> Ne soions, ains nous en veuille garder
> Amours . . . . .

Charl. d'Orl. p. 173.

> Et qu'en escu d'azur deusses porter
> Trois fleurs de lis d'or; et pour ardiesse
> Fermer en toy t'euvoya sa haultesse
> L'auriflamme . . . .

cfr. Tr. Belg. I. 51 v. 44. Enf. Og. 7928. Froiss. I. 71 v. 649, III. 231 v. 35.

Sehr starke Pausen in der Cäsur hinter dem Object sind selten.

Froiss. I. 360 v. 437.

> Mes dittes moi, se je le puis savoir,
> Le nom la dame." Il respont „Nennil, voir;
> Car dou nommer poroie mains valoir etc.

cfr. Enf. Og. 5046. Charl. d'Orl. 173. Chants hist. I. 259. Froiss. I. 58 v. 192, 67 v. 496, 76 v. 794.

Zu jeder Zeit durften auch andere Satzglieder neben dem Object in demselben Verse auftreten.

Gaydon 10785. A ces paroles ez vos esperonant

> Ogiers et Naynme sor les chevax corrans.

cfr. Rou I. 70 v. 874.

Dies Verfahren ist so gebräuchlich, dass weitere Belege überflüssig sind.

Ziemlich selten indess stellen sich Umstandsbestimmungen, adnominale Bestimmungen, Füllwendungen vor das nähere Object, so dass dieses das zweite Versglied füllt.

Brun 3099. Quant il fu asses pres, si ala regardant
Par desus la fontaingne *un arbre verdoiant.*

Rou I. 152 v. 3140.
N'i a rei n'i a cunte ki ne crieme ne hee
Des dous dus tant puissanz *l'amur e l'asamblee.*

St. Thom. 164 v. 16.
Mais or conseil le rei qu'il lest a saint eglise
Si cum il ad promis, *dreiture e franchise.*

cfr. Rou I. 135 v. 2640. Brun 3526. Alix. 62 v. 33. Rol. 3232.
Chants hist. I. 165. Froiss. I 359 v. 376, II. 355 v. 56, III. 77 v 7.

### Cäsurlose Verse.

Das Object füllt allein den Vers. (In allen Denkmälern eine gewöhnliche Erscheinung.)

Tr. Belg. I. 154 v. 5.
En haut dist et si notoit
Un nouvel son.

Charl. d'Orl. 164.
Plus ne crains, dont Dieu merci,
L'amoureuse maladie.

Percev. 7322. N'i a si mauves qui ne pregne
Fourque u flaiel u pic u mace.

cfr. Brakelm. 57 Str. 5. Froiss. III. 108 v. 10.

Endet das Object innerhalb des Verses, so erstrecken sich Erweiterungen sehr häufig bis Versschluss.

Brut 14067. Si out Engelande apelee
La terre qui lor fu donee.

Percev. 6646. Et vous i pores ja veoir
Le plus biel chevalier ki soit.

Rose 7201. Ge ne priseroie trois chiches
Socrates, combien qu'il fust riches, . . .

Alle Denkmäler bieten Belege sehr zahlreich. Schon in der ältesten Zeit begegnen neben dem Object auch andre Satzglieder in demselben Verse.

Leodegar 179. domine deus inciel flaiel
iuisitet. l. sonseruu.

Auffällig sind auch hier solche Fälle, in denen das Object durch davortretende Füllwendungen etc. ans Versende gedrängt wird; wie

Brut 6935. Mais sor tos altres honoron
Ce vous di bien, *Mercurion.*

Villon Gr. Test. 155.
> De beau parler tiennent chayeres
> Ce dit on, *les Napolitaines.*

cfr. Percev. 819. Ch. au lyon 489. Barb. I. 25 v. 244. R. d. l. Char.
624. Tr. Belg. I. 238 v. 405. Ruteb. II. 322 v. 316, 346 v. 974. Theatr.
fr. 130, 402, 443. Froiss. I. 121 v. 2002, 129 v. 1459, 242 v. 926, II.
83 v. 2780.

Starke Pausen hinter dem Object im Verse begegnen
selten.

Froiss. III. 42 v. 1416.
> Et jamais je n'aroie fait
> Se deviser au lonc vouloie
> *Sa beaulte.* Et ainsi qu'aloie
> Regardant cele grant merveille etc.

cfr. Percev. 11022. Ruteb. II. 174 v. 114. Tr. Belg. I. 202 v. 612,
II. 262 v. 409. Theatr. fr. 122, 129, 221, 243, 325, 493, 559, 668 (bei
der Wechselrede). Charl. d'Orl. 142. Chr. v. Piza 4757. Villon Gr. Test.
Str. 144 p. 276. Froiss. III. 8 v. 244, 248 v. 23.

Auch Wendungen aus Verb und näherem Objecte bestehend, welche unserem Sprachgefühl als mehr oder minder
feste Verbalbegriffe erscheinen, erlaubten sich die altfranzösischen Dichter durch Versschluss zu trennen. Hier einige
Belege, nach der Stärke der Betheiligung der Verben an der
Bildung dieser Begriffe geordnet, Einzelfälle in alphabetischer
Reihenfolge.

*faire:* compte, ris, enui, veu, aie.

cfr. Barb. I. 77 v. 26, 385 v. 158. R. d. l. Char. 1322. Ch. au lyon
3388, 4834, 6139. Brakelm. 82 Str. 5. Blondel p. 46. Ruteb. I. 132 v.
70, II. 26 v. 41, 65 v. 26, 335 v. 674, III. 219 v. 856. Tr. Belg. I. 167
v. 162, 189 v. 201, 197 v. 449; II. 209 v. 252. Percev. 6658, 7349.
Theatr. fr. 383, 389, 438, 486, 554, 562. Froiss. I. 19 v. 618, 86 v. 1168,
209 v. 4142; III. 60 v. 237, 72 v. 625, 158 v. 23, 209 v. 2363. Charl.
d'Orl. 264. Chr. v. Piza 142, 1521, 1522, 1921, 3041, 3654, 4785.

*avoir:* mercit, present, alegeance, envie, talent, memoire, mestier, fiance,
pitié, merveille etc.

cfr. Theatr. fr. p. 222, 301, 412, 454, 492, 649. Barb. I. 276 v. 128.
Wackern. 36 Str. 4. Ch. au lyon 3590. R. d. l. Char. 898, 6856. Percev.
2937, 6179, 8255. Rose 3289. Charl. d'Orl. p. 63. Chr. v. Piza 4799.
Froiss. I. 12 v. 381, 43 v. 1427, 200 v. 3825, 255 v. 1255, II. 265 v. 75,
III. 56 v. 133, 58 v. 190, 122 v. 828, 189 v. 1686, 266 v. 2748, 270
v. 2876.

*prendre:* congié, son retour, exemple, confort, esbatement, place, garde, mort, incarnation, recreacion etc.

cfr. R. d. Char. 2986. R. d l. Rose 20826. Brut 5388, 15297. Tr. Belg, II. 249 v. 7. Theatr. fr. 521. Chr. v. Piza 1926. Froiss. I. 230 v. II. 256 v. 3, 278 v. 43, III. 50 v. 1683, 130 v. 1102, 280 v. 3171.

*donner:* congié, conseil, justice, refeccion.

cfr. R. d. l. Char. 2008. Tr. Belg. I. 178 v. 98. Barb. II. 413 v. 206. Ch. au lyon 1529. Theatr. fr. 360. Percev. 1749, 7732. Charl. d'Orl. 157.

*rendre:* merci, penitence, response, le salu, grace(s).

cfr. R. d. l. Rose 10417. R. d. l. Char. 2852. Bartsch I. 63 v. 38. Ruteb. I. 61 v. 97. Chants hist. II. 271. Theatr. fr. 303, 644. Froiss. II. 73 v. 2476.

*mettre:* deffense, difference, remede, paine, diligence, accort, doubt etc.

cfr. Theatr. fr. 295, 315. Ruteb. II. 68 v. 117. Froiss. II. 20 v. 668, III. 167 v. 24, 168 v. 29, 178 v. 18. Chr. v. Piza 2711, 2998.

*crier:* secours, vengeance, merci etc.

cfr. R. d. l. Rose 15692. Chants hist. I. 393. Froiss. II. 189 v. 961, 254 v. 279. Villon Gr. T. p. 110.

*aprendre* noveles: Ch. au lyon 5007 — *aporter* noveles: Percev. 2260, Ruteb. II. 354 v. 1207 — *demander* congié: Mätzner 7 v. 37; merci: R. d. l. Char. 2749; secors: Ruteb. I. 116 v. 168; conseil: Ch. au lyon 1846, 7684 — *dire* mercy: Froiss. III. 64 v. 379 — *demener* joie: Percev. 5890 — *enquerre* noveles: Percev. 4596 — *mouvoir* guerre: Chr. v. Piza 427 — *porter* compaignie: Percev. 9036; honor: Ruteb. III. 248 v. 2; tesmoing; Ch. au lyon 1345 — *prier* mercit: Percev. 2872, 3174; Bartsch I. 17 v. 5: Brakelm. 57 Str. 3 — *requerir* conseil: Bartsch I. 61 v. 61; merci: R. d. l. Char. 2751 — *scavoir* mal gré: Charl. d'Orl. 166 — *trover* confort: Froiss. I. 330 v. 3522; merci: Tr. Belg. I. 67 v. 15, 140 v. 36 — *tenir* court: Percev. 10557; compte: Percev. 4286.

## Dativverhältnisse stehen hinter Versschluss.

Bei der Abtrennung der Dativverhältnisse von den übrigen Satzgliedern durch Versschluss scheint nicht so sehr das Bestreben obgewaltet zu haben, dieselben allein den Vers ganz füllen zu lassen, wenngleich sich auch zahlreich Fälle finden, wo es geschieht.

Aye d'Avign. 4042.

> As genons se sont mis, chacun d'eus merci crie
> A Guyon de Nantuel et a Ganor meisme.

Jourd. d. Bl. 952.

> Ansoiz sera la parole jehie
> A tex cent homes ou a VI. XX et quinze.

Froiss. II. 386 v. 1.

> Je puis moult bien ma dame comparer
> A la fille dou noble roy Priant.

cfr. Alix. 166 v. 11. Alisc. 1912, 2683. Gaydon 96. Jourd. d. BI. 1581. Am. et Amil. 3287. Elie 2754. Aiol 4020. Ren. d. Mont. 60 v. 29, 113 v. 36. Enf. Og. 2380, 3437. St. Thom. 116 v. 2, 122 v. 23. Chants hist. J. 396. Villon p. 217. Charl. d'Orl. 13, 96.

In cäsurhaften Versen erstreckt sich das Dativverhältniss häufig bis zur Cäsur, hinter welcher Erweiterungen oder doch in enger Beziehung zu ihm stehende Sätze beginnen.

Gaydon 5740.

> Que quant j'alai vo messaige nuncier
> Au duc Gaydon qui sires est d'Angiers.

G. d. Nant. 1445.

> Tiebaut fist une jouste qui ne fu pas frarine
> Au conte de Nevers que du cheval l'acline.

cfr. Aye d'Avign. 797. Alisc. 1149. Brun 2794. Aiol 125. Roland 378. Am. et Amil. 2456. Jourd. d. Bl. 3866. Berte 393, 1619. Enf. Og. 1353. Froiss. I. 64 v. 380, 71 v. 645. Charl. d'Orl. 145.

Starke Pausen hinter dem Dativverhältniss in der Cäsur sind höchst selten.

Froiss. III. 100 v. 29.

> Advisez vous, se vous failliez a traire
> Ou est la court ou juge s'entremet
> De corriger Amours qui veult complaire
> Au loyal cuer? Puisque du tout se met
> A lui servir, hommage luy promet
> Le vray amant . . . . . .

cfr. Tr. Belg. I. 13 v. 31. Charl. d'Orl. 112.

Selten schliesst das Dativverhältniss in dem ersten Versgliede, stärkere Pausen sind dort besonders vermieden.

Tr. Belg. I. 105 v. 21.

> Qu'amours set bien les maus gnerredoner
> Au cuer qui sert loiaument sans boisdie.

cfr. Aye d'Avign. 3191. Venus 12. Beuv. d. Comm. 3507. St. Thom. 60 v. 4, 77 v. 11. Brakelm. 15 Str. 6.

Dass andere Satzglieder neben dem Dativverhältnisse auftreten, ist seit der ältesten bis zur spätesten Zeit der altfranzösischen Dichtung eine gewöhnliche Thatsache. Folgende Beispiele mögen genügen:

Alisc. 3258. Li rois respont k'il l'avoit achate
> As marceaus C mars d'argent pesé.

Charl. d'Orl. 145.

> Je suis Aage qui lettres apporta
> A Enfance de par dame Nature.

## Cäsurlose Verse.

Wohl häufiger als bei den cäsurhaften Versen füllt hier das Dativverhältniss den Vers ganz.

Chants hist. II. 107.

> Il donra bien la chasse
> A tous les Bourguignons.

Villon Gr. Test. Str. 76.

> Item, mon corps j'ordonne et laisse
> A nostre grand'mere la terre.

Belege in allen Denkmälern sehr zahlreich.

Erweiterungen oder eng mit dem Dativverhältniss verbundene Sätze füllen, falls dieses nicht allein den ganzen Vers einnimmt, den Rest des Verses.

Ch. au lyon 1072.   Si seroit solaz et deliz
> A home qui peor n'avoit.

Rose 18314.   Tant iert ceste response amere
> A Pirra, qu'el la refusoit.

cfr. Barb. I. 286 v. 127. Rose 10747. Theatr. fr. 535. Percev. 9783. Rom. d. l. Char. 3528. Ch. au lyon 1700. Ruteb. III. 350 v. 100. Chants hist. II. 453. Tr. Belg. I. 104 v. 52. Froiss. I. 161 v. 2524. Chr. v. Piza 5722. Villon 310.

Starke Pausen hinter diesem Satzgliede im Verse sind selten.

Froiss. III. 110 v. 26.

> Car je me rends d'umble courage
> A bon Amour. Et encor a je
> Dit que Science ne vaut pas
> Tant que bon eür . . . .

cfr. Barb. II. 188 v. 42. R. d. l. Char. 2511. Tr. Belg. II. 271 v. 259. Froiss. II. 287 v. 75. Charl. d'Orl. 64, 184.

Jederzeit traten neben dem besprochenen Satzgliede auch andre in demselben Verse auf.

Percev. 3869.   Qu'il en la prison se mesist
> Le roi Artu, et se deist
> A la puciele son mesage.

Chr. v. Piza 5151.   Et en son epistre le note
> Au grant Alixandre Aristote. cfr. Ruteb. II. 65 v. 26.

### Genitivverhältnisse hinter Versschluss.

Das Genitivverhältniss nimmt namentlich in der ältesten Zeit häufig allein einen ganzen Vers ein. Bei mehrsilbigen Versen besteht es gewöhnlich aus mehreren coordinirten Theilen, oder es hat attributive Erweiterungen aller Art bei sich.

Rol. 2369. Deus! meie culpe vers les tues vertuz
De mes pechiez, des granz e des menuz.

Rou I. 142 v. 2841.
A lui liura li reis tutes les prenostez
De Chals e de Roem e des altres citez.

Enf. Og. 5079.
Car bien valu c'on soit ramentevaus
Des armes qu'ot et des fait qu'il fist grans
En pluseurs lieus desus les mescreans.

cfr. Rol. 2861. Jourd. d. Bl. 910. Am. et Amil. 335. Aiol 2529. G. d. Nant. 1783. Ren. d. Mont. 186 v. 20. Aye d'Avign. 960. Brun 3046. Alisc. 2526. Gaydon 8106. Enf. Og. 243, 302. Alix. 448 v. 17. Froiss. II. 363 v. 5.

Das reine Genitivverhältniss erstreckt sich bis zur Cäsur, es folgen erweiternde oder sonst eng mit ihm verbundene Sätze.

Am. et Amil. 1535.
Li cuens Amis a la nouvelle oie
De Belissant qui por li brait et crie.

G. d. Nant. 1154.
Ele a prise une hanste, si ferme I. gonfanon
De moult riche chendal ou ot paint I lion.

cfr. Rol. 3747. Am. et Amil. 3161. Gaydon 3995. Jourd. d. Bl. 3149. Elie 940. Ren. d. Mont. 67 v. 1. Beuv. d. Com. 2072. Berte 2468. Charl. d'Orl. 119. Froiss. II. 424. XCVII.

Das Genitivverhältniss schliesst im ersten Versgliede (weniger zahlreich), Erweiterungen erstrecken sich bis Versschluss oder bis zur Cäsur.

Berte 2880. Voirs est que autrement ne poi trouver merci
De l'homme qui hui mais enz ou bois m'assailli.

Ren. d. Mont. 349 v. 29.
Car tel noise i avoit et tel bruit et tel cri
Des pierres ki ceoient, ke l'en i a iali.

Charl. d'Orl. p. 148.
S'ilz eschappent, ilz crient en l'oreille
Du cueur qui dort, tant qu'il fault qu'il s'esveille.

cfr. Alix. 10 v. 31. G. d. Nant. 2461. Aiol 2308, 6132. Ren. d.

Mont. 305 v. 13. Berte 844. Brun 741, 2464, 3645. Venus 42, 160. Bartsch I. 58 v. 17. Rou I. 127 v. 2439, 128 v. 2462, 166 v. 3548. St. Thom. 98 v. 19, 132 v. 13, 156 v. 6. Froiss. III. 168 v. 34. Charl. d'Orl. 161.

Sehr selten reicht das Genitivverhältniss bis in das zweite Versglied.

Gaydon 5808. Li traïtor ont fait l'embuschement
De M homes armes, Dex les cravent.

cfr. Brakelm. XXIII. 5.

Andre, nicht zur Erweiterung dienende Satzglieder resp. neue Sätze, erscheinen je später desto häufiger neben dem Genitivverhältniss.

Rol. 1985. E! France dulce, cum hoi remendras guaste
De bons vassals, cunfundue et chaeite.

Beuv. d. Com. 102.
Ha, sire Dex, fait ele, qui fustes presentere
De vostre cors pour nous, mult fus larges doneres.

cfr. Brakelm. 37 Str. 1. Aiol 415. St. Thom. 68 v. 29. Am. et Amil. 680. Froiss. II. 398. Charl. d'Orl. 8, 173, 363 etc.

Eine geringe Anzahl stärkerer Pausen hinter diesem Redetheil findet sich nur in der Cäsur.

Enf. Og. 3626. Par l'ost paienne la nouvele s'estent
De Karahuel. Quant Brunamons l'entent
Ne fu pas liez de son repairement etc.

cfr. Brun 1871, 3156. Alisc. 424.

## Cäsurlose Verse.

Der Vers wird sehr oft ganz gefüllt.

Chants hist. I. 205. Que la part
Sire Edward
Conquist la mestrie.

Froiss. II. 301 v. 108. Et imaginans
La grief aventure
Des assaillans.

Zum 5silbigen Verse cfr. Froiss. I. 315 v. 3199.
„ 6 „ „ „ eb. III. 171 v. 31.
„ 7 „ „ „ eb. I. 40 v. 1329; Mätzner X. 36.
Zum 8silbigen Verse Barb. I. 46 v. 212:
Mais tu la trouveras, ce cuit,
De moult plus courtoise maniere.

cfr. Ch. au lyon 3826. R. d. l. Char. 3542. Percev. 3639. Ruteb. III. 295 v. 1461. Rose 4458. Froiss. I. 133 v. 1601. Charl. d'Orl. 77. Chr. v. Piza 4951.

Endet das enjambirte Genitivverhältniss innerhalb des Verses, so erstrecken sich Erweiterungen oder Füllwendungen meistentheils bis Versschluss.

Brakelm. 51 Str. 3. si qua pie li uint li rais
dou sanc ki de lui isai.

Theatr. fr. 640. Venir ne pourrez en la gloire
Des cieulx, ceci est chose voire.

Andre Satzglieder oder neue Sätze treten indess schon früh zu diesem Genitivverhältniss.

Rose 4440. Je li pris que il li soviengne
De Bel-Acueil apres ma mort.

Froiss. III. 151 v. 24.
Que nel pourroie pour cent mars
D'or eslongnier, ne des VII ars
Ne pourroit on mettre mesure etc.

In der Regel steht das enjambirte Genitivverhältniss an der Spitze des Verses, wie auch die citirten Stellen zeigen, diese Erscheinung ist so gewöhnlich, dass weitere Belege überflüssig sind. Seltener erscheint es in der Versmitte oder unmittelbar vor Versschluss.

Froiss. I. 138 v. 1755.
Une couronne
Aront de lorier belle et bonne.

Chr. v. Piza 1577.
Que veoir les arbres a l'ueil
Poz de la lune et du soleil.

cfr. Theatr. fr. 254, 461. Percev. 4412, 4970, 6733. Ruteb. III. 171 v. 19. Brakelm. 62 Str. 3. Froiss. I. 208 v. 4113, 262 v. 1478, II. 254 v. 258. Charl. d'Orl. 72. Chr. v. Piza 2635, 4080.

Starke Pausen hinter dem Genitivverhältniss begegnen innerhalb des Verses:

Barb. I. 23 v. 206, II. 374 v. 291. Percev. 9493. Theatr. fr. 242. Ruteb. III. 220 v. 889. R. d. l. Char. 3121. Villon 314. Tr. Belg. I. 200 v. 559. Stärker sind die aus späterer Zeit: Chr. v. Piza 3733, 4763, 4969, 5582. Froiss. I. 1 v. 18, 115 v. 990, 220 v. 364; II. 223 v. 112, 229 v. 330; III. 48 v. 1621, 106 v. 14, 127 v. 1003, 281 v. 3197.

Bemerkung: Formen der Rede gehen dem Genitivverhältnisse zuweilen voran.

Ch. au lyon 3878. Or vous en ai dite la somme
Sire, de nostre grant destrece. cfr. Theatr. fr. 341, 636.

## Umstandsbestimmungen hinter Versschluss.

Die enjambirten Umstandsbestimmungen zeigen zu jeder Zeit starke Neigung, selbständig den Vers zu füllen. Es treten namentlich in langen Versmassen häufig mehrere derselben (coordinirt oder nicht) nebeneinander auf.

### Cäsurhafte Verse.

Brun 2514. Mais Butor se concha en icelle nuitie
    Avecques sa mouillier courtoise et ensignie.

Enf. Og. 5504.
    Paiend aloient Joffroi moult assaillant
    Destre et sinistre et derriere et devant.

Froiss. I. 78 v. 866.
    Quel temps qu'il soit onque je ne repos
    Ne nuit, ne jour, ne heure ne minime.

cfr. Venus 199. Rou I. 208 v. 36. St. Thom. 64 v. 1. Ren. d. Mont. 207. Jourd. d. Bl. 191. G. d. Nant. 493. G. d. Bourg. 514. Gayd. 788. Alisc. 6160. Alix. 8 v. 37. Brun 1392. Aiol 1111. Elie 397. Rol. 1153. Berte 2625. Enf. Og. 2103. Froiss. III. 100 v. 28. Charl. d'Orl. 145.

Erstreckt sich die Umstandsbestimmung nur bis zur Cäsur, so treten gern Erweiterungen oder andere in engem Zusammenhang mit dem enjambirten Satztheile stehende Sätze hinzu, welche sich in der Regel bis Versschluss ausdehnen.

St. Thom. 52 v. 13.
    Il se trestrent arriere e il esteit muntez
    Sur un grant cheual blanc qui li fu amenez.

Ren. d. Mont. 253 v. 23.
    Que il n'avient a chose nule qui soit el mont
    Ne devant ne derriere, por voir le vos disom.

Enf. Og. 6806.
    Mais s'il vous plaist, douz sire, envoyez i
    Hasteement, pour aus prendre à merci.

Froiss. III. 233 v. 19.
    Garnis de foy, de raison et de sens
    Les treuve on bien et plains de verite
    Excepte un qui, a ce que j'en sens
    N'ara en li que toute iniquité
    Et de vices assez et a plenté.

cfr. Gaydon 7955. Am. et Amil. 874. Jourd. d. Bl. 1702. Aiol 2783. Alisc. 3297. Enf. Og. 7934. Brun 1311. Berte 865. Villon 196. Froiss. I. 180 v. 2038. Charl. d'Orl. 173 etc. In allen cäsurhaften Versen eine verhältnissmässig häufige Erscheinung.

Selten endet die enjambirte Umstandsbestimmung innerhalb der Versglieder.

### Im ersten Versgliede:

Alix. 2 v. 5.

L'estore d'Alixandre vus voel ci commencier
En roumans, c 'a gent laie doit auques profitier.

Enf. Og. 3719. Par sond commant fu ses lis aportes
Iluec, et est la nuit la demorés.

Froiss. I. 63 v. 344.
Qui nommee est Attemprance, et qui roe
Sagement, car le foliot le garde.

cfr. Alix. 232 v. 28, 535 v. 28. Aye d'Avig. 2006. Alisc. 847. Floov.
2060. Aiol 221, 2652, 4330, 4867, 7821. Rou I. 65 v. 735. Ren. d. Mont.
6 v. 16. Brun 24, 77, 718, 857, 935, 1152, 1800 etc. Thom. 57 v. 23,
62 v. 4, 143 v. 12. B. d. Com. 2704. Berte 853, 906 etc Enf. Og. 4179,
5557, 6593, 6935.

### Im zweiten Versglied (noch seltener):

Brun 3433. Et li dit: Escuiers, vostre cors s'en ira
Tout droit a celle tour haute que veis la.

cfr. Alix. 236 v. 7. St. Thom. 72 v. 26. Rol. 3105. Gayd. 1390.
Alisc. 5601. Tr. Belg. II. 128 v. 42. Froiss. I. 59 v. 203, 68 v. 512,
357 v. 314; II. 386 v. 24

Kräftige Pausen hinter der Umstandsbestimmung innerhalb des Verses finden sich nur in der Cäsur und zahlreich
erst in später Zeit.

Charl. d'Orl. 123.
Car non pourtant honneur te porteray
De bon vouloir, quelque part que je soye
Tout pour l'amour d'une Flour que j'amay
Ou temps passé. Dieu doinst que je la voye.
En paradis, apres ma mort, en joye.

cfr. Alisc. 410. Aye d'Avign. 3850. Rou I. 214 v. 202. St. Thom.
110 v. 12, 103 v. 5, 162 v. 8. Froiss. III. 164 v. 26. Charl. d'Orl. 135,
144, 147, 420.

### Cäsurlose Verse.

Ungemein häufig füllen die betreff. Umstandsbestimmungen
Verse mit geringer Silbenzahl.

Tr. Belg. I. 41 v. 4. A cui j'ai mon cuer rendu
Ligement.

Ruteb. I. 14 v. 30. Ainz sui dolenz et si me dueil
Parfondement.

Zum 5silbigen Verse cfr. Chants hist. II. 405 Str. 6.

„ 6 „ „ „ Tr. Belg. I. 107 v. 9.

„ 8 „ „ in jedem Denkmal sehr oft, weshalb Belege
fehlen können.

Zu den Umstandsbestimmungen treten jedoch oft auch
Sätze oder deren Theile, die in vielen Fällen allerdings nur
Erweiterungen bilden.

Tr. Belg. I. 178 v. 92. Et ses anemis en afole
Partout u ilh les puet trover.

Tr. Belg. II. 106 v. 7. Car s'amors n'iert ja close
Vers nul qui proier l'ose.

Nicht erweiternd ist der Satz

Chr. v. Piza 4505. Car des bons chevaliers est il
Encore, mais d'un moult gentil
Diray, qui ades est eu vie.

cfr. Percev. 2736, 4327. Barb. I. 170 v. 36, 267 v. 103. R. d. l.
Char. 1183. Ch. au lyon 945, 1540. Rose 4750. Tr. Belg. I. 216 v. 66.
Theatr. fr. 199, 382. Villon 189. Froiss. I. 7 v. 206, 307 v. 2939; II. 70
v. 2392. Charl. d'Orl. 65, 97, 337.

Starke Pausen sind auch hier innerhalb des Verses selten.

Froiss. III. 202 v. 2117.

Hardement, nostre connestable
Avec moy, c'est chose notable
Se tenra pour avoir regart
Sur entre vous." — Se Diex me gart,
Amours, quant g'y ai bien visé
Tout ainsi que j'ay devisé
Nous ordena . . . .

cfr. R. d. l. Char. 1856. Tr. Belg. II. 195 v. 529, 270 v. 641. Theatr.
fr. 334, 351, 455, 555, 583. Froiss. II. 31 v. 1057. Chr v. Piza 2582.
Charl. d'Orl. p. 22.

Bemerkungen. 1. Formen der Rede erscheinen häufig
vor oder hinter der Umstandsbestimmung.

Alisc. 6580. Dist Renouars: „Certes, ne vos donroie
Sire tinel, por la cite de Troie.

Froiss. I. 57 v. 150.

Car Plaisance a volu en moi ouvrer
Par la vertu de vostre beauté, dame.

cfr. Froiss. I. 171 v. 2844. Theatr. fr. 375. Charl. d'Orl. 102, 228.

2. Auch andere Satztheile begegnen neben der enjambirten
Umstandsbestimmung in demselben Verse resp. Versgliede.

Rou I. 72 v. 930. Ki sun enemi troeve eu bataille aramie
Armé sur son cheual, pur nient le deffie.

Chr. v. Piza 3256. Tant que chascun devise eust
Son bon avis tout a loisir.

**3. Durch vorangehende Sätze wird die enjambirte Umstandsbestimmung häufig an das Versende gedrängt, bei cäsurhaften meist in der Weise, dass sie das zweite Versglied füllt.**

Berte 985. Si en avoit couvert et son cors et sa chiere
Au miex qu'ele povoit, et devant et derriere.

Percev. 9714. Et jou l'en laisserai issir
Fait la roïne, par covent.

cfr. Enf. Og. 612, 1685. Rose 1306. Ch. au lyon 3603. Theatr. fr. 572. Percev. 1791, 4643, 4795, 8203, 9357. Froiss. I. 184 v. 3296; II. 130 v. 4380, 182 v. 705. Chr. v. Piza 1428.

Ganz abnorm ist:

Percev. 9548. Certes, je me lairoie ancois
Fait mesire Gauwains, caiens
U morir u languir vivans.

**4. Auch aus Verbum und Umstandsbestimmung gebildete einheitliche Verbalbegriffe trennen die altfranzösischen Dichter durch Versschluss.**

Am stärksten sind wohl Verbindungen mit *mettre* vertreten, wie

*mettre:* en baillie, au trepas, en corage, en armes, en memoire, d'accort, a mort, en obli, a genoulz, en la souvenance, en destrece.

cfr. Percev. 3235. Chants hist. II. 101, 304, 325, 378. Tr. Belg. I. 129 v. 34, 221 v. 222; II. 220 v. 588. Barb. I. 109 v. 399, 375 v. 159. Brakelm. 29 Str. 2, 66 Str. 2, 88 Str. 1. Theatr. fr. 280, 293, 531, 599, 617, 665. Chr. v. Piza 3591, 4758, 6268. Froiss. I. 50 v. 1654, 191 v. 3542, 206 v. 4041; II. 171 v. 311, 205 v. 364; III. 109 v. 14, 134 v. 1219, 148 v. 11, 157 v. 1, 186 v. 1609, 235 v. 15, 238 v. 5, 246 v. 4.

*se mettre:* a la voie, au retour, au genoula, a point.
Percev. 7064. Theatr. fr. 436, 571. Froiss. I. 32 v. 1055.

*estre:* en doubte, en redot, en balance, en baillie, en anoi, en memore, en descort, en hainne, en tristesce etc.
Ch. au lyon 3992. Percev. 6608. Theatr. fr. 230, 456, 534. Ruteb. I. 228 v. 81, II. 21 v. 111. Tr. Belg. I. 186 v. 100. Charl. d'Orl. 118. Chr. v. Piza 3782, 5534, 6138. Froiss. I. 139 v. 1785, 353 v. 187; II. 260 v. 117; III. 74 v. 718, 205 v. 2230, 207 v. 2282, 273 v. 2981.

*avoir:* en despit, a nom, a commandement
Percev. 4750. Theatr. fr. 449. Froiss. II. 138 v. 4667.

*doner:* en mariage Chr. v. Piza 4492.

*fendre:* par mi (durchbrechen) Ruteb. III. 273 v. 729.

*tenir:* en baillie[1])  Chr. v. Piza 608.

*traire:* a garison (gesund werden)  Chr. v. Piza 5676.

Erwähnt seien hier noch die aus Verb und Nomen zu-
sammengesetzten Ausdrücke für: reiten, galoppiren, traben
etc., welche ebenfalls durch Versschluss zerlegt vorkommen.

*l'ambleure:* venir, chevalcher, esperoner, s'aller  Percev. 8048.  R. d.
1. Char. 2780.  Tr. Belg. I. 169 v. 226.  Hofm. Past. IX. Str. 1.

*grant aleure:* errer, se passer, venir, envoier  Ch au lyon 4826.  Percev.
1380, 2268.  Ruteb. II. 243 v. 227.  Barb. II. 397 v. 130.

*en abandon:* venir, courir  Froiss. I. 126 v. 1352.

*grant erre:* aler  Barb. I. 94 v. 71.

*les grans galos:* venir, chevaucher, brocher  Am. et Amil. 145.  Aiol
7599.  Beuv. 1701.  R. d. l. Charl. 1543, 2285.

*le pas:* aler  Ch. au lyon 730.

*le troton:* s'adresser  Percev. 5696.

*trot ne wallot:* aler, traire  Percev. 8576, 8582.

### Zur deiktischen Hervorhebung

treten gewisse Satzglieder zuweilen in den Anfang des Satzes.
Beginnt der Satz mit Versanfang, so füllen sie entweder allein,
mit ihren Erweiterungen oder Füllwendungen ganze Verse, und
werden mithin durch Versschluss von den andern Satzgliedern
geschieden. Die Erweiterungen beginnen in der ältesten Zeit
gewöhnlich in der Cäsur.

### Näheres Object.
#### Cäsurhafte Verse.

Floovant 562.  Maugalie la bele au gan cors eschevi
Troverent as fenestres dou palais soineri.

Alisc. 8248.  Que vostre fille qui molt fait a proisier
Li envoies liement sans dangier.

Jourd. d. Bl. 2563.
Trois tans de gens, par verte le voz di
Ne douteroient vaillissant un espi.

Enf. Og. 6157.  Roy Danemon ou de prouece ot tant
Qui le tenoient a preu si connoissant
Vois seur la terre gesir mort et sanglant.

cfr. Rol. 1994, 2953, Gayd. 9771, Elie 1644, Brun 1313, Aye
d'Avign. 3696, Otinel 96, Jourd. d. Bl. 4169, Am. et Amil 3011, 3484,

---

1) cfr. Bartsch: Chrest. prov.⁸ p. 59 v. 14.
   que tals la cuj' en bailia
   tener, non a mas l'ufana.

Alisc. 1053, Berte 1963, Enf. Og. 224, 8163, Aiol 2300, 3561, Alix. 60 v. 14, Ruteb. III. 315 v. 23, Froiss. I. 74 v. 740, II. 354 v. 24.

Beginnt der Satz unmittelbar hinter der Cäsur, so füllt das deiktisch hervorgehobene Glied das zweite Versglied.

Beuv. d. Com. 1316.

> Faites la porte ouvrir, car ce commandement
> Cuidons nous tres bien faire, se Diex le nous consent.

Jourd. d. Bl. 3844.

> Et sachiez bien que moult grant felonnie
> Envers Jordain avez faite et rastie.

Aiol 1494.   Hui mais pores oir quel destinee
> Jesus a a l'enfant le jor donee.

cfr. Gayd 4372, 6686, 6337, 8118. Alisc. 8239. Berte 25. Enf. Og. 4459.

Bemerkung. Ziemlich selten tritt noch innerhalb des zweiten Versgliedes zu dem betreff. Objecte ein erweiternder Satz wie Aiol 5107.

Aiol 5107.

> Si dites Lusiane, la bele o le cler uis
> Que dieu lo saut et garde qui oncques ne menti
> Et Ysabel sa mere les biens *qu'ele me fist*
> Li renge dieus de gloire qui oncques ne menti.

## Cäsurlose Verse.

Der Satz beginnt mit Versanfang:

R. d. l. Rose 485.

> Car tel joie ne tel deduit
> Ne vit nus hons si cum ge cuit

Brut 14399.   Cadwan qui ert savies et pros
> Firent roi par le los de tos.

Percev. 2036.   Le roi Artud, biaus dos amis
> Lie et dolant i troveras.

Ch. au lyon 1612.

> Meillor, se vos le volez prendre
> Vos randra il sel proverai.

cfr. Brut 4513, 14411. Wackern 42, No. 1. Barb. I. 41 v. 71, II. 24 v. 124. R. d. l. Rose 144, 612, 3299. Ch. au ly. 122, 276, 526, 616. Percev. 234, 751, 1055, 2749. Ruteb. I. 62 v. 112, II. 47 v. 37, 160 v. 175. Froiss. I. 30 v. 995, II. 77 v. 2623, III. 73 v. 673 etc.

Verhältnissmässig sehr häufig in allen Denkmälern, und ist durch die in der altfranzösischen Wortstellung herrschende Freiheit sehr leicht erklärlich.

Das deiktisch hervorgehobene Glied beginnt innerhalb des
Verses und erstreckt sich auch in dem Falle bis Versschluss:
Ruteb. III. 274 v. 772.

> Que diras tu, quant Jhesu Crist
> As renoié pour Antecrist.

Brut 6591. Trois valles en ot, le plus grant
Fist li rois apeler Costant

Percev. 7664. Qui souva les vis, et les mors
Resuscita de mort a vie.

cfr. Bartsch II. 35 v. 23. III. 27 v. 45. Ch. au ly. 4598. R. d. l.
Rose 628, 2906, 20386. R. d. l. Char. 226, 2511. Percev. 1007, 2799,
3500, 5416, 10195. Theatr. fr. 168, 568, 594. Ruteb. I. 139 v. 234. II.
171 v. 26. III. 302 v. 1714. Barb. I. 19 v. 78, 212 v. 72. II. 36 v.
510, 184 v. 82. Frois. I. 10 v. 296. II. 372 v. 2. III. 58 v. 196. Chr.
v. Pizan 1886, 3049, 3681, 3869.

## Dativverhältniss.

### Cäsurhafte Verse.

Der Satz beginnt mit Versanfang:

Gaydon 10293.
> A Kàrlemainne l'empereor puissant
> Ont amene un palefroi amblant.

Rou I. 96 v. 1600.
> A Henri l'Allemant un rei de grant puissance
> Par brief e par message manda li reis de France
> Qu'il viegne prendre od lui amur et aliance.

Alisc. 2549. Vostre seror ki molt vos doit amer
Vermendois doit en douaire doner,

cfr. hierzu Diez Gram. III⁴ p. 127: „Jedes persönliche
Substantiv oder Pronomen kann nach jedem beliebigen Verbalbegriffe des Dativzeichens entbehren." cfr. noch: Aye d'Avign.
2328, Am. et Amil. 3069, Gayd. 4088, 7667, Rou I. 105 v.
1817, 147 v. 2994, Enf. Og. 4168, 4335, 4670, 7851, St.
Thom. 149 v. 28.

à deutet ferner an z. B. Richtung:

Enf. Og. 4894.
> A Gloriande la pucele aveiant
> Vint uns paiens qui li conta errant.

Zeitpunkt: Aiol 10600.
> Droit a saint Nicolai dont uous oi aues
> Celui c'on dit a Bar, sont I main ariue.

Werkzeug: Am. et Amil. 1225.
> A ceste espee qui ci gist delez moi
> Li coperai le chief se je le voi. etc.

cfr. Aye d'Avign. 2096, Gayd 2922. Jourd d. Bl. 457. Ren. d. Mont 200 v. 4, 333 v. 21, Alisc. 2263, 7306. Ami et Amil 208. Alix. 319 v. 18. Aiol 95, 4115, Berte 371, 448, 1235, 3241. Enf. Og. 146, 726.

## Der Satz beginnt hinter der Cäsur.

Aiol 7232.
> Les armes ot emblees, et a I. caruier
> Ot tolu le ronci, c'on li uit cheualcier.

Berte 1051.
> Que soie fille a roi, ne k'a Pepin le ber
> Soie femme espousee, jamais ne quier parler.

R. d. M. 37 v. 19.
> Jamais, tant com il vive, n'a vos n'a vostre gent
> Ne forfera li dus la monte d'un besant.

cfr. Mätzner 45 v. 14. Wackern 23. Envoi. Enf. Og. 1209, 4188. Gaydon 4040, 4530. Berte 861. Beuv. d. Com. 2879.

## Cäsurlose Verse.
## Der Satz beginnt mit Versanfang:

Brut 15249.
> Al roi Alain son bon ami
> Raconte ce qu'il ot oi.

Ch. au lyon 112.
> A mialz vaillant et a plus sage
> Mes sire Kex, que je ne sui
> Avez vos dit honte et enui.

Ruteb I. 20 v. 158.
> Mon Seignor qui est filz le roi
> Mon dit et ma complainte envoi.

Entfernte Objecte cfr. Barb. II. 379 v. 424. Theater fr. 462, 485, 629. Percev. 11407. Ch. au ly. 3864. Tr. Belg. I. 217 v. 93. Brut 578. Ruteb. II. 142 v. 1, III. 161 v. 197, 268 v. 534. Froiss I. 92 v. 177, 148 v. 2087, II. 20 v. 667, 65 v. 2207. Villon Gr. Test. 10, 11, 13, 14, 19, 20, 21, 22, 23, 24, 32 in den Strophenanfängen. Andere: Brut 86, 131. Ch. au ly. 53, 6652. Percev. 1762. Ruteb. II. 167 v. 93. Wackern. 34 No. 2. Froiss. I. 156 v. 2366. Bartsch II. 98 v. I.

## Der Satz beginnt innerhalb des Verses:

Barb. I. 177 v. 258.
> Sire, dist il, a mon Seignor
> Dites que j'ai ainsi songie

Ruteb. III. 303 v. 1743.
> Seignor, fait-il, a Dieu le Pere
> Et a sa douce sade mere
> Qui de moi face lor commant
> D'ore en avant toz vos commant.

cfr. Percev. 3516. Theatr. fr. 641. Froiss. I. 162 v. 2554, 185 v. 3314; III. 68 v. 527. Ferner: Barb. I. 15 v. 50; II. 104 v. 57. Brut.1518. R d. l. Char. 132. Froiss. III. 24 v. 768. Charl. d'Orl. 222.

## Genitivverhältniss.

### Cäsurhafte Verse.

Der Satz beginnt mit Versanfang.

α) Vom Substantiv abhängig. Rou I. 68 v. 821.

De la virge Marie la sainte mere De
I esteit la chemise tenue en grant chierte.

β) Vom Adjectiv. Rol. 145.

De ces paroles que vus avez ci dit
En quel mesure en purrai estre fiz?

γ) Vom Pronomen. Am. et Amil. 3051.

De mes donz fiuls que je ai decolez
Ne plaing je nul foi que doi S. Omer.

δ) Vom Zahlwort. Ren. d. Mont. 80 v. 31.

De VII C chevaliers a armes conrees
N'en mena que L entre sains et navrés.

Dass beim possessiven Genitivverhältniss vor persönlichen Begriffen die Casuspartikel verschwiegen werden kann, wie dies unter derselben Bedingung beim Dativverhältniss nach Verbis geschieht (cfr. Diez III[4] p. 140) zeigt: Enf. Og. 946

Le duc Namlon mon oncle le guerrier
L'ensaigne vueil porter ou chief premier.

*De* zur Bezeichnung des Mittels für den lateinischen Ablativ:

Beuv. d. Com. 425.

De vostre trenchant espee, cui la passions fiere,
De vostre meillor gent avez fait maint biere.

der Bewegung:

Tr. Belg. I. 63 v. 29.

De ceste amor ki m'alume et atise
Ne me quier ja partir ne removoir, etc.

cfr. Gayd. 6713. Alisc. 6807, 6980. Jourd. d. Bl. 51, 2192. Aye d'Avign. 1003, 2085. Mätzner 45 Str. 9. Wackern. 27 Str. 1. Otinel 1230. G. d. Bourg. 3970. Ren. 214 v. 33. Alix. 112 v. 9. Rou I. 62 v. 665. Aiol 2096. Charl. d'Orl. 9.

### Der Satz beginnt hinter der Cäsur.

Gaydon 6683. Gloz, dist Ferraus, de vo fol sairement
Voz rendrai je loier prochainnement.

cfr. Mätzner 44 v. 35. Otinel 1255. Brun 391, 1531, 3385. Gaydon 7670. Aiol 4995. Ren. d. Mont. 14 v. 3. Berte 2733.

### Cäsurlose Verse.

### Der Satz beginnt mit Versanfang.

Chants hist. II. 217.  Du prince Navarrois
     A Paris fu au nopces.

Percev. 329.  Et del Graal por coi servoit
    Et de la lance qui sainnoit
    Vous dirai toute la maniere.

Chr. v. Piza 2769.
    Car d'empereurs, roys, ducs et contes
    Y ot tant que n'en say les comptes.

cfr. R. d. l. Rose 3553, 8868. R. d. l. Char. 950. Percev. 1122, 1976, 7586. Ch. au lyon 439, 497, 1343. Ruteb. I. 179 v. 5; II. 179 v. 257; III. 91 v. 1. Chants hist. II. 217. Tr. Belg. I. 216 v. 64; II. 70 v. 8. Froiss. I. 95 v. 289, II. 9 v. 265; III. 57 v. 153. Charl. d'Orl. 124, 169, 185, 389. Villon 251. Chr. v. Piza (?) 271.

### Der Satz beginnt innerha₁ ₋es Verses.

R. d. l. Rose 7017.  Et prist des plus grans de la vile
    Les testes, ains que de Sezile
    Li fust li roiaumes donnés.

Charl. d'Orl. 103.  Car il dit que des biens d'amer
    Cent mille luy veult despartir.

cfr. Brut 13607. Ruteb. III. 300 v. 1612. Barb. I. 105 v. 220. Percev. 9990. Ch. au lyon 107, 628, 3637. Tr. Belg. I. 95 v. 66. Theatr. fr. 261, 328. Froiss. I. 127 v. 1393, II. 10 v. 312, III. 160 v. 30. Villon p. 317. Chr. v. Piza 4692, 5089.

### Umstandsbestimmung. (Sehr oft im Satzanfang.)

### Cäsurhafte Verse.

### Der Satz beginnt mit Versanfang.

Rol. 808.  Od mil Franceis de France la lur terre
    Gualtiers desrenget les destreiz e les tertres.

Aye d'Avign. 1300.
    L'escu par les euarmes, le gonfanon laciés
    Vait ferir Anseis qu'il encontra premier.

Rou I. 115 v. 2091.
    Od bastuns, od tinels, od barres, od macues
    Tutes escheuelees vunt cherchant par les rues.

Enf. Og. 647.
    Dedenz Viterbe, ce sachiez vraiement
    Ne demoura que II jours seulement.

cfr. Aye d'Avign. 242, 265. Rol. 572, 667. Floov. 183. Am. et Amil.

1808. Gayd. 3004. Ren. d. Mont. 7 v. 3. Venus 53, 123. G. d. Nant. 169.
Alisc. 2285. Alix. 29 v. 22. Jourd. d. Bl. 838. Elie 372. Aiol 1852.
Brun 1255. Enf. Og. 36. B. d. Com. 158. Berte 270. Froiss. I. 63
v. 353. Charl. d'Orl. 40, 144.

### Der Satz beginnt hinter der Cäsur.

Aiol 7905. Vous fache autre secors; car par Aiol nostre oir
N'en aueres uous ia la monte d'un ballois.

Enf. Og. 617. Vous savez bien que tout avons gasté
Celui pays, et dou lonc et dou le
Ne trouveront, s'il ne l'ont aporté.

Beuv. d. Com. 3722.
Quant no gens les percoivent, moult tost et moult isnel
Monterent, puis s'en vinrent brochant par le prael.

Die Schnelligkeit ist in dem letzten Beispiele sehr ge-
schickt durch den Rhythmus veranschaulicht. Die früher als
erwartet (gewöhnlich ja erst im Versschluss oder in der Cäsur)
eintretende Pause malt die Hast, mit welcher das Aufsitzen
der Reiter vollbracht ist.

cfr. Aye d'Avign. 808. G. d. Bourg. 3659. Gayd. 3580, 4532, 8120,
8919. Brun 604, 1226, 1609. Alix. 59 v. 33, 346 v. 22. Ren. d. Mont.
366 v. 37. Rou I. 208 v. 29. Elie 1428. Wackern. 39 Str. 3. Berte 567.
Beuv. 992, 2647.

### Cäsurlose Verse.

### Der Satz beginnt mit Versanfang.

Brut 3166. Par mil, par soixante, par cent
Des plus vaillans, des mains aidables
Ont fait maistres et connestables.

Percev. 3260. Que bouce a bouce, bras a bras
Dormire:        nt qu'il ajorna.

Froiss. 1. 222 v. 370.
L'an mil CCC sissante et uit
Fu que passa parmi sa terre . . .

### Seltener Fälle wie

Rose 1435. Par petis tuiaus que Deduis
Y ot fet fere, et par conduis
S'en aloit l'iaue aval, fesant
Une noise douce et plesant.

cfr Barb. I. 1 v. 8, 372 v. 72. Brut 211, 271, 279. Rose 1906.
Ch. au lyon 209, 215, 506. R. d. l. Char. 3991, 6165. Percev. 155, 923.
Brakelm. 9 Str. 1, 81 Str. 2. Tr. Belg. I. 40 v. 51; II. 250. Ruteb. I.
151 v. 83; II. 146 v. 104; III. 153 v. 190. Chr. v. Piza 1534, 1869.
Froiss. I. 94 v. 262; II. 95 v. 3190, 392 v. 16.

9*

Der Satz beginnt innerhalb des Verses.

Tr. Belg. 110 v. 17.  M'est el cuer que nuit et jor
Me samble qu'ades la voie.

Percev. 2364.  Qui ce kerroit, ne loing ne pres
Ses bons dras doinst par I mauvais.

Ch. au lyon 2307.  Et li rois dist, que volantiers
Si feroit il VIII jors antiers
Amor et joie et compaignie.

cfr. R. d. l. Rose 1485, 1716, 4355.  Tr. Belg. I. 93 v. 27; II. 226
v. 516.  Barb. I. 16 v. 64, 256 v. 48.  R. d. l. Char. 2982.  Ch. au lyon
2918, 4760.  Percev. 1039, 2720.  Ruteb. I. 108 v. 6; II. 361 v. 1409;
III. 272 v. 707.  Froiss. I. 106 v. 666; II. 20 v. 635; III. 104 v. 12.
Chr. v. Piza 1085, 3065.

Bemerkungen, welche die zur deiktischen Hervorhebung
vorangeordneten Satzglieder betreffen.

1. Selten beginnen die betreff. Satzglieder innerhalb der
Versglieder.

### Im 1. Versgliede.
### (Sehr selten.)

Venus 146.  Je quit que pus cele ore que Damedex fu nes
Ne fu si bele feme ne miels endoctinés.

### Im 2. Versgliede.

Ruteb. III. 386 v. 115.
Quant ele trueve a sucier, sachiez, por nule paine
Ele ne lairoit l'ome deuant qu'ele fust plaine.

Hofm. Ged. I. Str. 2.
Sire Guichars, saichies, ceste dolor
Ke je vos oi resconteir et'jehir
Ont autre fois eu tuit li pluxor.

Der unmittelbar vor dem betreff. Satzgliede befindliche
Appell an die Hörer, *savez* oder *sachiez*, hebt dasselbe noch
kräftiger hervor.  cfr. Alix. 285 v. 10; Enf. Og. 2678.

Enf. Og. 5553.
As crestiens disoit k'en paradis
Ert li lieus d'aus noblement establis.

Froiss. II. 423. XCV.
Car ma dame me dist, fui de ci, fui!
D'amours puis dire ensi que pris je sui
Et son regart me samble qu'il die: „Hui
Auras merci", et c'est ce qui m'afole.

Im letzten Beispiel zeigt sich der Dichter als Künstler;

die metrische Abweichung entspricht vollkommen dem Inhalt. Der schwere Reim allein dürfte nicht für diese Stellung Ausschlag gebend gewesen sein.

2. Selten sind Fälle, wo das betreff. Glied im cäsurlosen Verse enjambirend ist und allein oder mit Erweiterungen sich nicht bis Versschluss ausdehnt.

Percev. 2162.
Ne de son duel ne de sa honte
Ne del vin ne li caloit il.

Ch. au lyon 3781.
Mes del lyon que venir voient
Avec lui durement s'esfroient.

cfr. Tr. Belg. II. 252 v. 108.

3. Das betreff. Glied tritt zuweilen aus dem zugehörigen Satze heraus.

Mätzner X. 44.
Ains ma si
Laissie, pour amour de li
Que jou naim autre riens nee.

Theatr. fr. 532.
Mais sachiez, sire, que puis de elle
Ne fu qui me deïst nouvelle.

Froiss. III. 197 v. 1968.
. . . . . De cuer humain
Telles bestes qui nuit et jour
Font en ce parc cy leur sejour
Li conseilloit elle a chacier.

cfr. Ruteb. I. 71 v. 119; II. 195 v. 670, 200 v. 798. Froiss. I. 189 v. 3458.

4. Formen der Rede gehen dem betreff. Gliede zuweilen voran oder folgen ihm.

Alix. 513 v. 35.
Par foi, plus bele tiere ne millor estage
Ne put onques veir nus hom de vostre eage.

cfr. Alisc. 709. Ruteb. II. 250 v. 364. Aiol 2271. Aye d'Avign. 4121. In cäsurlosen: Mätzner 42 v. 55. Theatr. fr. 182, 405. Barb. I. 20 v. 82; II. 112 v. 185. Ch. au lyon 3944, 6016. R. d. l. Char. 3788, 6524. Percev. 1602, 5782.

Alisc. 4469.
Dist Rainoars: Oil, vers la marine
Si ai I roi et une suer cosine.

cfr. Gayd. 7906. Aiol 7849.

Froiss. I. 159 v. 2435.
Au departir de vous, ma dame
Le coer ne scet se le corps part. cfr. Theatr. fr. 220.

5. Erweiterungen des betreff. Gliedes, welche nicht in der Cäsur beginnen. Otten, der diese Erscheinung gelegentlich erwähnt und zwei Belege beibringt, meint, dass diese Abweichung erst gegen Ende des 13. Jahrhunderts eingetreten sei. Es fehlt indess nicht an Beispielen aus älterer Zeit.

a) Am. et Amil. 1306. (Ausgabe, Einleitung p. VIII. HS. aus 1. Hälfte 13. Jahrh.)    Longis qu'ainz n'ot veu en son vivant
> Terst a ses iex si ot alumement.

cfr. Alix. 257 v. 30, 512 v. 18. Rou I. 87 v. 1336. Elie 1674. Aiol 3433. Brun 292. Beuv. d. Com. 2561. Berte 386. Enf. Og. 3786.

b) Ruteb. I. 213 v. 57.
> Divinitez qui est science esperitable
> Ont il torne le dos et s'en font connestable.

Enf. Og. 7401. As pluseurs autres barons qui erent la
> Fist l'apostoles ce que raisons porta.

cfr. Gayd. 5557. Aiol 1365  Rou I. 197 v. 4405. Alix. I. v. 22, 22 v. 20, 44 v. 14, 188 v. 1, 238 v. 7, 463 v. 28. Beuv. d. Com. 1056, 3294.

c) Floov. 2345. De XV^m qu'i furent, je vos di por verte
> N'an eschape que C des glotons parjuré.

cfr. Enf. Og. 5658, 6078.

d) Enf. Og. 1207. Le jour c'Ogiers ot la noble colee
> Que li bons rois Charles li ot dounee
> Fu la bataille et fiere et aduree.

Eine Füllwendung beginnt im zweiten Versgliede.
Froiss. II. 215 v. 187.
> Car en cascun floron, je vous creant
> Porte la flour un droit dart a taillant.

Im 11silbigen Verse, der die Cäsur nach Otten p. 13 hinter der 7. Silbe hat, beginnt die Erweiterung im 1. Versgliede:
Brakelm. 68 Str. 6.
> Ou pascor quant on vairroit lou bruel florir
> Cheuelier la chanteront por esbaudir.

cfr. Alix. 5 v. 3, Rou I. 196 v. 4379. St. Thom. 105 v. 1, 166 v. 11. Beuv. 53.

Die Erweiterung beginnt natürlich im ersten Gliede des 12silbigen Verses wegen der grösseren Länge desselben häufiger als im ersten des zehnsilbigen Verses mit Cäsur hinter der 4. Silbe.

Ziemlich selten tritt zu einem der coordinirten Theile des betreff. Gliedes, welcher hinter der Cäsur beginnt, oder zu dem hinter der Cäsur beginnenden Gliede ein erweiternder Satz innerhalb des zweiten Versgliedes.

Rol. 3363. A mailz de fer, a cuignees qu'il tindrent
Fruissent les murs et trestutes les idles.

cfr. Rol. 1960. Aye d'Avign. 2147. Alix. 75 v. 29. Aiol 10319.

Gaydon 8500. Et dist Ogiers: „De Deu qui fist les lois
Soit li vassaus Ferraus touz beneois.

6. Die vorangeordneten Glieder werden namentlich in älterer Zeit oft durch Adverbien resp. Pronomina, die besonders gern im Versanfang stehen, im nächsten Verse wiederholt.

### La.

Aye d'Avign. 2096.
Aus pors de Male Estrange, as gues de Moustardon
La furent herbergie li fil Marcillion.

cfr. Ruteb. I. 81 v. 112. III. 328 v. 24. Hofm. Past. 16. Str. 1, Bartsch. I. 44 v. 31. Rol. 154, 2237. Alix. 128 v. 6. Rou. I. 49 v. 338. Ren. d. Mont. 324 v. 16. Aye d'Avign. 1421. Froiss. III. 185 v. 1249.

### Iluec.

Ren. d. Mont. 110 v. 34.
Sus en la maistre roce qui contreval descent
Iluec furent fait le plus haut casement.

cfr. Alix. 312 v. 10. Innerhalb des Verses:

Froiss. I. 168 v. 2617.
Qu'en une chambre bien parant
Bien aournée et bien vestue
De tapisserie batue
Tous seules illoec m'esbatoie.

### I.

Alix. 392 v. 6.
De si qu'a la mer rouge qui son regne clooit
N'i remest I tous seus qui desfensables soit.

cfr. Rol. 115, 2632. Brun 3333. Froiss. I. 90 v. 2507.

### En.

Ren. d. Mont. 80 v. 31.
De VII C chevaliers a armes conrees
N'en mena pue L entre sains et navrés.

cfr. Jourd. d. Bl. 2193. Rol. 145. Floov. 814, 1641. Mätzner XXIV, 41.

*Le* (la, les),

G. d. Nant. 2170.
> Le bon cheual duc Naymes, dont moult iert irascus
> Il l'out en Aspremont quant li champ fu vaincus.

cfr. Alix. 209 v. 9, 249 v. 37. Aye d'Avign. 1384, 4067. Enf.
Og. 7852.

*Ice:* Rose 2249. *Icelui:* Alix. 418 v. 13. *De chou:* Aiol 270.

#### Adnominale Bestimmungen.

### a) Apposition.

Die Apposition wird oft von ihrem Nomen durch Versschluss geschieden.

#### Cäsurhafte Verse.

Sie füllt bei cäsurhaften Versen, gewöhnlich aus mehreren coordinirten Theilen bestehend, den Vers ganz.

Rol. 2047.
> C'est Gualtiers qui conquist Maëlgut
> Li nies Drotin al vieill e al canut.

Alix. 284 v. 11.
> Quar les bestes l'asalent, environ de tous lés
> Ours, lions et lupart, et grifons enpenés.

cfr. Rol. 846. R. d. Mont. 267 v. 4. Aiol 8298. Brun 1931. Jourd.
d. Bl. 2549. Am. et Amil 2057. Alisc. 5507. Enf. Og. 1435. Berte
3142. Froiss. II. 406. XXXV. etc.

Sie erstreckt sich bis zur Cäsur, wo in der Regel erweiternde Sätze beginnen, welche sich bis Versschluss ausdehnen.

Alisc. 2832.
> Quant a mon oncle aves dit rampronee
> Au melleur homme, ki onqes chainsist l'espee.

cfr. Jourd. d. Bl. 3342. Gayd. 7936. Alix. 29 v. 16. Floov. 23. G. d.
Bourg. 106. G. d. Nant. 718. Aye d'Avign. 167. Aiol 6453. Am. et
Amil. 2452. Enf. Og. 2746. Berte 234. Beuv. 2932. Froiss. II. 372 v. 26.

Auch im ersten Versgliede endet die Apposition, wenn eine eng verbundene Erweiterung sich anschliesst; häufiger im 12- als 10-silbigen Verse.

Beuv. d. Com. 94.
> Ermengars siet outré qui fu fais a Brangere
> Une cité qui siet desur l'aige de Sere.

cfr. Alix. 45 v. 21, 127 v. 26. St. Thom. 27 v. 27, 47 v. 7, 126 v. 20.

Doch auch andere, nicht zur Erweiterung dienende

Satzglieder finden sich jederzeit mit der Apposition in demselben Verse.

Elie 490.
> Or m'escoutés, signor! que dieus grant bien nous doint
> Li glorieus del ciel par son saintisme non.

cfr. Aiol 2121. Brun 1161. St. Thom. 72 v. 13, 76 v. 27. Enf. Og. 934.

Vorangehender Satzglieder halber beginnt die Apposition
bisweilen erst hinter der Cäsur und füllt in dem Falle das
zweite Versglied.

Ren. d. Mont. 52 v. 24.
> Aalars et Guichars et Richars l'onoré
> De Paris se partirent, li vasal aduré.

cfr. Am. et Amil. 1713. Enf. Og. 917. Brun 1438.

## Cäsurlose Verse.

### Der Vers wird ganz gefüllt.

Percev. 6203. Sire, c'est Meliaus de Lis
> Uns chevaliers preus et hardis,

Froiss. II. 31 v. 1061.
> Aux quatre vens dist et commande
> Zepherus, North, Sou-Souhest, Hest.

cfr. Brut 189. Barb. I. 14 v. 3. Bartsch I. 8 v. 5. Wackern. 39 Str. 1.
Mätzner 36 Str. 6. Ruteb. II. 382 v. 1998. Percev. 9528. Ch. au lyon 58 etc.

Endet die Apposition innerhalb des Verses, so erstrecken
sich auch hier Erweiterungen gewöhnlich bis Versschluss.

Brut 6923. Et Mercures nous gouverna
> Un Diex qui nous amena ca.

R. d. l. Rose 16869.
> Mais ci ne peust-il riens faire
> Zeuxis, tant seust bien portraire
> Ne colorer sa portraiture.

cfr. Barb. II. 18 v. 537. Tr. Belg. II. 269 v. 597. Theatr. fr. 623.
R. d. l. Char. 4855. Percev. 4324. Froiss. III. 193 v. 1835. Charl d'Orl. 36.

### Dagegen

Chr. v. Piza 1403. En Arabe vi le Phenis
> Le seul oysel qui est fenis
> Par feu, puis un autre revient
> De la cendre qui de lui vient.

cfr. Froiss. III. 71 v. 618, 140 v. 1434.

Andere Satzglieder erscheinen auch hier häufig neben der Apposition.

Tr. Belg. II. 180 v. 112.
>Comment Tolirs en ceste terre
>Uns siens filleus se maintenoit.

cfr. R. d. l. Rose 1658. Percev. 7999. Mätzner VI, 35. Tr. Belg. I. 102 v. 52 etc.

Die Appositionen sind durch *que-que* verbunden Percev. 10814, 11058; Enf. Og. 6333. cfr. auch Otten.

### b) Attributives Substantiv.

Interessant erscheinen die Fälle, in denen ein attributives Substantiv (zur Bezeichnung des Titels, der Verwandtschaft, der Gattung etc.) vom Eigennamen durch Versschluss getrennt wird. Grösstentheils aus später Zeit, selten bei cäsurhaften Versen.

Brut 10167. >Ce fu del tans *l'empereour*
>*Cesar*, le fort conquereour.

Chr. v. Piza 613. >En enfer lui monstray *son pere*
>*Anchises* et l'ame sa mere.

Chants hist. II. 398. >Turaine pensant ranger
>Sous ce de Perigord Lisle
>Voulut *la gentille ville*
>*Sarlat* ces jours assieger.

*roy et empereur* / *Cesar Auguste* Chants hist. I. 397. — *prince et grant maistre* / *Seneque* Chr. v. Piza 6016. — *empereur* / *Neron* Rose 6441, Chr. v. Piza 5996. — *rois* / *Artus* etc. Percev. 9534, Barb. I. 98 v. 60, Chants hist. II. 66, 504, Froiss. II. 229 v. 326. — *royne* / *Marie* Enf. Og. 8226. — *prince* / *Marc Marcel* Chr. v. Piza 5728. — *maistre* / *Seneque* Chr. v. Piza 5340. — *jugeor* / *Jhesu Crist* Ruteb. III 233 v. 1363. — *baptiste* / *Saint Jehan* Froiss. II. 346 v. 4. — *bacheler* / *Robichonet* Rose 8854. — *amy* / *René* Chants hist. II. 184. — *le grant vachier* / *Argus* Froiss. III. 267 v. 2773. — *deesse* / *Dyane* Froiss. I. 136 v. 1703. — *diex de mer* / *Nepturnus* Froiss. I. 216 v. 172. — *duc de Brabant* / *Winceslaus* etc. Froiss. II. 229 v. 301, Ch. au lyon 2152. — *sire de Biauju* / *Antones* Froiss. II. 234 v. 483. So getrennt finden sich ferner: *femme* Chr. v. Piza 3765. — *pucele* Percev. 4089. — *madame* Chr. v. Piza 5449. — *suer* Theatr. fr. 36. — *pere* Tr. Belg. I. 178 v. 99. — *fil* Froiss. II. 9 v. 291. — *frere* Percev. 10162. — cfr. auch: Aye d'Avign. 3936. Enf. Og. 4306. Alix. 21 v. 19, 200 v. 9. Percev. 7292. Ruteb. II. 165 v. 50, 361 v. 1417; III. 138 v. 248. Froiss. I. 246 v. 995. Chr. v. Piza 5128.

Erwähnt seien noch:

Herrig Bd. 37 p. 327.

> Et apres ce vo mostras *a Marie*
> *Le Magdalene* ki tant for vos amat,

(dasselbe findet Otten einmal ohne Artikel durch die Cäsur getrennt). *Scipion | l'Affriquant* Chr. v. Piza 4477, *Sanson | le fort* Charl. d'Orl. 7; *Sebille | la Cumee* Chr. v. Piza 659. *Manse | le Gaule* Theatr. fr. 71.

Auch sehr eng zum Nomen gehörige präpositionale Ausdrücke findet man von ersterem durch Versschluss getrennt.

R. d. l. Rose 4283

> Cy endroit trespassa *Guillaume*
> *De Loris* et n'en fist plus pseaulme.

Mätzner 42 v. 86. A mon *seigneur* soit tramis
> De *Niele* chis escris.

Chants hist. II. 321.

> *Ville tant magnifique*
> *D'Anvers* plore a ce coup.

R. d. l. Rose 15982.

> Ains sembloit estre *Renoart*
> *Au Tinel* qui fust revescus.

Theatr. fr. 655.

> S'avez le chastel de *Meleun*
> *Sur Saine*, que moult los et pris.

*la deesse | d'enfantement* R. d. l. Rose 11005. — *conte | de Fois* etc. Froiss. II. 229 v. 329; Barb. I. 38 v. 2; 87 v. 16; 466 v. 2; — *conte daufins | d'Auvergne* Froiss II. 9. v. 283. — *chité | d'Orcanie* Percev. 10557. Cfr. Barb. I. 197 v. 16. Ruteb. II. 330 v. 530, Jourd. d. Bl. 1589. Alix. 121 v. 4, Enf. Og. 1084, 5126. Mätzner 42 v. 1; Percev. 6693; 10007. Chr. v. Piza 3673, 4250, 5525.

## c) Attributive Adjectiva und Participien.

Die Trennung der attributiven Adjectiva resp. Participien von ihrem Nomen durch Versschluss findet sich verhältnissmässig sehr selten in der altfranz. Litteratur. Weniger begegnet sie in der Epik als in der Lyrik. Man war in der älteren Zeit mehr darauf bedacht, ganze Verse oder Versglieder von den attributiven Bestimmungen ausfüllen zu lassen, später herrschte sowohl in kurzen wie langen Versmassen grössere Freiheit. In vielen dieser Fälle gerade ist es unschwer zu erkennen, dass der Dichter mit der Verwendung dieser Art Enjambements ganz bestimmte Zwecke verfolgt hat.

Attributive Adjectiva resp. Participien
hinter dem Nomen.

Diese Art der Trennung findet sich in älterer Zeit am häufigsten.

Cäsurhafte Verse.

(Gewöhnlich mehrere coord. Theile.)

Wegen der Seltenheit dieser Erscheinung werden die Belege möglichst zahlreich angegeben.

a) Am. et Amil. 1234.

> Isnellement a fait faire uns fossez
> Grans es plenniers et de bois bien plantez.

Brun d. l. Mont. 3101.

> Et desous l'arbre avoit une dame seant
> Noble gente et golie et belle et avenant.

cfr. Aye d'Avig. 1448. Jourd. d. Bl. 577, 2194. Rol. 407, 1311. Aiol 290, 1993, 4268, 4573, 4868, 6150. Gayd. 3115. Alisc. 5232, 7887. Ren. d. Mont. 4 v. 20, 10 v. 35, 129 v. 22, Alix. 23 v. 5, 49 v. 22, 92 v. 12, 114 v. 32, 122 v. 22, 188 v. 27, 537 v. 22, Berte 848, Beuv. d. Com. 875. 3174, Enf. Og. 874, 2106, 2553, 4580, 5403, 6155. Froiss. I. 129 v. 1473, 169 v. 2785, 281 v. 2071, 281 v. 2079, II. 214 v. 158, 356 v. 45, Charl. d'Orl. p. 4, 357, 407.

b) Jourd. d. Bl. 427.

> Et chascuns porte en sa main un baston
> Molt petitet, n'ot c'une aume de lonc.

Aiol 7763.

> Jofrois li fiex Geralme laisse une piere aler
> Grant et grosse et pesant, quanqu'il pot soslever.

cfr. Gaydon 2391, Ren. d. Mont. 107 v. 34, 431 v. 35, Am. et Amil. 29, 1027. Alisc. 3151, 5988, 8627. Alix. 103 v. 7, 186 v. 12, 327 v. 1. Jourd. d. Bl. 40, Aiol 654, 1827, 3632, 4793, 9148. Beuv. d. Com. 37, 3549. Enf. Og. 6, 267, 444, 666 (cfr. 4276). Tr. Belg. I. 80 v. 12, Chants hist. II. 37. Froiss. II. 147 v. 4963, 408 XXII; III. 165 v. 20, 166 v. 32.

c) innerhalb der Versglieder endend:

Froiss. III. 230 v. 13.

> . . . dont l'une veult tous biens vouloir
> Et l'autre non. Or n'est il *creature*
> *Humaine*, qui — sache mettre mesure
> A ces II poins par bon entendement. (nur einmal belegt).

Froiss III. 168 v. 29.

> Car en tout ce que j'ay dit je mettray
> Accort, car entre chascune figure
> Faite de Dieu et de Nature say
> Differences, et ainsi je figure etc.  cfr. eb. III. 35 v. 1180.

## Cäsurlose Verse.
### (Zahlreicher in Versen kurzer Masse.)
### Der Vers wird ganz gefüllt.

Chants hist. II. p. 511.

> Nous voyons les pauvres biens
> Terriens.

Für den 4 silb. V. cfr. Theatr. fr. 584.

„ „ 5 „ „ „ Bartsch II. 2 v. 25.

„ „ 6 „ · „ „ Froiss III. 95 v. 26.

„ „ 7 „ „ „ Froiss II. 282 v. 189.

Ch. au ly. 3256.  Com s'il fussent tuit clos a mur
> Haut et espes de pierre dur.

R. d. l. Char. 2286.

> Les granz galoz sur un roncin
> Gras et reont com une pome.

cfr. Theatr. fr. 43, 44, 145, 173, 269, 276, 289, 309, 337, 351, 406.
Hofm. Past. 3 Str. 2, 17 Str. 2, Barb. I. 28 v. 4, Mätzner 39 v. 41.
R. d. l. Char. 1899, 6371, Ch. au ly. 127, 191, 424, 1660, 4093. Percev.
120, 401, 495, 692, 1199, 1983, 3312, 4009, 4098, 4187, 4196, 9227.
Wackern. 40 Str. 5, Bartsch I. 29 v. 9, 36 v. 20, II 13 v. 21, 71 v. 27.
Rose 170, 214, 6868. Ruteb. I. 81 v. 117, 139 v. 221, 156 v. 186, II. 94
v. 27, 146 v. 116, 206 v. 378, 244 v. 254, 264 v. 33, 372 v. 43, III. 223
v. 1000. Tr. Belg. I. 27 v. 19, 53 v. 20, 118 v. 22, II. 195 v. 536.
Brakeln. 37 Str. 5, 80 Str. 1, Chants hist. II. 204, 295, 307, 347, 509.
Charl. d'Orl. 108, 128, 328, 388. Villon Gr. Test. 60, 79. Chr. d. Piza
1798, 3005, 3548, 4082, 4359, 4404, 4748, 5640, 5952, 6196. Froiss I.
137 v. 1731, 152 v. 2210, 196 v. 3709, 201 v. 2869, 204 v. 3963, 218
v. 234 etc. II 45 v. 1515, 55 v. 1871, 108 v. 3661, 120 v. 4049, 183
v. 740, 224 v. 129, 250 v. 118, 268 v. 193, 279 v. 86, 322 v. 38, 386
v. 14. III. 37 v. 1224, 261 v 2580, 263 v. 2648.

### Der Vers wird nicht ganz gefüllt.

Ch. au ly. 162.  Qui tot estoit cielee a clos
> Dorez, et pointes les meisieres,

Theatr. fr. 301.  Et se point en croistra la foy
> Chrestienne. Sire, entens moy, (sehr wirkungsvoll).

Villon Gr. Test. Str. 20.

> Ta fortune je te mueray
> Mauvaise en bonne.

anders Froiss. III. 273 v. 2966.

> Afin de nous acompaingnier
> Mes seurs et moy, ou temps present
> Et ou futur; de ce present etc.

cfr. Ruteb. II. 172 v. 70, 178 v. 227, III. 9 v. 37. Rose 4932.
Barb. I. 50 v. 366.  Bartsch I. 68 v. 3, II. 6 v. 43, 96 v. 6.  Chants

hist. II. 387, 540. Cb. au ly. 391, 921, 1206, 2917, 5420. Char. 6814, Percev. 1619, 2904, 3100, 4196, 4271, 4392, 7719 Tr. Belg. I. 186 v. 89. Villon 313. Charl. d'Orl 196. Theatr. fr. 231, 256, 282, 326, 347, 361, 412, 468, 478, 482, 492, 511, 536, 546. 561, 574. Chr. v. Piza 729, 794 932, 2004, 4195, 4460, 4524, 4502, 4997, 5521, 5825, 5893, 6103. Froiss. I. 40 v. 1322, 125, v. 1328, 142 v. 1897, 228 v. 573. II. 6 v. 161, 11 v. 353, 165 v. 96, 217 v. 19, 278 v. 69, 291 v. 209. III. 40 v. 1333, 71 v. 611, 81 v. 9, 106 v. 31 etc.

## Das attributive Adjectiv resp. Particip geht dem Nomen voran.

Diese Erscheinung ist bei cäsurhaften Versen in der altfranzösischen Litteratur ungemein selten.

St. Thomas 105 v. 23.

> Li trubles uinz engins qu'il uolt apareillier
> E des dous granz iraignes sunt li dui paltenier (bettelhaft ?)
> Diez. E. W. p. 388.
> Cardenal qui nous uolent, s'il puent, enginnier.

Auch Charl. d'Orl. p. 15 ist *feaulx* vielleicht substantivisch zu fassen, die Getreuen.

> Tesmoing nos seaulx
>
> Cy-atachiez devant tous noz feaux
> Gens de conseil et serviteurs loyaulx,
> Venuz vers nous, pour mandemens royaulx
> Pour nous servir.

Nur bei Froissart scheinen sich Fälle zu finden, welche bestimmt hierher gehören:

Froiss. III. 165 v. 31.

> Mais je ne scay homme de si *parfont*
> *Sens* qui peust sentir si vraiement
> Dou fait d'autrui que du sien. Et comment etc.

anders:

Froiss. III. 167 v. 20.

> Il est tout voir que se Dieu et Nature
> Faisoient tous les cuers humains *d'un vray*
> *Et seul propos* et de pensee pure
> On pourroit bien par les poins de droiture
> Parler d'amours . . . .

Froiss. II. 364 v. 45.

> *Noble et plaisans* en qui j'ai mon cuer mis
> *Vieryne royal*, j'ai bien ce sentement, etc.

Cäsurlose Verse.

Verhältnissmässig am häufigsten bei Christine v. Piza.

Barb. II. 70 v. 425. K'il ne sevent nule si bele
Mescine, Dame, ne pucele.

Die Nomina füllen den Vers.

Froiss. III. 136 v. 1281.
Qu'on puist mieulx nommer terrien
Paradis, ne plus grant eür
Que d'estre en ce cas asseür.

Froiss. III. 261 v. 2595. Gegensatz.
Que tu dis qu'il est d'imparfais
Amoureux plus qae de parfais.

Von mehreren coord. Bestimmungen werden einige durch Versschluss abgetrennt wie:

Ch. au lyon 2442.
Que aucune i ot belle et gente
Et noble et cointe et preuz et sage
Gentil dame et de haut parage.

Froiss. III. 106 v 34.
Ou ameries vous mieulz parfait
Et noble renom pur et net.

cfr. zu den ersten Fällen: Rose 20049. Barb. I. 106 v. 301; II. 398 v. 172. Percev. 3056, 6510, 10129. Tr. Belg. I. 61 v. 32, 129 v. 12, 139 v. 14, 162 v. 6, 191 v. 246, 257 v. 443. Bartsch I. 51 v. 9, v. 13; II. 36 v. 7. Ruteb. I. 101 v. 181; II. 257 v. 545, 344 v. 936; III. 220 v. 865. Chants hist. II. 305, 407, 460, 511, 566. Theatr. fr. 81, 153, 225, 276, 288, 296, 347, 349, 404, 447, 450, 459, 483, 496, 579, 602. Villon p. 87, 210. Charl. d'Orl. 101, 131, 214, 216, 243, 286, 411. Froiss. I. 16 v. 498, 17 v. 558, 133 v. 1592, 122 v. 387, 322 v. 3419; II. 25 v. 834, 108 v. 3634, 262 v. 206, 264 v. 42, 282 v. 192, 289 v. 142; III. 5 v. 121, 46 v. 1535, 61 v. 295, 63 v. 370, 73 v. 680, 112 v. 4, 133 v. 1194, 151 v. 3, 170 v. 30, 187 v. 1631, 193 v. 1816, 193 v. 1845, 197 v. 1958, 199 v. 2018, 199 v. 2022, 205 v. 2208. Chr. v. Piza 69, 207, 460, 666, 1187, 1377, 1434, 1687, 1715, 2228, 2297, 2545, 2578, 2789, 2790, 2865, 3187, 3689, 3723, 3902, 4335 etc.

Bemerkung: So selten auch diese soeben behandelten Enjambements bei den langen Versmassen sind, ebenso zahlreich müssen sie andrerseits bei den Versen der allerkürzesten Masse erscheinen, wo sie unter Umständen ja kaum vermieden werden können.

Anmerkung: Nach Beumelburg: Ueber den Versbau in den Dramen Victor Hugo's, Oldenburg 1883 p. 33 (Fünfzehnter Bericht der Cäcilienschule dort) wagt V. Hugo, der doch sonst in der Verwendung aller Arten Enjambe-

### d) Z a h l w o r t.

### Cardinalia.

### Vor dem Nomen.

Die Fälle sind wegen der Seltenheit möglichst vollständig notirt.

Brut 12752. Cinq mil sis cent cinquante cinc
　　　　　　Chevalier tot pris en eslic
　　　　　　Ot cascune esciele nombres,
Froiss. III. 154 v. 11.
　　　　　　Mais cil qui i percoit contre un
　　　　　　Deduit IIII maulz doulereux
　　　　　　Est plus frois que glace d'alun.
Barb. I. 432 v. 758.
　　　　　　Aincois, fet-elle, en i ait sept
　　　　　　Des moz, ou plus se vous voulez.
Dagegen Chr. v. Piza 576.
　　　　　　Si n'y avoit ne quatre ne tiers
　　　　　　N'une ne deux, ne plus ne mains
　　　　　　Que mille en l'une de mes mains
　　　　　　Des pierretes que pris avoie.
cfr. Percev. 1414. R. d. l. Char. 468. Barb. I. 63 v. 67, 393 v. 9.
Brut 177. Theatr. fr. 229, 339, 399, 661. Villon 336. Chants hist. I. 274
Str. 4; II. Notice p. 29 Str. 2, p. 76. Froiss. I. 160 v. 2481, 311 v. 3043:
II. 223 v. 102, 254 v. 258; III. 140 v. 1433, 157 v. 15, 192 v. 1804, 265
v. 2726, 266 v. 2765. Chr. v. Piza 1222, 1754, 1965, 2024, 2512. Auch
G. d. Bourg. 181, Otinel 14, Aiol 3186, G. d. Nant. 2435, Am. et Amil.
768, 1221.

Bemerkung. Häufig findet sich der Theilungsartikel
bei dem so abgetrennten Nomen, cfr. obiges Citat Barb. I. 432.

### Hinter dem Nomen.
### (Seltener als der erste Fall.)

Percev. 2550. Et apries lui furent dansel
　　　　　　Doi, tout desafublé, crenu.
Chr. v. Piza 2537.
　　　　　　Estoiles ot en l'environ
　　　　　　Ce croy je, douze ou environ.

---

ments sehr frei verfährt, nicht, das Substantiv vom attrib. Adjectiv durch Versschluss zu trennen; ebenso scheidet er nie die Präposition von dem regierten
Nomen, Verb vom vorangehenden Object (pers. relat. oder fragendes Pronomen),
und die Hülfsverba *avoir* und *être* vom Particip. Nach Tobler p. 27 ist die
romantische Schule wieder mindestens so weit wie Ronsard gegangen.

Alisc. 1525.   Mais Sarrazin li sont pres del costé
              Plus de XL., de ferir entensé.

Percev. 8603.  El palais fenestres ouvertes
              Ot bien V. C, toutes couvertes
              De dames et de damoiseles.

cfr. Froiss. II. 313 v. 23, R. d. l. Char. 70, 260, Percev. 4247, 6069,
6782, 9092, 9601; ferner: Alisc. 422, 591, 3076. G. d. Bourg. 191.
Barb. I. 10 v. 295. Ruteb. II. 316 v. 25.

**Bemerkung.** Folgende zusammengesetzte Cardinalzahlen
werden durch Versschluss getrennt.

Brut 7438.     S'ampres i ot quatre cens
              Et soixante en la place mors.

Ruteb. I. 5 v. 1.  En l'an de l'incarnation
              Mil deux cens a m'entencion
              En l'an soissante, .
              VIII. jors apres la nascion etc.

Der Ausdruck ist etwas dunkel, da der Dichter wohl die
directe Trennung meiden wollte, gemeint ist das Jahr 1260.

Chr. v. Piza 185.  Le jour que j'oz cel opprobre
              Fu le V^me d'octobre
              Cest an mille quatre cens
              Et deux. Fust folie ou sens etc.

eb. 2779.      Du costé devers midi vint
              Chevalerie o plus de vint
              Mille, je croy, de bacinés.

Die Trennung wird gemildert durch das eingefügte *avec*.

Chants hist. II. p. 209 Str. 6.
              L'an mil cinq cens
              Avec cinquante et huit
              Nostradamus
              L'avoit tres bien predit etc.

**Bemerkung.** Von mehreren coord. Zahlwörtern werden
einige durch Versschluss abgesondert und füllen selbst einen
Vers oder erstrecken sich bis zur Cäsur.

Ruteb. II. 194 v. 655.  Dehoneretez qui jadis
              Avoit les ostes X et X
              Et XIX et XIX
              N'est prisie vaillant I œf.

Froiss. I. 94 v. 244.
              Fait voler d'aigue un buillonciel
              Ou deux ou trois ou cinc ou quatre.

St. Thom. 29 v. 29.

    Bientost te suffera un an u deus u treis

    U trente u vint u dis, semaine, iur e mais.

## Ordinalia.

### Vor dem Nomen.

Percev. 9598.    Et vous seres tous li premiers

        Chevaliers ki i mangera.

Chr. v. Piza 4145.

    En la cent et vint quatriesme

    Epistre, digne et tres haultiesme

    Saint Jerosme si nous racorde etc.

cfr. Froiss. III. 75 v. 741. Chr. v. Piza 4234.

### Hinter dem Nomen.

Chr. v. Piza 5519.     •

    Dit Valerius en son livre

    Cinquiesme, qui maint bon dit livre.

## Negation.

Zu jeder Zeit und in jeder Gattung der altfranzösischen Poesie trennen die Dichter die Negationspartikel von ihrer Ergänzung (Füllwort) durch Versschluss. Zu erwähnen ist, dass die Ergänzungen dem Nachdruck zu Gefallen auch der Negation vorantreten, cfr. Diez, Gram. III⁴ p. 459. Bei dieser Stellung findet Otten Trennung durch die Cäsur nicht besonders auffällig. Auch im Falle der Scheidung durch Versschluss scheint das Füllwort häufiger der Negationspartikel voranzugehen als zu folgen.

### Cäsurhafte Verse.

Die Ergänzung geht voran.

*ja — ne:* Aye d'Avign. 2348; Gayd. 3875; Aiol 7170, 9374; Hofm. Ged. I. 6; Brakelm. 4 Str. 6; Chants hist. I. 117; Tr. Belg. I. 105 v. 19, II. 21 v. 29, 127 v. 25, 138 v. 15.

*ja — ne mais:* Ren. d. Mont. 275 v. 36.

*ne mais — ja ne:* G. d. Bourg. 1054.

*onkes — ne:* Ren. d. Mont. 187 v. 36; G. d. Nant. 2636; Alix. 29 v. 22, 156 v. 28, 540 v. 11; Brakelm. 42 Str. 3; Froiss. I. 58 v. 181, II. 210 v. 33, 401 XVII, III. 79 v. 25.

*plus — ne:* Charl. d'Orl. p. 71, 145.

*jamais jor — ne:* Tr. Belg. II. 125 v. 7.

*jamais nus jor* — *ne:* Ren. d. Mont. 366 v. 37.
*jamais* — *jamais ne*: Ren. d. Mont. 380 v. 31.
*onkes mais* — *ne:* Ren. d. Mont. 1 v. 19.
*ainc* — *ne:* Enf. Og. 7921; Ren. d. Mont. 175 v. 9, 238 v. 36.
*ains* — *ne*: G. d. Nant. 1949.
*pas* — *ne:* Froiss. I. 78 v. 880.

## Die Negation geht voran.

*ne* — *jamais:* Brun d. l. Mont. 2702. *ne* — *point:* Froiss. I. 86 v. 1141.
*ne* — *nient:* Aiol 1466. *ne* — *plus:* Enf. Og. 4853. *ne* — *riens nule:*
Enf. Og. 1580. *ne* — *riens:* Ruteb. III. 138 v. 230; Enf. Og. 7178;
Mätzner III. 31. *ne* — *ne mes:* Aye d'Avig. 1659.

## Cäsurlose Verse.

## Die Ergänzung geht voran.

*ja* — *ne:* Theatr. fr. 47; Percev. 3784; Rose 7596; Bl. d. Neele
p. 49 Str. 2; Ch. au lyon 6228; Barb. II. 397 v. 124; Ruteb. II. 274 v. 303.
*jamais* — *ne:* Chants hist. I. 143; Bl. d. Neele 33; Charl. d'Orl. 103;
Theatr. fr. 494; Tr. Belg. II. 245 v. 1232; Froiss. I. 234 v. 733.
*onques* — *ne:* Brut 3913; Rose 11571; R. d l. Char. 1978; Ch. au lyon
6519; Chr. v. Piza 127; Froiss. III. 269 v. 2842; Theatr. fr. 446; Charl.
d'Orl. 88; Villon Gr. Test. VII.
*onques mais* -- *ne:* Theatr. fr. 500; Hofm. Past. 19 Str. 2; Tr. Belg.
I. 115 v. 1; Percev. 10351; Ch. au lyon 6788; Froiss. III. 195 v. 1890.
*pas* — *ne:* Rose 9539; Tr. Belg. I. 191 v. 256, 192 v. 284, 196 v. 446;
Chr. v. Piza 3346, 5803.
*point* — *ne:* Chants hist. II. 550; Froiss. II. 347 v. 49; Chr. v. Piza 2938.
*plus* — *ne:* Chants hist. II. 568 Str. 1.
*riens* — *ne:* Brakelm. 83 Str. 4; Ch. au lyon 1592; Percev. 5996;
Barb. II. 323 v. 876.
*ainc* — *ne:* Percev. 7324; Ch. au lyon 836; Chants hist. I. 43.
*tousjours* — *ne:* Froiss. I. 42 v. 1386.

## Die Negation geht voran.

*ne* — *ja:* Rose 12213; Theatr. fr. 290; Brakelm. II. 2; Froiss. I. 35
v 1159, 332 v. 3584.
*ne* — *jamais:* Rose 1812, 20525; Theatr. fr. 319, 433, 454.
*ne* - *onques:* Percev. 3788; Theatr. fr. 529.
*ne* — *chose:* Barb. I. 79 v. 107; Ch. au lyon 5137; Percev. 2812, 9099.
Froiss. I. 337 v. 3726, II. 270 v. 13, III. 35 v. 1174.
*ne* — *goute:* Theatr. fr. 540.
*ne* — *gaires:* Ch. au lyon 844; Charl. d'Orl. 354.
*ne* — *jour:* Theatr. fr. 606.
*ne* — *pas:* Barb. I. 6 v. 151; Hofm. Past. 6 Str. 2; Theatr. fr. 248,
357, 438, 448, 465; Froiss. III. 48 v. 1632, 192 v. 1798.

*ne — non pas*: Froiss. III. 257 v. 2450.

*ne — point:* Theatr. fr. 309, 356, 473, 475, 533, 536, 579, 598; Froiss. II. 188 v. 905, 275 v. 192, III. 36 v. 1202, 46 v. 1568.

*ne — mie:* Theatr. fr. 249, 271, 328.

*ne — riens:* Tr. Belg. II. 255 v. 184; Barb. I. 98 v. 72; Rose 284, 294, 316, 2124, 8913; Mätzner 27 v. 43; Ch au lyon 3996; Char. 3721, 6906; Percev. 1928, 3360; Froiss. II. 51 v. 1715, 227 v. 260, III. 84 IX v. 2, 127 v. 997, 264 v. 2675; Chr. v. Piza 3035.

*ne — nullement*: Froiss. II 114 v. 3841.

*ne — nule part:* Tr. Belg. I. 97 v. 35.

*ne — nient:* Percev. 7425, 9402; Froiss. I. 252 v. 1176, III. 263 v. 2667.

*ne — plus*: R. d. l. Char. 118; Bl. d. Neele 51; Theatr. fr. 660; Froiss. II. 223 v. 95; Chr. v. Piza 2724; Charl. d'Orl. 163, 239.

## Der Infinitiv wird von seinem regierenden Verbum durch Versschluss getrennt.

In der Stellung dieser beiden Redetheile herrscht im Altfranzösischen grosse Willkür; jeder Theil kann jede Stelle im Verse einnehmen. Das Verbum stellt sich allerdings gern vor die Cäsur, der Infinitiv gern an den Versschluss. Directe Aufeinanderfolge bei der Trennung ist namentlich bei cäsurhaften Versen verhältnissmässig selten. Eine starke Neigung, coord. Infinitive ganze Versglieder oder Verse füllen zu lassen, ist nicht zu erkennen.

### Cäsurhafte Verse.

Das Verbum steht innerhalb des Verses, der Infinitiv nimmt die verschiedenartigsten Stellungen ein.

Chants hist. I. 278.
> Nous devons bien sur tout autre dommage
> Plaindre cellui du royaume de France.

Alix. 107 v. 23.
> Qui tel fief done à homme, bien doit ses annemis
> Tant souffrir en estor, qu'il en aient le pis.

Enf. Og. 1288. Ouil porront, se Jhesus le consent
> Bien recouvrer tout le delaiement.

Enf. Og. 80. Lors fist li rois, en cui n' ot k'ensaignier
> Tous les barons mander sans detryer.

Villon p. 112.
> Mais tout franc cueur doit por Nostre Seigneur
> Sans empirer ung povre secourir.

cfr. Rol. 1680, 2024. Alix. 78 v. 27, 96 v. 6, 164 v. 19. G. d.

Bourg. 2041. G. d. Naut. 2527. J. d. Bl. 1346. Am. et Amil. 3174.
Ren. d. Mont. 196 v. 6. Gayd. 3879, 6699, 9810. Aiol 308, 2013, 3200,
7690. Brun 462. Ferner bei Adenes, Froiss., Charl. d'Orl., Villon etc.

## Das Verb. finit. steht im Versschluss.

### a) Der Infinitiv folgt unmittelbar.

Alix. 889 v. 14.

Li rois trance les cordes, adont les veiscies
Corre sor les barons, tant les ont angousciés.

Villon p. 201.

Se vous clamons, frères, pas n'en devez
Avoir desdaing, quoyque fumes ocis etc.

Charl. d'Orl. 147.

Car s'il est vray que Nature me vueille
Abandonner, je ne scay que feray.

cfr. Beuv. d. Com. 328. Jourd. d. Bl. 768 Brun 747. G. d. Nant.
2675. Tr. Belg. II. 128 v. 42. Froiss. I. 79 v. 927. II. 396, 423 XCVI.
Charl. d'Orl. 123.

### b) Sonstige Stellungen des Infinitivs.

Enf. Og. 3311.

Dist Gloriande: Ogier, puisque voules
Ceste bataille avoir, et vous l'arés.

cfr. Enf. Og. 1592, 6105. Charl. d'Orl. 1, 2, 123.

## Cäsurlose Verse.

Das Verbum steht innerhalb des Verses, der Infinitiv
nimmt verschiedene Stellungen ein.

R. d. l. Char. 2990.

Que li chevaliers ne volt pas
Monter sor le cheval presté.

Percev. 6064.    Qu'il me covient encor anuit
Mon ostel prendre loing de ci.

R. d. l. Char. 6684.

Porce poez mon cuer, mon cors
Et mon servisce et mon avoir
Quant vos plaira, prandre et avoir.

Belege aus früher sowie später Zeit sind überall sehr
zahlreich.

Von prächtiger Wirkung ist Villon p. 277:

Lors il dist qu'on fust diligent
De penser a faire les litz
Car il vouloit en ce logis

Coucher; puis apres, par expres
Il prist son grand sac a proces etc.

Villon, der mit seinen hungrigen Collegen in einem
Gasthause einkehrt, giebt vor, Baron aus Lymousin zu sein.
Er lässt Speisen aller Art auftragen und erweist dem Wirth
zuletzt scheinbar die grösste Ehre, wenn er auch in dessen
Hause Nachtquartier nehmen will.

**Das Verbum steht im Versschluss, der Infinitiv folgt
unmittelbar.**
(Nicht so sehr selten.)

R. d. l. Rose 19935.
> Et puisque toutes choses doivent
> Retourner la dont eus recoivent
> Le commencement . . . .

Theatr. fr. 469. Je vous pri qu'a l'empereur aille
> Parler. Je tien par mon recort etc.

cfr. Mätzner 40 v. 97. Bartsch II. 87 v. 10. Brut 11342, 14995.
Rose 9059. Barb. I. 38 v. 9. Percev. 8062. R. d. l. Char. 4496. Ch. au
lyon 3583. Ruteb. II. 369 v. 1643. Oft Theatr. fr., Froiss., Christ. v. Piza.

**Der Infinitiv folgt nicht direct.** (Zahlreich.)

Barb. I. 353 v. 864.
> Et Berengiers garde, si voit
> Le Prestre ester devers un huis.

Percev. 6066. Ne sai se vos aves oï
> Del Castiel Orguellos parler.

cfr. Theatr. fr. 232, 505. Tr. Belg. I. 258 v. 454. Percev. 6906.
Barb. II. 153 v. 318. Rose 7413. Chr. v. Piza 379. Charl. d'Orl. 34 etc.

**Bemerkungen.**

1. Des Nachdrucks halber reihten die Dichter zuweilen
synonyme Infinitive an einander.

Percev. 4. C'est del Graal dont nus ne doit
> Le secret dire ne conter

cfr. Percev. 7793, 10326. R. d. l. Char. 6665. Villon 280. Froiss.
I. 221 v. 331, II. 259 v. 100, III. 85 v. 16.

2. Zuweilen füllen auch coordinirte Infinitive den Vers ganz,
bei Versen ganz kurzer Masse einer bisweilen schon allein.

Ch. au lyon 163. Car s'il le puet au son oir
> Prendre et anclorre et retenir,

Tr. Belg. II. 118 v. 1.

> Puisqu'amors se veut en moi ·
> Herbegier.

cfr. Rose 2481. Ruteb. III. 310 v. 1949. Percev. 2837, 8151. Theatr. fr. 344, 378, 384. Chants hist. II. 509. Tr. Belg. I. 118 v. 24. Froiss. I. 6 v. 170, 216 v. 157; II. 155 v. 5216, 260 v. 129.

3. Nur angedeutet sei, dass auch im Falle der Umstellung der betreff. Glieder die Trennung derselben durch Versschluss sehr häufig begegnet. Sie können jede Stelle im Verse einnehmen.

Bl. d. Neele p. 13.

> Bien sai de voir que faillir a sa gent
> Ne puet Amour, se droiture ne ment;

Für cäsurhafte cfr. Tr. Belg. I. 152 v. 17, Chants hist. I. 247, Enf. Og. 4620, 5920, 6642, zahlreicher in cäsurlosen, namentlich bei Chr. v. Piza.

## Das Participium wird vom Hülfsverbum durch Versschluss getrennt.

Die beim Infinitiv besprochenen Freiheiten gelten auch hier.

### Cäsurhafte Verse.

Das Hülfsverb nimmt jede Stelle im Verse ein, ebenso das Particip; letzteres begegnet selten inmitten des ersten Versgliedes, namentlich beim zehnsilbigen Vers.

Chants hist. II. p. 561.

> Nous sommes tous, qui croiront à leur dire
> Bannis de Dieu et qu'il nous faut maudire.

Das Hülfsverb vor der Cäsur Gayd. 5768.

„  „  im Anfang des 2. Versgliedes St. Thom. 68 v. 28.

„  „  innerhalb des 2. Versgliedes Floovant 1890.

Alix. 145 v. 17.

> Quar d'une part et d'autre furent lor chevalier
> Venu, car raisons est cescuns le sien aidier.

Das Particip vor der Cäsur Beuv. d. Com. 671.

„  „  im Anfang des 2. Versgliedes Froiss. III. 78 v. 17.

„  „  innerhalb des 2. Versgliedes Charl. d'Orl. p. 31.

„  „  am Versschluss Charl. d'Orl. p. 2.

cfr. Otinel 1550. Elie 2188. Aiol 2911. Gayd. 7299. Brun 944, 1370, 1762. Chants hist. I. 350, 389. Tr. Belg. II. 133 v. 32. Rou 140 v. 2789, 152 v. 3138. St. Thom. 56 v. 22, 94 v. 18. Enf. Og. 637, 1461, 5263, 5393, 5886 etc. Villon p. 254. Chr. v. Piza 52. Froiss. I. 78 v. 888; II. 382 v. 9; III. 164 v. 21. Charl. d'Orl. 60, 147, 160, 174 etc.

Das Hülfsverb steht im Versschluss, es folgt unmittelbar das Participium. (Selten.)

Enf. Og. 1880. Et a Charlot, de ce dont vous avés
Oy de quoy li rois fu tormentés.

Froiss. II. 889 v. 1.
Quant Acilles pour Polixena fu
Pris de s'amour, point ne ressongna painne etc.

Charl. d'Orl. 124.
Je respondy que par fortune estoye
Mis en exil, en ce bois longtemps a,

Letzteres Beispiel wird gemildert durch den längeren einheitlichen Verbalbegriff, der sich bis zur Cäsur erstreckt.

Das Particip folgt nicht direct, z. B. Berte 712.

## Cäsurlose Verse.

Das Hülfsverb steht innerhalb des Verses, das Particip kann jede Stelle im Verse einnehmen.

Charl. d'Orl. 102. J'ay en mon cueur joyeusement
Escript afin que ne l'oublie.

Ch. au lyon 865. Qu'il ot desoz le chapel
Le chief fandu jusqu'au cervel.

Brut 2487. Ele avoit, lonc tans ot passé
Le roi de Danemarche amé.

Beispiele in allen Gattungen und Denkmälern sehr zahlreich.

Das Hülfsverb steht im Versschluss, es folgt direct das Particip. (Ziemlich häufig.)

Char. 2808. Et cele dit: Ce est li chies
De cest chevaliers que tu as
Conquis; et voiz, ainz ne trovas etc.

Percev. 5813. Et dist: Sire, je vos eusche
Saluet, s'autretel seusse,

Theatr. fr. 456. Ne n'arez (pour ce estes et fustes
Appellée par verité.

Rose 4170. Ains crient que mal gré ne savés
Au mains por ce que vous avés
Esté por moi mis en prison.

cfr. Rose 2855, 8981, 12385. R. d. l. Char. 593, 2251. Ch. au lyon 256, 1800, 3913. Barb. I. 393 v. 412; II. 143 v. 746. Ruteb. II. 273 v. 282; III. 292 v. 1362. Tr. Belg. I. 206 v. 39. Percev. 175, 782,

1608, 3334, 3822 etc. Theatr. fr. 316, 322, 369, 411, 613. Villon Gr T. Str. 108. Charl. d'Orl. 184, 189. Froiss. II. 113 v. 2827 etc.

### Das Particip folgt nicht direct.

Charl. d'Orl. 252.
> Vous diriés bien que j'auroye
> De droit gaingnié le don d'amy.

cfr. Ch. au lyon 718. Rose 301. Barb. II. 150 v. 220. Percev. 10051. Ruteb. II. 284 v. 583. Theatr. fr. 316. Tr. Belg. I. 124 v. 49 etc.

### Bemerkungen.

1. Nur selten, ausser bei ganz kurzen Versen scheinen mehrere coordinirte enjambirte Participien ganze Verse oder Versglieder einzunehmen.

Brun 3457.
> Mais ne n'en partirai si ert l'un de vous deus
> Rendus ou mors ou pris par le Roy glorieus.

Ruteb. I. 100 v. 166.
> Qui maint orguillex a terre a
> Plessié et mis.

2. Beliebt scheint im Falle der Trennung der beiden Rede-theile (Hülfsverb und Particip) auch die Umstellung der-selben gewesen zu sein, die ja in gewöhnlicher Prosa sogar unbedenklich ist. Man rückte gern das Particip, welches besser als das Hülfsverb fähig war, den Hochton zu tragen, in den Versschluss. Adenes namentlich ver-fährt auch bei cäsurhaften Versen häufig so.

Cäsurhafte. Enf. Og. 4711.
> . . . . car n'avoit riens seü
> Li rois Corsubles dou darrain gait k'eü
> Avoit ses fis, il et si mescreü.

cfr. Theatr. fr. 98. Chants hist. I. 287; II. 44. Beuv. d. Comm. 3202. Enf. Og. 3921, 4018, 4465, 4503, 4743, 4874, 5150, 5796, 5887, 6705, 7029, 7038, 7043, 7647, 7685 etc. Froiss. III. 78 v. 14, 103 v. 33.

Cäsurlose. Rose 17665.
> De jor en jor, tant que venue
> Soit la mort, qui lor est deue.

In allen, namentlich jüngeren Denkmälern wie Chemin d. l. est· sehr oft; cfr. Percev. 7886, Tr. Belg. II. 141 v. 16, Ruteb. II. 145 v. 88, Ch. au lyon 2380, Char. 4571, Rose 168, Bartsch I. 45 v. 15. Froiss. I. 123 v. 1265. Chr. v. Piza 6198.

**Prädicative Bestimmung.**

Die prädicative Bestimmung findet sich von ihrem regierenden Verbum durch Versschluss getrennt. In den Werken älterer Zeit, besonders in cäsurhaften, jedoch auch in Versen kürzerer Masse bemühten sich die Dichter, dieselbe selbständig einen Vers oder wenigstens ein Versglied einnehmen zu lassen. Später wird dies Princip häufig vernachlässigt; selbstverständlich muss es unbeachtet bleiben, wenn im Falle der Voranordnung des Prädicativs der Satz innerhalb eines cäsurlosen Verses oder im zweiten Versgliede beginnt.

### Cäsurhafte Verse.

Auf das nähere Object bezügliches Prädicativ.

a) Vor Versschluss. (Selten.)

Enf. Og. 3658. Autres que je, a tousjours pour houni
Me tenroit on et a mauvais failli.

Mit Objecten: Charl. d'Orl. 148.
Mes yeulx cligniés et mon oreille close
Tendray, afin que n'i entrent jamais etc.

cfr. Enf. Og. 95. St. Thom. 125 v. 16.

b) Hinter Versschluss.

Alisc. 3682. Et Rainouars a I cuivier trove
Tout plein de vin novelement paré.

Chants hist. I. 374.
Prince puissant, que l'Eglise reclame
Tres chrestien, si vous pouvez sans blasme etc.

Aiol 1560. En la chite d'Orliens ui Loey
L'enpereor de Franche, grain et mari.

cfr. G. d. Nant. 2234. Gayd. 1439. Alisc. 3306. Brun 1269. Jourd. d. Bl. 1332. Aiol 4044. Am. et Amil. 389. Berte 2652. Ruteb. II. 251 v. 390. Froiss. II. 359 v. 13 etc.

Auf das Subject bezügliches Prädicativ.

a) Vor Versschluss.

Alix. 208 v. 13. Sages, amesurés et de biele atemprance
Estoit li connestables et ot esté d'enfance.

Enf. Og. 6020. Coume senglers qui a estal livre
Enmi les chiens quant il l'ont arresté
Se desfendit Charles au cuer seué.

dagegen Berte 2220.

Et sa fille ot non Berte en France; mais Aliste
Fu nommée en baptesme et fu nee a Valgiste.

cfr. Alix. 121 v. 30. Venus 15. Enf. Og. 2864, 7273, 7470. Ruteb.
I. 215 v. 27. Froiss. I. 170 v. 2834. JI. 390 v. 11.

## b) Hinter Versschluss.

G. d. Nant. 2711.

Li dui baron mouterent, chascun baise s'amie
Hardi commi lion, plein de chevalerie.

Brun 335. Sire, dist li varlés, ouil, et si n'est pas
Plus d'une lieve long, car il vont tout le pas.

Ren. d. Mont. 212 v. 24.

Manbre vos de Richart, ki arriere est laissiés
Lassus en cele roce, dolereus et plaiés.

cfr. Am. et Amil. 3185, Aiol 80, Gayd. 6231, Floov. 221; G. d. Nant.
165, Alix. 112 v. 35, Ren. d. Mont. 267 v. 37, Enf. Og. 1651. Berte
1876. Charl. d'Orl. 160.

## Cäsurlose Verse.

## Auf das nähere Object bezüglich.

### a) Vor Versschluss.

Ruteb. I. 70 v. 106.

Doulz et pitouz et debonaire
Le trovoit on en toz afaires.

Percev. 1560. U sa mere dolant et noir
Avoit le cuer por sa demeure.

cfr. Hofm. Past. 6 Str. 4, Tr. Belg. I. 180 v. 166, Percev. 2557,
Rose 1398, Ruteb. III. 219 v. 849. Froiss. II. 347 v. 37; Bartsch III.
48 v. 63, Theatr. fr. 618, Charl. d'Orl. 449, Chr. v. Piza 4260.

### b) Hinter Versschluss.

Ruteb. II. 312 v. 31.

Si com l'en tient le lis a bel
Doit l'en tenir Elysabel
A sainte, a sage. a senee.

Theatr. fr. 299. — Sire, quel part demeure un homme
En ceste terre-ci, c'on nomme
Valentin? en savez vous rien?

Froiss. II. 85 v. 2866.

Il qui tout dis avoit les yeulz
Sus moi et sus ma dame ouvers.

Bemerkung: Die directe Folge von Verb und Prädicativ,
auch wenn letzteres den Vers nicht ganz füllt, ist nicht so
sehr selten.

cfr. Theatr. fr. 240, 297, 309. Barb I. 51 v. 379, Froiss. I. 20 v.
647. III. 50 v. 1678. Charl. d'Orl. 120, 126. Villon Gr. T. Str. 27;
ferner cfr. Ruteb. II. 371 v. 1692; Percev. 2247, Theatr. fr. 411, 596.
Tr. Belg. I. 109 v. 4, II. 87 v. 26. Chr. v. Piza 1344 etc.

## Auf das Subject bezüglich.

### a) Vor Versschluss.

Brakelm. 44 Str. 1.
> Saiges, cortois, lairges, prous
> Deuient per uostre maistrie.

Chr. v. Piza 3574.
> Francio, dit ancune histoire,
> Fu appelez, et de lui France etc.

Froiss. I. 107 v. 705.
> Et me dist: De Cleomades
> Est appelles, il fu bien fes.

cfr. Tr. Belg. I. 193 v. 336, Ch. au lyon 6479. R. d. l. Char. 206,
Bartsch I. 46 v. 27, Theatr. fr. 373. Froiss. I. 144 v. 1945. Charl. d'Orl.
398. Villon Gr T. 122. Chr. v. Pisa 526.

### b) Hinter Versschluss.

Ch. au ly. 5224.
> Qu'eles sont de cors et de vout
> Meigres et pales et dolantes.

Theatr. fr. 240. Et puis ce lion devenoit
> Un homme que l'on appelloit
> Hardre . . . .

Villon p. 281. Ainsi partirent ces seigneurs
> De Paris, joyeux en couraige.

cfr. Ch. au ly. 4283, Chants hist. II. 56 v. 465. Ruteb. II. 288 v. 690.
Theatr. fr. 266, 523, 647, 648. Tr. Belg. II. 263 v. 423. Froiss. III.
170 v. 18, Villon Gr. T. Str. 30, 36, p. 273. Chr. v. Piza 2085, Charl.
d'Orl. 162, 361 etc.

## Bemerkungen.

1. Dass das Object mit dem Prädicativ von dem Verb durch
Versschluss geschieden werden kann, geht aus der oben
citirten Stelle Charl. d'Orl. 148 hervor.

2. Prädicativ und Verb finden sich auch vom Objecte gesondert.

Theatr. fr. 478.
> Les autres membres secrez tous
> Femenins ay, ce savez vous.

cfr. Percev. 1816, 2954. R. d. l. Char. 380, Charl. d'Orl. p. 144.

Verhalten des Artikels, der Pronomina, Negation,
Conjunctionen, Präpositionen zum Versschluss.[1])

Die erwähnten Redetheile verhalten sich zum Theil pro-
resp. enclitisch zu ihrem Beziehungsworte, d. h. sie entbehren
des Eigentons und bilden mit dem folgenden resp. vorangehenden Worte eine Toneinheit. In dieser Eigenschaft sollten
sie daher nicht durch Versschluss von ihrem Beziehungsworte
getrennt werden, ausserdem auch Proclitica nicht unmittelbar
vor Versschluss stehen. Indess begegnet man häufig Fällen,
wo diese Bestimmungen unbeachtet bleiben.

### Artikel.

#### Der bestimmte.

Chants hist. I. 190 Str. 5.

    Je ne quid pas ke *li*
    *Rois* face sagement
    Ke il vit de roberie
    Ke il de la clergie prent; ein durchaus ernstes Gedicht.[2])

Ruteb. II. 333 v. 610.

    Assez avoit plus grand pitié
    De sa mesnie que de li,
    Quar chascun jor veoit se *li*
    *Mengiers* fust prest pou en prissent,

Froiss. III. 267 v. 2783.

    Et son de ses beaulz flajolés.
    Il endormy II et II *les*
    *Yeulz* Argus et sa vache priat,

---

[1]) cfr. Diez „Altromanische Sprachdenkmale", Bonn 1846, l. c. p. 75—132
„Ueber den epischen Vers"; speciell p. 111.

    G. Paris: „Etude sur le rôle de l'accent latin dans la langue française",
Paris & Leipzig 1862, p. 119—122.

    Tobler: „Vom franz. Versbau", 2. Aufl., Leipzig 1883, p. 97, 124 ff.

    Lubarsch: „Französische Verslehre", Berlin 1879, p. 36, 37 Anmerkung.

[2]) Lubarsch p. 454: „In komischen und satyrischen Gedichten, z. B. in
Parodien oder Verspottungen von Tagesereignissen können derartige Reime dem
Dichter gerade zur Erreichung des lächerlichen Eindrucks dienlich sein. Dies
ist z. B. in der von Banville geschaffenen Gattung der „Odes funambulesques"
der Fall." Im Deutschen bieten die sog. Klapphornverse oft Aehnliches.

### Der unbestimmte.[1])

Chr. v. Piza 6028.

> Que le prince ne se puist si
> Mucier que les yeux de chascun
> Nel regardent, lui qui n'est que *un*
> *Seul*, garder doit soigneusement etc.

Froiss. III. 113 v. 15.

> . . . . Au mains
> Ne se feroit pas cela sans
> Ce que mon cuer ne fust pensans
> A ma chiere dame pour *une*
> *Grace* que je suis atendans.

cfr. Ch. au ly. 5506; anders aber: Ch. au ly. 2410, Theatr. fr. 593; Froiss. I. 227 v. 529.

Eine Füllwendung tritt zwischen Artikel und Substantiv:

Chants hist. II. p. 57.

> Piz est que *ung*, s'il vous plaist,
> *Caballieros grant maistre*
> Par faulte de mulet
> Vint chevauchier le prebstre.

Die Verbindung des bestimmten Artikels mit der Präposition *de* zu *des* wird vom Substantiv getrennt:

Villon Gr. T. XVII.

> An temps que Alixandre regna
> Ung homme, nommé Diomedes,
> Devant luy on luy amena
> Engrillonné poulces et detz
> Comme ung larron; car il fut *des*
> *Escumeurs*, que voyons courir.

#### Pronomina.

### Personalia.

Das Personalpronomen als Subject durfte von dem Verbum durch Versschluss getrennt werden, es stellte sich jedoch in der Regel ein Wort mit starker Tonsilbe hinter dasselbe in den Versschluss wie

Ch. au ly. 5258. Et bien sachiez, que *vos* meismes
I poez mult grant honte atendre,

---

[1]) Herting: Der Versbau Etienne Jodelle's, Kiel 1884, p. 47 findet bei Jodelle im 7silbigen Verse auch nur ein einziges Beispiel für die Trennung des unbestimmten Artikels (?) vom folgenden Substantiv.

> Partout en tout n'ayans qu'un
> Geste et jargon pour chacun.

Schon bei Chrestien v. Troies und Adenes li Rois aber begegnet das erwähnte Pronomen zuweilen direct im Versschluss:

> Berte 2071. Dame, jel vous dirai, sachiez de voir que *ele*
> Morut soubitement seant sus une sele.

In cäsurhaften Versen ist dies vielleicht in älterer Zeit das einzige Beispiel, im achtsilbigen Verse dagegen kommt es ziemlich häufig vor:

> Ch. au lyon 261. *gie* betont.
> > Apres me repria que *gie*
> > Par son ostel m'an revenisse,
> Villon p. 309. *je* unbetont.
> > A cheval, comme fist jadis
> > Sainct Martin, et aussi sainct George
> > J'en seroye bien plus prest . . . . Or je
> > Vous laisse gantelet et dague etc.
> R. d l. Char. 3035. Don ne te sovient-il que tu
> > As an la cort le roi Artu
> > Contre lui bataille arramie?
> Cleomades 5845. — Feniadisse, or tient a vous
> > Dist la royne. — „Dame et nous
> > Le ferons." Et lors commenca etc.

In dieser Weise ist getrennt:

*je:* R. d. l. Char. 6366, 6920. Percev. 9696. Tr. Belg. II. 180 v. 94. Froiss. I. 253 v. 1201.

*elle(s):* Ruteb. II. 335 v. 668, 374 v. 1780. Theatr. fr. 450, 622. Froiss. I. 115 v. 962, 260 v. 1389; II. 283 v. 239. Chr. v. Piza 5692.

*nos:* R. d. l. Char. 2959. Theatr. fr. 364, 561, 644. Froiss. III. 141 v. 1480.

*vos:* Ch. au lyon 73. Theatr. fr. 175, 543, 631.

Bemerkung. Gestattet war es, das pronominale Subject hinter dem Verbum in den Versschluss zu stellen. Es geschah sehr häufig bei Pronominibus aller Personen, von Belegen mag hier abgesehen werden, da solche Erscheinungen nicht unmittelbar in das Gebiet der Enjambements gehören. Nur bezüglich des Pronomens der ersten Person *(je)* sei an den richtigen Nachweis G. Paris' erinnert (von dem auch Lubarsch spricht), dass *je* hinter einem Zeitwort weiblicher Endung betont war, während nach einem Zeitwort männlicher Endung je nach Belieben das Zeitwort oder das Fürwort betont wurde." cfr. G. Paris l. c. p. 120, Lubarsch p. 37.

Zwei Belege für Verben mit weiblicher Endung, denen ein *je* im Versschluss folgt, mögen, da derartige Fälle selten sind, hier Platz finden; sie bestätigen G. Paris' Behauptung.

Percev. 1989. S'il eust beu et mangié
Trestout, si le vossisce-gie.

Barb. I. 270 v. 201.
Et quant j'ai beu et mengié
Sire Quens, qu'en feisse-gié,

Hinter Verben männlicher Endung findet sich *je* im Versschluss:

### betont:

in allen Fällen bei Chrestien v. Troyes wie Percev. 1749, 1963, 8393, 9595. R. d. l. Char. 1569, 1583, 2181, 2988. Ch. au lyon 1771, 2613, 3843, 5456. Barb. I. 177 v. 260, 385 v. 161, 441 v. 42, 483 v. 336. Rose 3337. Ruteb. II. 258 v. 560.

### unbetont:

stets bei Froissart, zu dessen Zeit dieses *je* also schon vollständig enclitisch geworden war. cfr. Froiss. I. 63 v. 341, 184 v. 3299, 272 v. 1805; II. 261 v. 168; III. 68 v. 506, 110 v. 7, 110 v. 27, 122 v. 828, 125 v. 922, 239 v. 19. Barb. I. 23 v. 183. Chants hist. I. 396. Bartsch III. 48. Tr. Belg. I. 173 v. 354. Chr. v. Piza 3826.

Merkwürdig sind die Fälle, in denen das dem Verbum nachfolgende Personalpronomen als Subject, welches im Neufranzösischen durchaus enclitisch ist, durch Versschluss vom zugehörigen Verbum getrennt wird. Nur wenig Belege finden sich:

R. d. l. Char. 3859.
— „Il m'ocirroit? Einz *ocirroie*
*Je* lui molt tost et conquerroie
Se vos ne vos destorbeiez.

Theatr. fr 654. Qu'avez fait? ou esté avez?
Aucune chose m'en devez
Vous rapporter.

Nicht so hart erscheinen folgende Fälle:

Percev. 5009. Criant en haut: Mar i *entras*
*Tu* ki les la pucele estas.

Froiss. I. 331 v. 3557. Pour ce doi
Je qui boi
Maint anoi
En mon regnoi
Avoir et plaisance.

Ch. au ly. 2268.  Ahi, ahi, com or gisiez?
Vos qui les autres despisiez.

Holland setzt hinter *gisiez* ein Komma, was befremden könnte. Da indess durch das flectirte Verbum im Altfranzösischen die Person genügend bezeichnet wird, so kann man auch in den letzten drei Fällen diese im Versanfang stehenden Pronomina als neue Anreden, zur Verstärkung dienende Pleonasmen, ansehen, in welchem Falle sie natürlich nicht enclitisch sind. So wäre das Komma gerechtfertigt. Im Neufranzösischen müssten allerdings die absoluten Pronomina stehen, doch im Altfranzösischen existirte noch nicht der Unterschied zwischen den Formen des verbundenen und absoluten Pronomens.

Das im Verb enthaltene Subject (Plural) wird bisweilen durch die Apposition in seine Bestandtheile zerlegt, welche beide pronominal, oder pronominal und nominal sind. Es können dann diese beiden Pronomina direct vor Versschluss stehen.

R. d. l. Char. 3187.  Filz, fet-il, avanture fu
Quant ci venimes, gie et tu
A ceste fenestre apuier. cfr. Barb. I. 165 v. 133.

Häufig findet sich eine solche Apposition vom Verb durch Versschluss getrennt und erstreckt sich in cäsurhaften Versen in der Regel bis zur Cäsur.

Enf. Og. 2325.  Ogier, fait il, demain matin venes
Vous et Charlos, si k'en couvent l'avés.

Ruteb. II. 273 v. 276.
Bien sons de diverse nature
Je et tu qui avons I. non.

Ruteb. II. 332 v. 587.
Assez sovent menjaissent bien
Moult volentiers ele et le sien.

cfr. Barb. I. 304 v. 249. II. 84 v. 111. Enf. Og. 2646, etwas modificiert: Gayd. 59. G. d. Nant. 340. Alix. 353 v. 86, Alisc. 7016. Berte 2893, häufig Enf. Og.

Nähere oder entfernte pronominale Objecte stehen hinter dem Verb ganz gewöhnlich im Versschluss.

Chants hist. II. 481.
Aimez-le, cherissez-le,
Et faictes son nom bruire.

Ebenso *nos*, *les*, *li*, *moi*, etc. im Versschluss.

Sie finden sich indess auch hinter dem Verb, wo sie heute enclitisch sind, durch Versschluss abgesondert. Es erscheinen in der Regel wohl dann die betonten Formen.

> Tr. Belg. I. 207 v. 72.
>> Pries vo duc fil et vo pere
>> K'ilh ne laisse perir ne perdre
>> *Moi*. Por coi? Il laissa aerdre etc.
>
> Froiss. II. 302 v. 146.     Saouler
>> Au regarder
>> Toi, ne me puis; or m'en croit.        .

Nicht so hart sind Fälle, wo mehrere coordinirte Pronomina oder Pronomen und Nomen zusammentreten und mit Erweiterungen den Vers füllen.

> Enf. Og. 7167. Car de la mort avez fait respiter
>> Moi et maint autre k'entour moi voi ester.
>
> Theatr. fr. 413. Que pour ele despis et he
>> Moi, mon empire et quanque j'é.
>
> cfr. Tr. Belg. I. 101 v. 30, 148 v. 33. Mätzner 26 v. 15, R. d. l. Char. 4933, Ruteb. III. 8 v. 15. Percev. 10490. Bartsch L. 5 v. 27. Ch. au ly. 4141.

Ebensowenig sollten die betreff. Pronomina als Objecte im Versschluss stehen, wenn das Verbum im nächsten Verse folgt.

> Cleomad. 16846. Bien li moustre, que je l'ai chiere
>> Fait la rogue: quant, pour *li*
>> *Veoir*, vieng de mon pays ci.
>
> Bl. d. Neele p. 49 Str. 1.
>> Dont la vi
>> Qu'en doi-je li
>> Demander fors merci?
>
> Chants hist. I. p. 79.
>> Lassez nos, lassez nos
>> Ballar entre nos, entre nos. Unbetont ist dies Pronomen:
>
> Froiss. III. 18 v. 568.
>> Douce Pensee te vient duire
>> Regarde qu'elle te presente,
>> Car je croy bien que son present te
>> Donra joie, veuilles ou non.

ebenso wenn der Reim correct sein soll

> Theatr. fr. p. 47. Past. 25. Traï! voir, fet-ele
>> Vilain chaitis,
>> Traï este-vos, je le
>> Vos plevis.
>
> cfr. Froiss. III. 96 v. 9. Ch. au lyon 3801. Char. 2756(?).

Das im Neufranzösischen enger zum Infinitiv gehörige pronominale Object erscheint zuweilen mit dem Verbum finitum in demselben Verse.

Theatr. fr. p. 438. Ne sce se venir assaillir
Vous osera.

cfr. Tr. Belg. I. 222 v. 266. Brakelm. 81 Str. 4.

Das Reflexivum wird oft vom Infinitiv getrennt.

Ch. au lyon 5617. Por ce si se povoit molt fort
Mes sire Yvains doter de mort.

cfr. Percev. 6688, 7936.

Hinter einer Präposition findet sich das Pronomen gewöhnlich im Versschluss:

Froiss. II. 290 v. 178.
Qu'ennemi
Et ami
Ont a li
Perdu. Quant g'i vise etc. Belege überall zahlreich.

### Possessiva.

Das adjectivische Possessivpronomen wird äusserst selten durch Versschluss vom folgenden Nomen getrennt.

R. d. l. Char. 3651. Dame, por Deu et por le *vostre*
*Preu*, vos requier, et por le nostre.

Bemerkung. Das substantivische Possessivpronomen findet sich des öfteren vor Versschluss:

Froiss. I. 303 v. 2777.
Et toutes fois de nos li leur
Furent recoelliet as espees,

Tr. Belg. II. 178 v. 44.
Quar je li contai que li suen
Avoient du pais chacie
Larguece . . . .

cfr. Ch. au lyon 4493. Ruteb. I. 150 v. 59.

### Relativa.

Gewöhnlich sind Stellungen wie folgende:

Ch. au lyon 5939. Par cestui, qui, soe merci
M'en a seue anjusque ci.

Das Relativum findet sich direct im Versschluss an folgenden Stellen:

R. d. l. Rose 20897. Ainsinc le dist Ovide, *qui*
Ot asses, tant com il vesqui
De bien, de mal, d'onor, de honte.

Chr. v. Piza 1541.  Nous pomes ja le son oir
Des yaves que l'en ot brouir
Au cheoir des montaignes *dont*
Ce lieus est enclos, et adont etc.
cfr. Rose 21978.  Theatr. fr. 667.  Froiss. I. 332 v. 3586; II. 254 v.
262, 386 v. 26.  Chr. v. Piza 1627, 6041, 6273.

## Mit einer Präposition verbunden begegnet es:
Froiss. I. 350 v. 90.
Quant je ne voi ne oi celle par qui
Joie et dolour m'ont lonc temps poursievi.
Barb. II. 471 v. 1.
Il sont mais tant de menestrex
Que ne sai a dire desquex
Je sui par le cors St. Huitance.
Froiss. I. 241 v. 892.
C'on adevinast pour le quele
J'ai ores mis ce nom apele.
Froiss. II. 91 v. 3070.
Ne je ne senc que flame et fu
Et si ne scai mies par ù
Tele ardour puist venir ne nestre.
cfr. Froiss. I. 148 v. 2085; III. 83 v. 19.

Beachtenswerth ist noch die Trennung der Bestandtheile des verallgemeinernden Relativpronomens.
quelque-qui resp. que, quel-que.
Froiss. III. 34 v. 1129.
Mais quelque bien ou quelque grace
Qui te surviengne en quelque place etc.  cfr. eb. I. 203 v. 3955.
Froiss. I. 200 v. 3828.
Quel mal, quel grief, ne quel painne
Que me facies recevoir etc.
Theatr. fr. 310.  Or vous fault donc pour touz jours mais
Avoir ou cuer un propos quel
Qui soit en perseverent tel
Que pour dons ne blandissemens etc.

## Demonstrativa.
Die Trennung des adjectivischen Demonstrativs vom Nomen durch Versschluss findet sich an folgenden Stellen:
Froiss. II. 243 v. 270.
Rendes nous sentensce et raison
Et jugement sus nos procès.
Imagination a *ces*
*Mos* a bien dit que non fera.

Ruteb. II. 389 v. 2179.

Que pour nous deprit a *celui*
*Dieu* qui ne refuse nului.

Theatr. fr. 307. Qui du plus pur sang assomma
Une portion au corps de *celle*
*Vierge* qui mere est et pucelle.

cfr. *celle/cité* Chr. v. Piza 5732, *celles/dames* Chr. v. Piza 1010, *ycès/pour-faitures* Froiss. II. 153 v. 5177.

**Bemerkung.** Auch das substantivische Demonstrativ begegnet einige Male vor Versschluss und wird durch denselben von andern Satzgliedern geschieden.

Froiss. III. 8 v. 243.
Qu'ils ont entiere souffisance
Et ung eur tres souffisant. Ce
Les fait en bonnes vertus croistre etc.

Ch. au ly. 3104. Mes ce fu seul à seul, et cele
Li a la manconge retreite.

Theatr. fr. 568. Bien, ma chiere dame, cela
Venons de faire, que savez.

cfr. Tr. Belg. II. 194 v. 506. Froiss. I. 132 v. 1574. Chr. v. Piza 4159, 4883.

Wohl verderbt R. d. l. Char. 1928.
Dom estes-vos, et de quel leu?
— Uns chevaliers sui, ce
Del reaume de Logres nes.

Das pronominale Determinativ stellt sich in der Regel vor das Relativ in den Versanfang. Bei der Trennung des Determinativs vom Relativum äussert Gröbedinkel p. 73 gelegentlich, dass eine solche, selbst im Altfranzösischen, wo *cil qui* noch nicht so eng zusammen gehörten, sehr selten vorkommen dürfte. Es begegnen indess derartige Fälle häufiger, als es nach dieser Aeusserung erscheinen möchte. Zahlen mögen es beweisen. Getrenntes

*celui / qui*

(wo das Determinativ unmittelbar vor Versschluss steht) ist belegt (es lassen sich die Belege aber noch vermehren) in Gaydon 1 mal, Barbaz. 8, Ruteb. 11, Percev. bis 12000: 16, Theatr. fr. 12, Ch. au lyon 2, R. d. l. Char. 5, Bl. d. Neele 1, Froiss. 11, Charl. d'Orl. 7, Tr. Belg. 7, Mätzner 3; ferner in: Chants hist., Chr. v. Piza, Brakelm., Bartsch.

*cil / qui*

Aiol 1. Floov. 1. R. d. l. Char. 4. Ruteb. 2. Ch. au lyon 1. Percev. 4. Froiss. I. Theatr. fr. 1. Chants hist. 1.

*cele / qui*

Theatr. fr. 4. Ruteb. 2. R. d. l. Rose 4. Froiss. 10. Percev. 1.
B. d. l. Char. 2. Ch. au lyon 1. Ebenso 1 mal: Barb., Bartsch, Charl.
d'Orl., Chr. v. Piza. *cecy / que*

Theatr. fr. 352. Charl. d'Orl. 415.

*cesti / qui*

Froiss. 3 mal. St. Thom. 1.

*cist / qui*

Ch. au lyon 6465.

*ce / que*

Villon p. 327. Froiss. I. 253 v. 1102.

*cela / que*

Froiss. III. 121 v. 19.

*celi / ou*

Tr. Belg. I. 89 v. 10. Froiss. II. 125 v. 4209.

*ce / dont*

G. d. Bourg. 459. Barb. f. 372 v. 85. Ruteb. III. 281 v. 982.
Froiss. 3 mal.

P l u r a l e :

*ciaus / que*

Ch. au lyon 2484. Theatr. fr. 502. Ruteb II. 346 v. 988. Barb. I.
326 v. 952. Rose 4453. Froiss. 11 mal. Chants hist. 4. Chr. v. Piza 3.
Charl. d'Orl. 2. Tr. Belg. 2 mal.

*celles / qui*

Rose 10071. Froiss. I. 292 v. 2391; II. 66 v. 2234. Charl. d'Orl. p. 198.

Zuweilen treten auch zwei solcher Determinative vor den
Versschluss, wobei die Femininformen gewöhnlich voran-
stehen wie

*celles et ceux / qui, ceste ne cesti / qui* und ähnliche. Cfr. Percev. 4012,
Tr. Belg. I. 39 v. 9, Ch. au ly. 3190, Theatr. fr. 563, Froiss. II. p. 88;
150 v. 5055; 169 v. 234. Charl. d'Orl. 74, 128, 134.

In Versen ganz kurzer Masse ist die Trennung unter
Umständen nicht zu vermeiden:

Tr. Belg. I. 42 v. 26. Car je ne puis oublier

Celi

Cui j'aim si.

Dass zwei coordinirte pronominale Determinative durch
Versschluss geschieden werden, ist selten:

Tr. Belg. I. 194 v. 345.

Oil! — Et Diex! à cui done ele

Son fies? Molt en est lie *cele*

*U chil* qui si bel don rechoit.

cfr. Froiss. II. 149 v. 5014 *a celi / ne celle qui* —

**Bemerkung:** Das gewöhnlich vor dem pronominalen Determinativ im Versanfang erscheinende *tuit* (mit Nebenformen) ist von demselben getrennt:

Percev. 6543.  Issi departirent la nuit
Puis entrerent el castel tuit
Cil qui s'en estoient issu.

Bezüglich des hinter dem Verb oder der Präposition vor Versschluss stehenden *ce* sei erwähnt, dass es in folgenden Fällen unbetont war:

Chr. v. Piza 1880.
. . . si bellement
Se muet qu'il empesche la course
Du firmament du ciel; et pour ce etc. so auch: Barb. I.
111 v. 446, II. 83 v. 98.  Ruteb. III. 296 v. 1487, Chants hist. II. 421.
Froiss. II. 117 v. 3955, 119 v. 4015.  III. 8 v. 244, 9 v. 274, 19 v. 624,
138 v. 1380, 258 v. 2503, 262 v. 2636, 267 v. 2772.

**Bemerkung:** An das sonderbare Verfahren des Gautier von Coincy, von welchem zuerst Diez „Altromanische Sprachdenkmale“ p. 111 spricht, dann G. Paris: Étude sur le rôle etc. p. 121 und Tobler: Versbau p. 126, erinnern Stellen wie

Charl. d'Orl. p. 313.
Puisque avez le povoir en cé
De l'aidier par grace et doulceur
Acquitez vostre consciénce,
Froiss. III. 206 v. 2252.
Dont vous estes gardienne.  Or
Entendez sa requeste en cé,
Vecy ainsi qu'elle comménce.

wo der Reim im Grunde aufgehoben wird.  Schon Tobler hat nachgewiesen, dass auch andere Dichter zuweilen in derselben Weise reimten.

### Interrogativa.

Als elliptische Fragesätze stehen die Fragewörter ganz gewöhnlich vor Versschluss.

Ch. au ly. 3563. Qui est qui se demente si?
Et cil li respont: „Et vos, qui? ebenso qui: Ch. au
ly. 2019.  R. d. l. Char. 1350; quoi: Froiss. II. 22 v. 745, 155 v. 5221;
le quel: Ch. au ly. 389, 3041, Percev. 9120, pour quoi: Enf. Og. 3172,
Percev. 5506, 8664, de quoi: Percev. 3549.  Froiss. II. 25 v. 850, 184
v. 753.  par cui: Ch. au ly. 3605.

Im Falle des Enjambements trifft man selten Fragewörter vor Versschluss:

Theatr. fr. 262. Pour Dieux! seignurs, dites *li quiex*
Est mon mari d'entre vous deux?

Theatr. fr. 256. Chier ami, je ne sce pas *quel*
Le hanap vostre seigneur est,

Tr. Belg. II. 253 v. 142.
Si uos dirai de coi et queles
Ces deus eles convient a estre.

Villon p. 316.      Mallep.
Hée! monsieur de Baillevant?

     Baillev.
                Quoy
De neuf?

     Mallep.
On nous tient en aboy etc.

Villon p. 311. Je suis aussi simple, aussi coy
Comme une pucelle, car *quoy*
Dit le second Commandement?

Barb. I. 388 v. 247.          .... ancui
Anuieuse respondi, *qui*
Tuerez vous, sire vilains?

Percev. 7339. Del chevalier qui est caians
Ains en i aura ne sai *quans*
Se Dieu plaist, mors et afolés.

cfr. Rose 13464, Theatr. fr. 233, 318, 321, 540, Froiss. III. 227 v. 1; 228 v. 9, Chr. v. Piza 3987, 4636.

## Indefinita.

Diese Pronomina finden sich des öfteren von ihrem Nomen getrennt, sei es, dass sie demselben vorangehen oder folgen.

### Adjectivische.

*Aucuns.* Theatr. fr. 579.
Au mains se je veisse aucune
Grosse beste par ci saillir, cfr. Froiss. III. 75 v. 762, Chr. v. Piza 3012, hinter: Chr. v. Piza 2735.

*chascuns:* Froiss. III. 113 v. 27.
Que pour l'amour d'elle chascune
Heure de jour je sui vivans cfr. Froiss. III. 75 v. 77.

*mains:* Ruteb. II. 343 v. 898.
Si lor espargnoit-ele maint
Bon morsel qu'ele menjast bien. cfr. Char. 6980, Chr. v. Piza 3306.

*mesmes*: Chants hist. II. 495.

> Qui veut qu'à ung roy vicieux
> Mesmes l'on rende obeissanse

*nus:* R. d. l. Rose 21076.

> A cui ne puet riens embler nus
> Humains que tout ne face user. cfr. Chr. v. Piza 3178.

Theatr. fr. 261.

*plusieurs:* Villon 258.

> Et quant au regard de plusieurs
> Autres repues, aussi escriptes etc.

*quelconques:* Froiss. II. 159 v. 5334.

> Et ton cœr prom œs
> Au justement considerer
>         Quelconques
> Li vies ou li noes
> Testament te poet profiter.

*trestuit:* Rose 19473. Dont trestuit de paor tremblerent

> Li diex d'enfer, car il cuiderent etc. cfr. Chants

hist. II. 489 Str. 10, Ch. au ly. 3187, hinter: Ch. au ly. 5106, Percev.'¦7583.

*tel:* Barb. I. 464 v. 376.

> Puis a dit, ainz mez n'avint tele
> Aventure en trestout cest monde. cfr. Ruteb. II. 334

v. 652. III. 202 v. 263; hinter: R. d. l. Char. 5245, Percev. 10330. Froiss. I. 165 v. 2664. II. 387 v. 13, III. 60 v. 239.

*tout:*[1]) Theatr. fr. 472.

> Sire, je me plains devant touz
> Vos barons qu'assemblez voy cy.

Ruteb. II. 326 v. 421.

> Or auez oïe s'enfance
> Toute, fet-cele, sanz doutance. cfr. Gayd. 6789. Alix.

389 v. 32, Barb. I. 343 v. 617. Brut. 12276, Bartsch JI. 42 v. 37, Percev. 4764. Berte 2435, direct vor Versschluss: Theatr. fr. 225, 270, 337, 344, 373, 376, 461, 468, 613, 652 etc. hinter: Alix. 417 v. 10, R. d. l. Char. 4126, Barb. I. 108 v. 387. Percev. 836, 10356.

Bemerkung: Die substantivischen indefiniten Pronomina findet man ziemlich oft von den übrigen Satzgliedern getrennt, auch trifft man sie nicht selten im Versschluss.

Charl. d'Orl. 204.

> Se gens ne laissiez en pais, on
> Appellera les advocas
> Qui plaideront que tres faulx cas
> Vous usez en vostre maison. so Froiss. II. 85 v. 2864,

II. 30 v. 988, Tr. Belg. II. 160 v. 139.

---

[1]) Tobler „Versbau" p. 100 Anmkg. bemerkt zu Foerster's Anmerkung

Tr. Beig. II. 160 v. 139.
>  Encore puet bien estre que tes
>  En ert de mal purpos jetes.

cfr. nuls getrennt: Theatr. fr. 534. Ruteb. III. 284 v. 1023. Froiss. I.
159 v. 2463, II. p. 39, 41, 65. III. 185 v. 13; ähnlich *autre, nului* etc.
Barb. II. 311 v. 502, 312 v. 523; Ruteb. I. 79 v. 70, II. 202 v. 849, 887
v. 2136, III. 289 v. 1258. Froiss. III. 232 v. 1169, 154 v. 1.

Für die Begriffe „all" oder „niemand" und ähnliche be-
nutzen die Dichter bisweilen die Figur der Distributio, es
treten dann zwei coord. Pronomina vor Versschluss auf:

Frois. II. 35 v. 1177.
>  Et me disoit: „Nulle ne nuls
>  Ne t'en deveroit pis voloir.

cfr. cascuns et cascune Froiss. I. 311 v. 3055. toutes et tout eb. II.
186 v. 852. tamaintes et tamains Froiss. II. 239 v. 140.

In enjambirter Stellung kommt es in allen Casus vor:

Theatr. fr. 463.  Si est roys d'Espaigne tenuz
>  Un c'on appelle Berengier.

Chr. v. Piza 4149. Que ne se doit glorifier
>  Nulz n'en orgueil magnifier. cfr. Mätzner 25 v. 42,

Theatr. fr. 542, Ch. au ly. 5371. Brun 3157. Berte 569, Enf. Og. 3619,
Percev. 3598, 5557, 6402, 9313, Froiss. III. 147 v. 4. Chr. v. Piza 3925 etc.

Die mit den indefiniten Pronominibus verwandten Adverbien der Quantität und des Grades, welche theils Nominal-,
theils Verbalbegriffe verstärken (wie *forment*, welches pr. afr.
nfr. nur Verbalbegriffe verstärkt, cfr. Diez Gram. II.⁴ 475)
ferner die Adverbien der Weise im engeren Sinne finden sich
zahlreich durch Versschluss vom zugehörigen Nomen resp.
Verbalbegriff geschieden, mögen sie vor oder hinter demselben
stehen. Einige, heute zum Nomen gehörig, gehörten wohl
ursprünglich enger zum Verbum. cfr. Schlickum[1]) p. 43,
Morf[2]) p. 287—291.

*moult.* Barb. I. 73 v. 97.
>  Dist l'Evesques, mout aveiz fait
>  A sainte Eglise grant meffait.

---

Aiol 749: „Man darf nicht vergessen, was flectirtes *tout* im Französischen für
ein Satzglied ist" mit Hinweis auf seinen Aufsatz Gött. gel. Anz. 1875 p. 1077.

[1]) „Die Wortstellung in der altfranz. Dichtung Aucassin und Nicolette",
Altenburg 1882.

[2]) „Die Wortstellung im altfranz. Rolandsliede", Rom. Stud. III.

Percev. 4784. Jou l'amoie et tenoie cier

    Moult pour cou que il me clamoit etc.   cfr. Enf. Og.
6501, Mätzner XXX, 25. Ruteb. II. 329 v. 498; 361 v. 1398, III. 197
v. 75. Percev. 3300, Ch. au ly. 2468, 5226. Froiss I. 157 v. 2372,
II. 18 v. 422.

*trop poi:* Froiss. I. 208 v. 4113.

          Mais trop poi

          Ai d'aligance.

*noiant:* Froiss. I. 206 v. 4051.

          Le temps qui noiaut

          M'a tenu de joie.

*si:* Froiss. II. 134 v. 4547.

          Et vous me veres sans nul *si*

          Gai, poli et enveuturenx.

Charl. d'Orl. 293.       Ce monde cy

          A sy

          Pou foy.         cfr. Ruteb. II. 373 v. 1732,
Mätzner X; 44.   Charl. d'Orl. 295, Froiss. II. 278 v. 62.   Chr. v. Piza
6028. Percev. 2982.

*ainsi:* Villon 306. A brief parler, j'estoye ainsi

          Mignon comme ceste enfant cy.

cfr. Theatr. fr. 272, 633. Froiss. I. 461 v. 368, II. 157 v. 5280.

*comme:* Froiss. III. 35 v. 1179.

          Et des que tu vois gentil homme

          Joine et couvoiteux, fuy le comme

          Ennemy de toutes vertus.

*assez:* Theatr. fr. 438.

          Et pour ce que n'ay pas assez

          Gens contre lui, me sui pensez etc.

  cfr. Ren. d. Mont. 288 v. 1, Theatr. fr. 298, Percev. 4792, Ch. au ly.
777, 3182. Rose 8507, 12327, 20897; Barb. I. 143 v. 459, II. 457 v. 329,
R. d. l. Char. 666, 5768, Ruteb. III. 277 v. 856, Froiss. I. 101 v. 507,
Ch. v. Piza 3339, 5541.

*tant:* Bartsch. I. 51 v. 38.

          lasse, pour quoi sui je tant

          bele, quant

          m'esmaris

cfr. Aiol 3692, Beuv. 3666, Brut. 6439, Rose 8868, 12951, Percev.
575, Ruteb. I. 205 v. 57. Theatr. fr. 354, Chr. d. Piza 2769.

*plus:* Bartsch. I. 115 v. 8.

          mes j'ain certes plus

          loialment que nus etc.

Froiss. III. 99 v. 29.

          Mais je ne scay duquel le plus

          Piteusement me doy clamer.

Villon erlaubt sich einmal, die Bestandtheile des Superlativs eines Adjectivs durch Versschluss zu trennen:

Villon: Belle leçon etc. p. 166.

>Beaux enfans, vous perdez la plus
>Belle rose de vo chapeau etc. Vergl. noch Bl. d. Neele

p. 11, Ch. au ly. 78, 293, 6253. Barb. 1. 146 v. 571. Rose 5305. Froiss. II. 83 v. 2802. Chr. v. Piza 5043, 5048.

*trop:* Rose 3450.

>Trop vous estes de cel Amant
>Bel-Acueil, grant piece eslongnies.

cfr. Bartsch I. 10 v. 4, Froiss. I. 137 v. 1734, II. 258 v. 74.

*tres:* Froiss. II. 251 v. 151.

>Comme est tres
>Plaisans corps, douls et parfes
>De ma dame etc.

*moult bien:* Rose 410.

>Si ot d'une chape forrée
>Moult bien, si com je me recors
>Abrié et vestu son corps.

*quasi:* Chants. hist. II. 494 Str. 13.

>Voyant vostre ligue quasi
>Estre par le roy renversee.

*forment:* Ruteb. II. 352 v. 1162.

>Et de l'angoisse qui forment
>M'avoit tenu jusc' orendroit.

Auch die meisten Adverbien auf — *ment* gehören hierher wie:

Chants hist. II. 303.

>Avoit pareillement
>Une robbe, vestue
>Fort magnifiquement
>D'une toile d'argent etc.

povrement cfr. Ruteb. II. 338 v. 752. Erwähnt sei noch Charl. d'Orl. 152.

>Afin que le suppliant
>Cy devant
>Nommez, la puisse garder,

Das hier abgetrennte Ortsadverb füllt den Vers, wodurch die Trennung gemildert ist.

## Die Negationspartikel

*ne* vor dem Verbum, welche proclitisch ist, findet sich einmal (wohl nur eine Spielerei), jedoch im weiblichen Reim, also tonlos, durch Versschluss vom Verb geschieden. Die Möglichkeit der Pause hinter dem *ne* bleibt indess ausgeschlossen, weshalb der Vers stets mangelhaft erscheinen muss.

Froiss. III. 19 v. 611.

> De sa puissance souveraine
> Onques seigneur ne souverain *ne*
> *Fu* si prest à ses gens aidier.

## Conjunctionen.

Conjunctionen, mehrsilbige wie auch einsilbige, beiordnende und unterordnende findet man in späterer Zeit ziemlich zahlreich vor Versschluss.

### Beiordnende.

#### a) mehrsilbige.

*atant:* Bartsch III. 28 v. 45.

> – Puis si m'en tournai: atant
> Robin vint aval la pree.  cfr. Theatr. fr. 39.

Chr. v. Piza 1235.

*aussi:* Froiss. II. 371 v. 22.

> Le noble roi Alixandre, et aussi
> Moult de grieftes ot Paris pour Helainne.  cfr. Froiss.

L. 13 v. 417.

*adonques:* Froiss. I. 125 v. 1306.

> C'est ma destruction.  Adonques
> Reprendoie tost ce parler.

*neantmoins:* Chants hist. I. p. 365 Str. 3.

> Longue jeunesse eust mieux vallu, neantmoins
> Loé soit Dieux qu'il nous a tant duré.

cfr. *adont:* Chr. v. Piza 1544; *ancois:* Froiss. II. 84 v. 1136; *autressi:* Froiss. I. 11 v. 350, Chr. v. Piza 5280. *d'ore en avant:* Theatr. fr. 504. *des ore mais:* Theatr. fr. 634. *nonporquant:* Tr. Belg. I. 65 v. 22, Bartsch. III. 46 v. 90; Mätzner XVIII v. 15; Froiss. I. 133 v. 1593; II. 248 v. 53, II. 367 v. 9. *nequedent:* Brut. 6953.  Barb. II. 367 v. 17. *nient moins:* Theatr. fr. 249, *orendroit* Barb. I. 282 v. 296. *pourtant:* Froiss. III. 46 v. 1552. *toutevoie:* Percev. 4017, Barb. II. 12 v. 359, Froiss. II. 55 v. 1887. Chr. v. Piza 5277.

#### b) einsilbige.  (Seltener.)

*dont:* Chr. v. Piza 5786.

> Et se point ne retournes, dont
> Qui justice et droit me fera.  cfr. eb. 5761.

*kar*: Froiss. I. 271 v. 1769.

Emprist a gouvrener ton kar
Et les chevaus à mener, kar
Esprouver volt se c'est tes fis.

*lors:* R. d. L Char. 6563.

Quant sa veue a mise fors
Si com il puet esgarde: lors
Vit celi qui huchié l'avoit. cfr. Tr. Belg. II. 250 v. 63,

Froiss. III. 235 v. 35, Chr. v. Piza 625.

*mes:* (am häufigsten von diesen) Rose 4349.

Sans faille biaus dons i ot; mes
Il ne me vaudront riens james.  cfr. Rose 9732,

Froiss. I. 222 v. 384, III. 16 v. 522, 71 v. 603, 217 v. 2, 249 v. 6. Charl.
d'Orl. p. 92, 252, 397. Villon Gr. Test. Str. 27, p. 341.

*or:* Froiss. III. 191 v. 1775.

Par les III pommes de fin or
Que ma mere lui donna. Or
Te vueil je deviser comment,  cfr. Froiss. III. 74

v. 698, 206 v. 2252, 222 v. 28.

*puis:* Barb. II. 82 v. 386.

Et recauchierent tost, et puis
L'enquierkierent et portent a l'uis.  cfr. Charl. d'Orl
p. 218, Froiss. III. 69 v. 556, 76 v. 791, 130 v. 1104, 166 v. 12.

*si:* Tr. Belg. I. 103 v. 19.

N'i os aler, si
Envoi un tres douc pensé.  cfr. Chr. v. Piza 5279.

## Unterordnende.
### a) mehrsilbige.

*comme.* Theatr. fr. 619.

Dame, oil; or sachiez comme
De vostre chambre me parti.

cfr. Theatr. fr. 615. Chants hist. II. 101.

*comfaitement.* Enf. Og. 651.

Vous avez bien oy comfaitement
Le jour devant ot devise sa gent
Charles li rois . . . .

cfr. Enf. Og. 1299, 6883. Alix. 56 v. 8. Brut 15337.

*comment.* Die Stellung unmittelbar vor Versschluss war offenbar sehr beliebt. Die vielen Adverbien auf —*ment* im Versende, mit denen *comment* reimt, gaben wohl die Veranlassung. Schon in der ältesten Zeit findet man dies Verfahren.

Ren. d. Mont. 422 v. 13.

    Baron, ce dist Rohars, or esgardes comment

    Il seront acusé, cil que haons forment.

cfr. Alix. 55 v. 35. Brun 2402. Rou I. 44 v. 192. Beuves 2219.
Berte 2288. Enf. Og. 3604, 6334. Brut 9026. Rose 592, 2671, 2978,
10663. Barb. I 327 v. 37; II. 41 v. 664, 466 v. 438. Ruteb. III. 195 v. 4.
Percev. 730. R. d. l. Char. 5719. Tr. Belg. 6 mal. Theatr. fr. 21 mal.
Froiss. 28 mal. Charl. d'Orl. 4 mal. Chr. v. Piza 7 mal. Villon 6 mal etc.

*combien.* Barb. II. 461 v. 300.

    Biaus ostes, dites moi combien

    Mes freres doit ceenz partout.

cfr. Barb. II. 471 v. 618. Ruteb. II. 211 v. 123. Chants hist. II. 380
Str. 7. Theatr. fr. 304, 536. Villon Gr. T. Str. 157. Charl. d'Orl. 210, 367.

*mais que.* Theatr. fr. 662.

    Qui vous enseignera mais que

    Il le vous plaise a escouter.

*pour quoi.* Jourd. d. Bl. 3707.

    Si lor demande qu'il quierent et por quoi

    La sont venu et a si fier conroi.

cfr. Berte 2841. Brut 8995. Ch au lyon 1763. Char. 773. Percev. 4728,
6766, 8641, 9100. Wackern. XVII Str. 2, XXXIII Str. 3. Barb. I. 269
v. 156, 269 v. 179; II. 298 v. 74, 331 v. 165, 419 v. 394, 421 v. 461,
443 v. 57. Theatr. fr. 5 mal, Froiss. 6 mal, Charl. d'Orl. 5 mal, Villon G. T.
Str. 46 etc.

*quelement.* Enf. Og. 6855.

    Lors regarda dux Namles quelement

    Porroit la chose faire plus sauvement.

*si que.* Chr. v. Piza 2001.

    Amesuré et parfait, si que

    La est la souveraine musique.

cfr. Ruteb III. 170 v. 8. Chr. v. Piza 5884.

## 2 Fügewörter vor Versschluss:

*quoy et comment.* Charl. d'Orl. 108, 436.

*pourquoy et comment.* Froiss. III. 236 v. 15. Charl. d'Orl. 201.

*quel et confet.* Froiss. I. 334 v. 3676.

### b) einsilbige.

*quant.* Brut 14689.

    Bien set dire en quel port et quant

    Cil tornent quant il vont najant.

Froiss. I. 170 v. 2803.

    Dont Action occist sa dame, quant

    Elle l'aloit parmi le bois querant.

cfr. Bartsch I. 51 v. 39. Froiss. I. 207 v. 4066, 245 v. 946; II. 215
v. 177, 282 v. 190, 304 v. 197, 321 v. 11, 330 v. 40, 356 v. 47; III. 155 v. 5.

*u* (6mal bei Froissart). Froiss. I. 51 v. 1688.

>De ce qui m'estoit avenu.
>Mon lit tastai pour savoir u
>Je me povie estre endormis.

cfr. Froiss. I. 113 v. 925; II. 99 v. 3354, 113 v. 3829, 243 v. 259, 389 v. 3.

Zusammengesetzte Conjunctionen finden sich häufig in der Weise zerlegt, dass der erste Bestandtheil unmittelbar vor Versschluss tritt.

*afin/que*: à fin häufig zwei Wörter, auch die Zerlegung zeigt, dass es noch nicht als einheitliche Conjunction wie im Neufranzösischen gefühlt wurde.

Chants hist. I. 389.

>Chante Apollo joyeusement à fin
>Que du dieu Pan la fleute se accorde.

Auch Garnier (wohl 1534 geboren) trennt es noch in Les Juifves Acte I. v. 87.

>Retourne toy vers luy, peuple fautier, à fin
>Qu'à tes calamitez il vueille mettre fin.

cfr. Ruteb. II. 388 v. 2169. Theatr. fr. 616. Villon p. 277. Chr. v. Piza 6228. Froiss. I. 297 v. 2586; II. 337 v. 4, 347 v. 51, 377 v. 12; III. 13 v. 402, eb. v. 411, 25 v. 822, 43 v. 1456, 279 v. 3142, 281 v. 3197. Ebenso begegnen auch Formen wie *a tel fin / que* Froiss. III. 67 v. 497, 188 v. 1649, 194 v. 1859; *a celle fin / que* Froiss. I. 79 v. 901, 311 v. 3063, 324 v. 3467; II. 59 v. 2019; einheitlich erscheint es Froiss. II. 381 v. 18.

*avant/que:* Froiss. II. 76 v. 2579.

>Ne je ne passe pie avant
>Qu'il ne me soient droit devant. cfr. Rose 5068.

*ains/que:* Brun d. l. Mont 2829. Beuv. 124. Tr. Belg. I. 173 v. 350. Froiss. I. 128 v. 1435; III. 16 v. 502, 113 v. 24, 150 v. 15, 250 v. 6.

*anchois / que:* Barb. II. 36 v. 504, Ch. au ly. 2888, Rose 3198, Villon p. 299. Theatr. fr. 89, 251, 275. Froiss. I. 21 v. 684, 181 v. v. 3193, 241 v. 891, II. 129 v. 4361, 146 v. 4936.

*combien / que:* Theatr. fr. 640.

*depuis / que:* Barb. 1. 109 v. 408, Froiss. I. 144 v. 1967, II. 134 v. 4516; III. 11 v, 322.

*endementiers / que:* Theatr. fr. 127, 378, 386, 410, 629.

*entrues / que:* Chants. hist. I. 254; Froiss. I. 108 v. 744, II. 159 v. 5350.

*ensi / que:* Tr. Belg. I. 137 v. 4, Charl. d'Orl. 81, Froiss. I. 186 v. 3371, 339 v. 3789 etc.

*si faitement / que:* Enf. Og. 7479.

*non obstant / que:* Froiss. III. 20 v. 640.

*puis / que:* Theatr. fr. 328, Rose 4136, 5062, 20023. Charl. d'Orl. 310.

*pour ce / que:* Charl. d'Orl. 370, Froiss. III. 258 v. 2503.

*tandis / que:* Theatr. fr. 390, 440, 602.

*tant / que:* (oft) Barb. II. 152 v. 289, Ruteb. II. 324 v. 361, Theatr. fr. 527, 574, Percev. 4180, 5250, 5933. Chr. v. Piza 1760, Froiss. I. 249 v. 1060, III. 53 v. 10.

*pour tant / que:* Froiss. III. 65 v. 439.

*si / que:* Gayd. 6613, Enf. Og. 5907, St. Thom. 71 v. 4. Barb. I. 167 v. 188; 235 v. 189, Brakelm. 51 Str. 5, Bl. d. Neele p. 21, Theatr. fr. 636, Chr. v. Piza 4696, Froiss. I. 201 v. 3862, 309 v. 2987, III. 117 v. 15.

*senoec / que:* Froiss. I. 164 v. 2606, 308 v. 2948, II. 186 v. 855.

*ce veu / que:* Froiss. III. 61 v. 282, 243 v. 26, 266 v. 2749.

Zuweilen folgt der zweite Bestandtheil nicht direct im nächsten Verse:

Villon 216.   J'espoir de vous servir aincoys
Certes, se Dieu plaist que devie
Vostre povre escolier Francoys.

cfr. Theatr. fr. 553, Chants. hist. II. 347 Str. 8; interessant noch: Villon Gr. Test. Str. 126, Charl. d'Orl. 103 (der erste Bestandtheil steht im Versanfang).

## Präpositionen.

Auch Präpositionen findet man, allerdings erst in späterer Zeit und wohl nie in cäsurhaften Versen, von ihrem Nomen durch Versschluss getrennt. Häufiger mehrsilbige als einsilbige, letztere sollten wegen ihres proclitischen Verhaltens nie direct im Versende stehen.

### a) mehrsilbige.

*Apres:* Chants hist. II. p. 300 Str. 5.

Tous trois marchoient apres
Le chariot de la royne. cfr. Froiss. III. 217 v. 15.

*avuec:* Froiss. I. 117 v. 1049.

A mon departement avuec
Moi estoient en contenance
Douls pensers, espoirs et plaisance.

cfr. Froiss. I. 164 v. 2607, eb. 308 v. 2949.

*dejoste:* Percev. 3961.

Ce fu a une Pentecoste
Que la roïne sist dejoste
Li roi Artu, au chief del dois.

*delez:* R. d. l. Char. 452.

La dameisele sist delez
Mon seignor Gauvain au mangier

cfr. Ruteb. III. 213 v. 647, Tr. Belg. II. 222 v. 648.

12

*depuis:* Theatr. fr. 629.

Seigneurs, escoutez moy: depuis
Deux jours pour certain j'ay sceu,

*par dessus:* Chr. v. Piza 2035.

Le ciel cristalin est cy sus,
Et encore tont par dessus
Le haut ciel est, ou sont les sains,

*devant:* R. d. l. Rose 4953.

Ci est le Souffreteux devant
Son uray Ami en requerant,

cfr. Theatr. fr. 645. Froiss. I. 265 v. 1579, II. 76 v. 2580, 168 v. 196;
282 v. 190, III. 142 v. 1482.

*dessous ne deseure:* Froiss. I. 87 v. 14.

Et se c'est dessous ne deseure
L'eage qu'il leur apartient.

*entor:* Chants hist. I. p. 139,

Gaite de la tor!
Gardez entor
Les murs, se Deus vos voie, cfr. Froiss. III, 156 v. 16.

*en my:* Theatr. fr. 320.

— Or tost seigneurs, tost, la enmy
Celle place le despoulliez.

cfr. Theatr. fr. 347, 603. Froiss. II. 77 v. 2602.

*excepté:* Froiss. III. 210 v. 2377.

Ses gens emmena, excepté
Mon doulz Espoir et Loyauté.

*parmy:* Froiss. III. 175 v. 1.

Je vous prie, alons parmy
Le droit d'Amours et de Nature.

cfr. Froiss. I. 17 v. 536, 37 v. 1230.

*selonc:* R. d. l. Rose 9523.

Car Hercules avoit selonc
L'auctor Solin sept pies de lonc.

cfr. Froiss. II. 58 v. 1967.

*a travers:* R. d. l. Char. 6422.

Un jour s'an aloit a travers
Un champ molt dolante et pansive.

## b) einsilbige.

*de* (im weiblichen Reim): Froiss. III. 47 v. 1579.

Que tousjours la fin ne soit orde.
Ainsi en advient il, soit or de
Tous les puissans malicieux,

*ens:* Froiss. III. 215 v. 14.

> S'il n'a de bon eür l'asseus;
> Par bon eür a son compte ens
> Tous les nobles biens temporeux.

*fors:* Chr. v. Piza 3000.

> Ne vous en prenez a nul fors
> A vous, sauve soit vostre paix.

*pour:* Froiss. II. 371 v. 18.

> Mes Mars lor dist: Poursieves la meslee
> Et les tournois, ensement qu'on fist pour
> Candasse, Helainne, Yseult et Ptholomee.

cfr. Froiss. II. 106 v. 3574, 271 v. 49, 285 v. 29, 305 v. 225.

*sus:* R. d. l. Char. 7001.

> Les geus fet treire bien ansus
> Et Lanceloz molt tost cort sus
> Meleagant de grant aïr,

cfr. Froiss. III. 56 v. 118, 173 v. 11, 247 v. 7.

*sans:* Froiss. II. 301 v. 116.

> Fremissaus
> Fourmians
> M'estoit; car je sans
> Toi noiant ne dure. cfr. Froiss. III. 113 v. 16.

Nicht direct im Versschluss findet sich die Präposition z. B.
Chants hist. II. 231.

> N'ignore ma blessure
> Fors seulement
> Toy qui prens nourreture etc.

Beim präpositionalen Infinitivsatz begegnet auch die Präposition vom folgenden Infinitiv durch Versschluss geschieden.
Dies wird dadurch ermöglicht, dass die Präposition sich nicht
nur durch Negationen oder Adverbien, sondern auch durch
objective und andere Satzglieder vom Infinitiv trennen lässt.
cfr. Diez III.[4] p. 459.

*à:* Theatr. fr. 272.

> Ignace, Ignace, a ce martire
> Suffrir, dy moy, qu'as-tu acquis?

cfr. Theatr. fr. 373, 592. Froiss. III. 89 v. 12, 149 v. 13, 153 v. 8.

*de:* R. d. l. Rose 21945.

> Dous amis, ains sui vostre amie
> Preste de vostre compaignie
> Recevoir et m'amor vous offre.

cfr. Ren. d. Mont. 14 v. 3(?). Theatr. fr. 270, 313, 436, 504, 627,

648. Froiss. II. 339 v. 16. Mätzner 36 Str. 11. Chr. v. Piza 2629, 3782 (hier Anlehnung des Artikels an die Präposition also *du*, cfr. Tobler, Dis dou vrai aniel p. 22, wo weitere Belege) 4080, 5622.

*pour:* Froiss. II. 154 v. 5177.

> Et principalement pour yces
> Fourfaitures a coron traire.

cfr. Mätzner 29 Str. 9. Bartsch I. 29 v. 4. Tr. Belg. I. 175 v. 20. Theatr. fr. 405, 523, 668. Chants hist. I. 334, II. 155, 205, 299, 448 Str. 3. Charl. d'Orl. 106, 173, 238, 298. Froiss. I. 172 v. 2888, 234 v. 717, 289 v. 2299; II. 268 v. 205; III. 64 v. 400, 65 v. 409, 65 v. 422, 67 v. 471, 78 v. 27, 81 v. 22, 86 v. 7, 93 v. 2, 96 v. 9, 227 v. 14. Chr. v. Piza 2765, 3034, 3095, 4425, 4757, 5977, 6181.

*sans:* Theatr. fr. 362.

> Dame, g'y vois sans plus sejour
> Faire cy. — Delivrez — vous, fame etc.

cfr. Theatr. fr. 438. Froiss. I. 165 v. 2640; III. 259 v. 27. Chr. v. Piza 4012, 4809.

Unmittelbar vor Versschluss stehen von den vom Infinitiv getrennten Präpositionen nur die ausdrucksvolleren *sans* und *par.* Letzteres am häufigsten. Der folgende Satz scheint sich in dem Falle stets bis an's Versende zu erstrecken.

*pour:* Froiss. I. 287 v. 2242.

> Et puis recommenchai mon tour
> A la premiere page, pour
> Mieuls concevoir et cler entendre.

cfr. Froiss. II. 203 v. 284, 214 v. 156, 328 v. 47.

*sans:* Froiss. III. 121 v. 17.

> Et cil qui sera si poissans
> De sentement qu'il puist venir
> A mettre en voir son propos sans
> Y voloir le tort conjoïr etc.

Doppelpräpositionen werden häufig in ihre Bestandtheile so zerlegt, dass der erste unmittelbar vor Versschluss steht.[1])

*autour / de:* Tr. Belg. I. 264 v. 640.

*au dessus / de:* Froiss. III. 134 v. 1214, 173 v. 3, 195 v. 1893.

*au costé / de:* Froiss. III. 204 v. 2202.

---

[1]) Auch Molière „Misanthrope" I Sc. 2 gestattet sich das erwähnte Verfahren.

> Alceste:
>
> Monsieur ....
>
> Oronte
>
> L'Etat n'a rien qui ne soit au *dessous*
> *Du* mérite éclatant que l'on découvre en vous.

*au dehors / de:* Froiss. III. 41 v. 1386.
*desous / en:* Percev. 6774.
*au devant / de:* Froiss. I. 115 v. 978, III. 203 v. 2149.
*environ / de:* Froiss. II. 87 v. 2943.
*ensus / de:* Berte 702, Theatr. fr. 116, Froiss. I. 139 v. 1786, III. 56 v. 118, 122 v. 805.
*fors / de:* Percev. 11901, Tr. Belg. II. 195 v. 543, Froiss. I. 157 v. 2382, *hors / de:* Theatr. fr. 355, 367.
*par moyen / de:* Froiss. III. 178 v. 22.
*pres / de:* Aiol 4882, Ch. au ly. 3764, Char. 1384, Brut. 727, Barb. II. 107 v. 48.
*sus / de:* Froiss. II. 43 v. 1440, III. 188 v. 1661.

## Bemerkungen.

1. Die Trennung von *droit* und der folgenden Präposition durch die Cäsur findet Otten vermieden; durch Versschluss begegnet *droit* wiederholt getrennt:

Barb. I. 78 v. 80. Et qu'en téil gnise venist droit
En un leu dont il ert Custodes.

cfr. R. d. l. Char. 84, Ruteb. II. 203 v. 883, Cleomad. (oft) v. 10139, 10889, 13396, 15616 etc.

2. Verben der Bewegung erscheinen getrennt von Adverbien, die sonst präpositionale Function ausüben, mit denen sie einen einheitlichen Begriff bilden.

*s'en torner / ariere.*

Aiol 5137. Li dui baron s'en tornent dolant et abosme
Ismelement ariere tout le chemin ferré.

Aehnlich Percev. 3262. Ch. au ly. 4465. Barb. I. 54 v. 44; Theatr. fr. 524. atirer / ensus Froiss. III. 245 v. 27; detrere, courir / apres Chants hist. 1. 204, Theatr. fr. 580; lever / sus Chr. v. Piza 4928; mettre / jus Theatr. fr. 401.

Gedacht sei noch der beiden schon von Tobler citirten Wörter, zu denen wir neue nicht hinzufügen können, wo die Silben eines Wortes durch Versschluss geschieden werden.

R. d. l. Rose 20735 (nach Martean's Ausgabe) Tobler verweist auf 20956. N'on preterit present n'i fu,
Et si vous redi que li *fu* —
*Turs* n'i aura james presence.

Chr. v. Piza: Chem. d. l. est. 2270.
Mais la matiere pas de liege
Ne fu de quoy elle estoit faite,
Ainc de blanc yvoire, *parfaite* —
*Ment* belle fn, toute entailliee.

Ob diese Fälle freie Erfindung der Gelehrten J e a n d e
M e u n g und C h r i s t i n e v. P i z a sind, oder Erinnerungen an
lateinische Stellen wie:

Horaz Oden I. 2 v. 19.

Labitur ripa, Jove non probante, *u* —
*xorius amnis*

ihre Entstehung verdanken (weitere Belege cfr. L u c i a n
M ü l l e r: „De re metrica poetarum latinorum praeter Plautum
et Terentium“, Leipzig 1861, p. 181; W i l h e l m C h r i s t:
„Metrik der Griechen und Römer“, Leipzig 1879, p. 423 ff.;
K i e s s l i n g: „Q. Horatius Flaccus“, 1. Th. Oden, Berlin 1884,
Einleitung p. XV), möchte schwer sein zu entscheiden. Im
Deutschen findet sich Aehnliches, cfr. G e r b e r: „Die Sprache
als Kunst“, Bromberg 1871—74, II. p. 137 aus Voss: „Der
Dorfpfaff“

Gesättigt neigt dem Herrn Pastori
Sein Glas der dicke *Consistori* —
*Alrath* . . . .

mit sehr malerischer Wirkung.

# Schluss.

Nach B e c q de F o u q u i è r e s p. 288: „L'enjambement a
pour effet immédiat *de reculer l'horizon et de découvrir aux
regards des points de vue situés sur des plans plus reculés.*“
T o b l e r sagt über Wirkung und Zulässigkeit des Enjambements p. 27 f. „Es ist ein Kunstmittel, das in der Weise wirkt,
dass es an der r i c h t i g e n Stelle zur Anwendung gebracht,
den regelmässigen und leicht in Eintönigkeit verfallenden
Gang der poetischen Rede stört, den Sinn des Hörers dadurch zu gesteigerter Aufmerksamkeit anregt und ihm die
Rückkehr zur ruhigen Bewegung willkommener erscheinen
lässt.“ Von grosser Bedeutung ist in dem Gesagten der
Ausdruck „an d e r r i c h t i g e n Stelle.“ Dadurch wird der
Quantität im Gebrauche eine natürliche Schranke gesetzt, nur

Stellen, welche wirklich von hervorragender Wichtigkeit sind, dürfen von dem Dichter durch das Enjambement ausgezeichnet werden. Inhalt und Verwendung des Enjambement stehen also in innigster Wechselbeziehung, das Verständniss und somit die Vollkommenheit kann durch dasselbe gefördert werden. Das Ideal der Poesie aber ist höchste Vollendung in inhaltlicher wie formeller Beziehung, und da das Enjambement dem Dichter zu deren Erzielung ein Mittel bietet, so steht aus diesem Grunde die Verwendung desselben ausser allem Zweifel, ja, insofern die Schönheit dadurch gefördert werden kann, ist der Gebrauch sogar geboten. Darum ist auch eine Scheidung zwischen erlaubten und nicht erlaubten Enjambements hinfällig. Es ist ein Kunstmittel, welches, nur vom ausgebildeten Tact des feinsinnigen Künstlers beachtet wird, wie Ten Brink: „Chaucer's Sprache und Verskunst", p. 184, sich ausdrückt. Wenn auch Victor Hugo nach Beumelburg gewisse sehr starke Enjambements aus den Dramen fern hält, so wird er sich jedenfalls nicht scheuen, in Gedichten mit kürzeren Versen Enjambements jeglicher Art zu verwerthen. Zur Entscheidung der Frage, ob die altfranzösischen Dichter wirklich mit Ueberlegung Enjambements verwendet haben, um besondere Effecte zu erzielen, verweise ich namentlich auf spätere lyrische Erzeugnisse, besonders Froissart's Werke, doch auch schon bei Chrestien v. Troies und Adenes li Rois finden sich Fälle von prächtiger Wirkung. Fehlte dem Dichter vielleicht noch die Bezeichnung für diesen Vorgang, so war er sich doch der damit zu erzielenden Wirkung wohl bewusst. Neben den Fällen, wo ausnahmsweise starke Pausen an ungewöhnlichen Stellen auftreten, oder wo schwache Tonsilben in den Versschluss treten, springen besonders die von Figuren unterstützten Enjambements grell hervor. In diesen ist vielleicht am besten die wohlerwogene Absicht des Dichters zu erkennen, hier wenige Beispiele:

Polyptoton: Enf. Og. 4388.

> Quant nous eschape, car moult nous *a greve*
> *Et grevera* de ce ne soit douté.

cfr. Froiss. I. 202 v. 3896. Theatr. fr. 310, Percev. 5493.

Adnominatio: Froiss. III. 47 v. 1585.
  Que soudaine *mort* de son *mors*
  Ne l'ait, des qu'il plaise a Dieu, *mors.*
cfr. Rose 3538, Ch. au ly. 4565, Theatr. fr. 245, Froiss. II. 222 v. 59,
103 v. 36.
Allitteration: Froiss. III. 56 v. 111.
  Et sentiray, versifier
  En *vueil vers* et *verifier.*
Distributio: Percev. 3463.
  Mais se tu as *nul autre ami*
  *N'amie nule,* anvoie m'i.
Oxymoron: Chants hist. I. 102.
  Dont je morrai, et si je vif, *ma vie*
  *Vaudra bien mort;* car cil qui m'a apris etc.
Anadiplosis: Froiss. II. 380 v. 7.
  Car une amoureuse *espine*
  *Espine* mon cœr ardant,
cfr. Theatr. fr. 337, Froiss. II. 119 v. 4010, 380 v. 4.
Gegensatz: Charl. d'Orl. p. 209.
  Vieillesse fait me jouer a telz jeux
  *Perdre et gaigner,* et tout par ses conseulx, etc.

# Resultate.

Tiraden- resp. Strophen-Enjambement findet sich in der ältesten Dichtung, Epik wie Lyrik, wohl nie. In Epen gelehrter Dichter (wie Venus, Rou, St. Thomas) begegnen verhältnissmässig auch nur wenig Fälle. In der Lyrik sind einige Belege aus den Chants historiques zu verzeichnen, etwas zahlreicher aus Froissart, Charles d'Orléans und Villon. Im ganzen sind die Strophen-Enjambements schwach, auch herrscht keine besondere Vorliebe für den Gebrauch der einen oder anderen Art.

  Selbständige Satzganze werden in der Regel durch Versschluss gesondert. Stets hat man sich erlaubt, in langen wie kurzen Versen, subordinirte Sätze von den regierenden zu scheiden. Formen der Rede durften im Falle der Trennung stets dem Nebensatze vorangehen. Auf die Ausdehnung der

Sätze hat man besondere Sorgfalt verwandt. Sie enden entweder im Versschluss oder in der Cäsur, inmitten des cäsurlosen Verses oder der Versglieder durchschnittlich nur, wenn sehr eng verbundene Erweiterungen sich anknüpfen. Correlativsätze werden der Regel nach so geschieden, dass beide Glieder parallel gehend je einen Vers füllen; doch begegnen auch Ausnahmefälle nicht selten. Es ist erwähnenswerth, dass der Comparativ oder das Intensiv gern direct vor dem zweiten Gliede des Satzes im Versanfang stehen. Eine starke Pause innerhalb des Verses oder gar der Versglieder ist namentlich in der älteren Epik etwas Ungewöhnliches, und gemahnt, die Richtigkeit der Ueberlieferung zu prüfen. Bei späteren Dichtern hat man zu fragen: Verfolgte der Dichter mit dieser Abweichung einen besonderen Zweck?

In der ältesten Zeit hauptsächlich bemühte man sich, logisch Verbundenes auch metrisch einheitlich darzustellen; war aber Trennung durch Versschluss nicht zu umgehen, so blieb man thunlichst auch dann noch diesem Principe treu. Subjecte, Objecte, Genitivverhältnisse, Umstandsbestimmungen füllen im Falle der Trennung von den übrigen Satzgliedern ganze Verse oder doch Versglieder, sei es, dass sie sich in regelmässiger Stellung befinden, oder der deiktischen Hervorhebung wegen im Satzanfang stehen. Auffälliger berührt die Trennung der adnominalen Bestimmungen vom Nomen. Die Apposition erscheint noch ziemlich häufig abgesondert, höchst selten hingegen sind attributive Adjective, Substantive, Zahlwörter vom vorangehenden resp. folgenden Nomen geschieden. Negation und Füllwort sind, falls getrennt, sehr oft so gestellt, dass das Füllwort im ersten, die Negation im folgenden Verse steht, doch auch Trennung bei der umgekehrten Stellung ist nicht selten. Regierendes Verb, auch unmittelbar vor Versschluss, findet sich vom Infinitiv gesondert, ebenso das Hülfsverb vom Particip, ohne dass coordinirte Infinitive resp. Participien besonders dazu neigten, ganze Verse oder deren Glieder einzunehmen. Prädicative Bestimmungen trennt man oft genug vom Verb, mögen sie auf Object oder Subject bezüglich sein. Zu den grössten Seltenheiten gehört aber die

Scheidung der Proclitica vom folgenden oder der Enclitica
vom vorangehenden Beziehungswort. Doch Beispiele jeder
möglichen Art sind wie gezeigt auch für diese Categorie aus
dem Altfranzösischen zu verzeichnen.

## Anhang.

Die Trennung verschiedener Redetheile, welche heute sehr
sonderbar berührt, erscheint bei Berücksichtigung der altfranzösischen Syntax nicht so ungewöhnlich.

1. Verb und Object oder Verb und Umstandsbestimmung
bilden heute bisweilen einheitliche Verbalbegriffe. Im
Altfranzösischen war dies noch nicht der Fall, wodurch
die häufige Trennung erklärlich wird. Auch Ausdrücke
für „reiten, galoppiren" etc. gehören hierher.

2. Das Complement der Negation war noch nicht unbedingt
nothwendig, auch war seine Stellung nicht geregelt, deshalb begegnet es oft von der eigentlichen Negationspartikel sehr weit entfernt und durch Versschluss von
ihr geschieden.

3. Abtrennung des dem Verb nachfolgenden pronominalen
Subjects (*je, tu* etc.) wird dadurch erklärlich, dass diese
Wörter noch nicht vollständig zu Encliticis ausgebildet
waren, worauf auch ihre häufige Betonung im Versschluss
hinweist.

4. In einigen Citaten ist es fraglich, da im Afr. noch kein
Unterschied zwischen den Formen der verbundenen und
absoluten Pronomina existirte, ob verbundenes oder ab-
solutes Pronomen anzunehmen ist, wäre es das absolute,
so wäre nichts Auffälliges in den Belegen.

5. In manchen Fällen, wo das persönliche Pronomen heute
zum Infinitiv gehört, hatte es im Afrz. zum Verbum
finitum engere Beziehung.

6 Trennung des pronominalen Determinativs vom Relativ
(celui/qui etc.), die des öfteren erscheint, ist erklärlich,
da beide Bestandtheile noch nicht zur Einheit verschmolzen
waren.

7. Adverbien der Quantität, des Grades, der Weise werden, da sie afr. wohl grösstentheils enger zum Verb als zum Nomen gehörten, zahlreich von letzterem geschieden.

8. Getrennte Doppelconjunctionen wurden noch nicht vollkommen einheitlich gefühlt.

9. Doppelpräpositionen zerlegte man, da sie noch kein einheitliches Ganzes bildeten.

10. Die Präposition regierte den Infinitiv und Object als etwas Einheitliches (die häufige Anlehnung des Artikels an die Präposition deutet darauf hin), dadurch wird wiederholte Trennung der Präposition vom Infinitiv erklärlich.

# Vita.

Natus sum *Eduardus Stramwitz* die VIII. mens. Aug. a. h. s. LX in vico Pomeranicae provinciae, cui nomen Bodstedt inditum est, a patre *Friderico*, matre *Catharina* e gente *Rubarth* quos adhuc bona frui valetudine maxime laetor. Fidem profiteor evangelicam. Literarum elementis Bardarum in schola imbutus per quinque annos gymnasium reale Strelasundense frequentavi. Testimonio maturitatis mnnitus mens. Apr. a. h. s. LXXXI numero civium universitatis Berolinensis adscriptus sum et post tria semestria Gryphiswaldiam me contuli, ubi duos per annos versatus sum. Benigne permiserunt viri doctissimi prff. doctt. *Konrath* ut seminarii Anglici, *Koschwitz* ut seminarii Romanici sodalis essem. Disserentes audivi Berolini viros illustrissimos: *Bresslau, Curtius, Feller, Geiger, v. Gizycki, Paulsen, Scherer, Tobler, v Treitschke, Zeller*; Gryphiswaldiae: *Credner, Konrath, Koschwitz, Marx, Reifferscheid, Schuppe*, quibus omnibus optime de me meritis, imprimis autem viris celeberrimis *Konrath* et *Koschwitz*, qui omni tempore studiorum meorum fautores et adjutores fuerunt, gratias et ago et habebo quam maximas.